Waldpfade Nürnberg

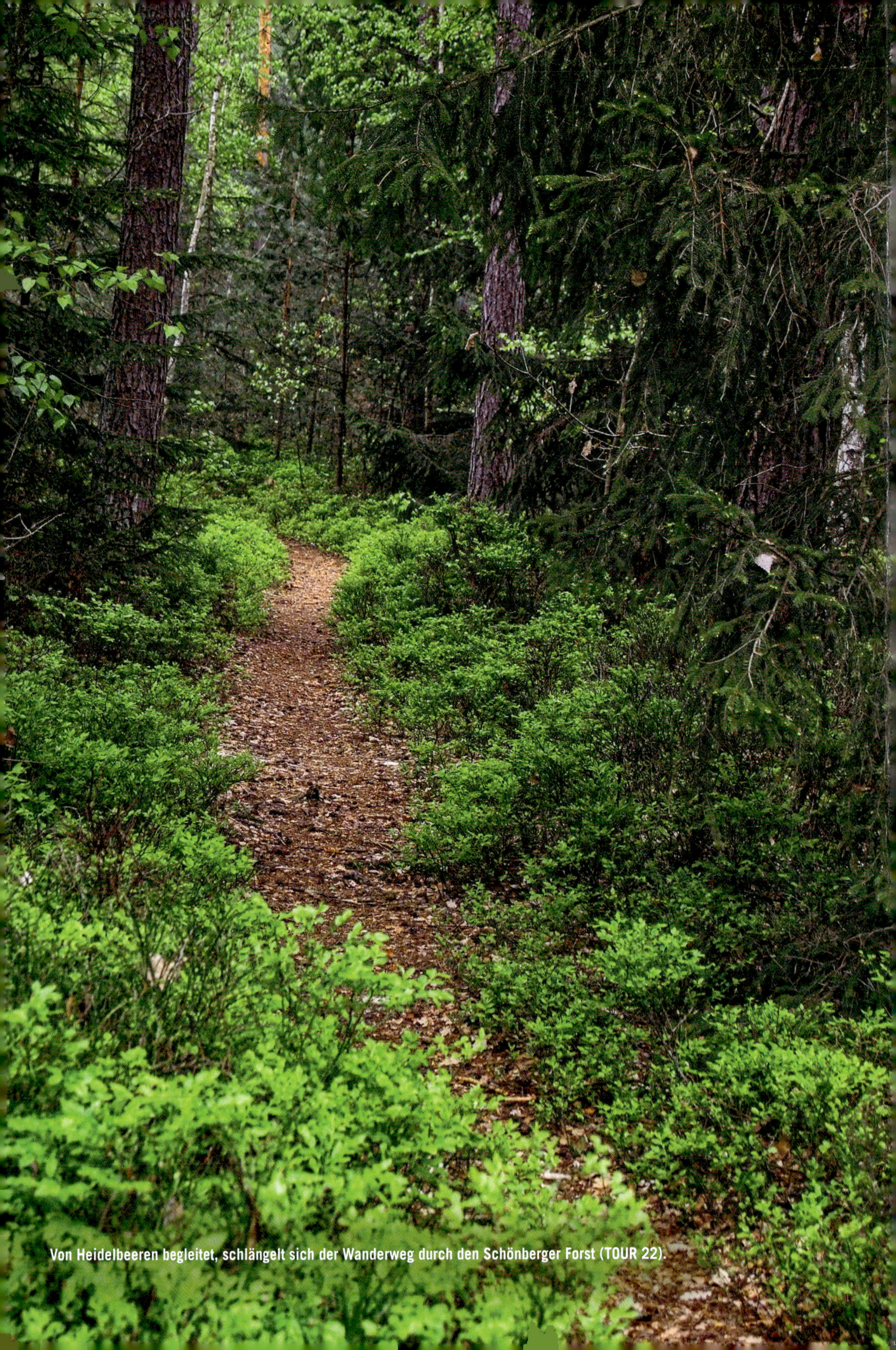

Von Heidelbeeren begleitet, schlängelt sich der Wanderweg durch den Schönberger Forst (TOUR 22).

Tassilo Wengel

Waldpfade NÜRNBERG

In 30 Touren den »Dschungel vor der Haustüre« mit allen Sinnen erleben

BRUCKMANN

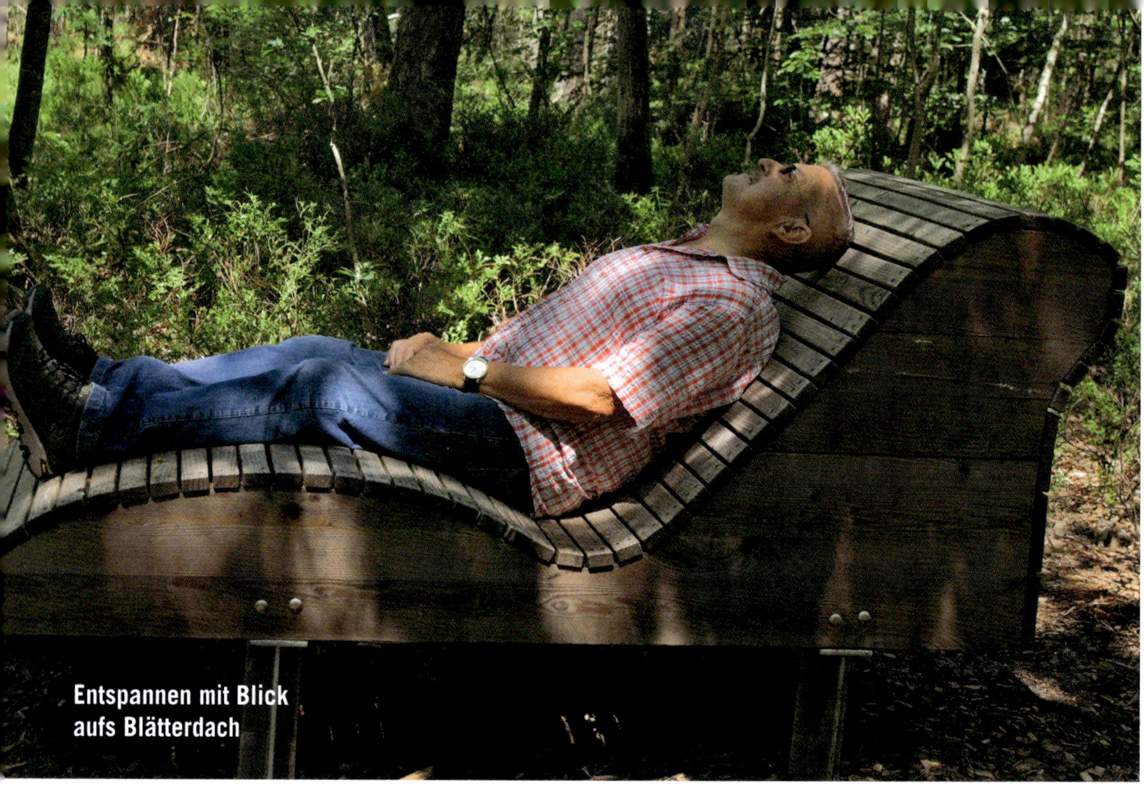

Entspannen mit Blick aufs Blätterdach

Inhalt

Himmelschlüssel (TOUR 3)

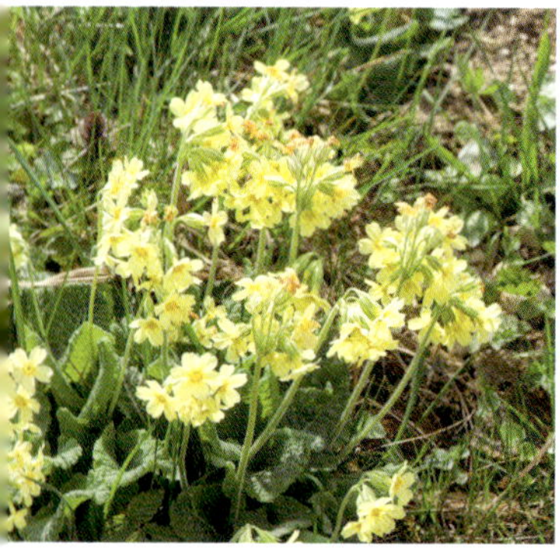

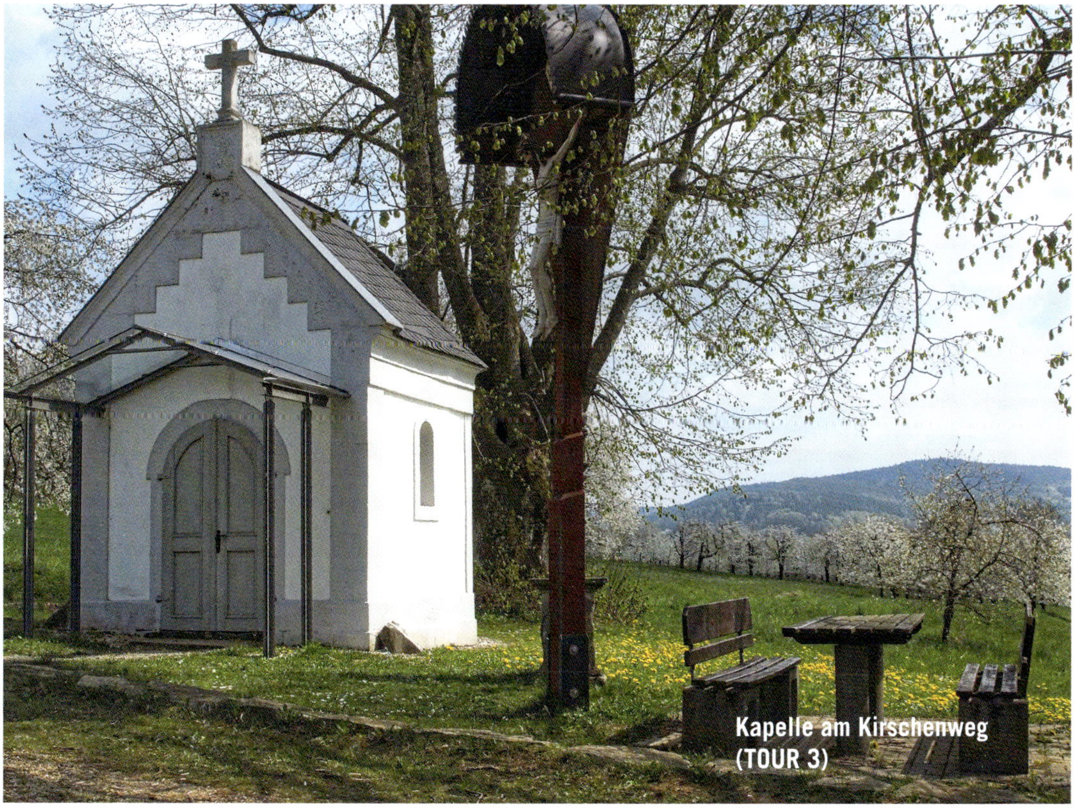

Kapelle am Kirschenweg (TOUR 3)

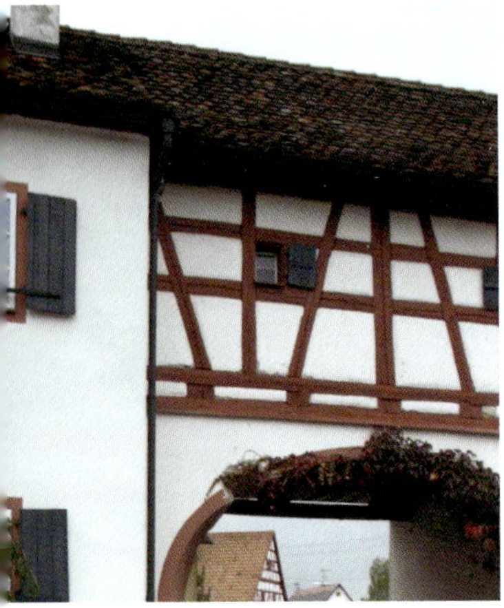

Am Plecher Höhlenweg (TOUR 11)

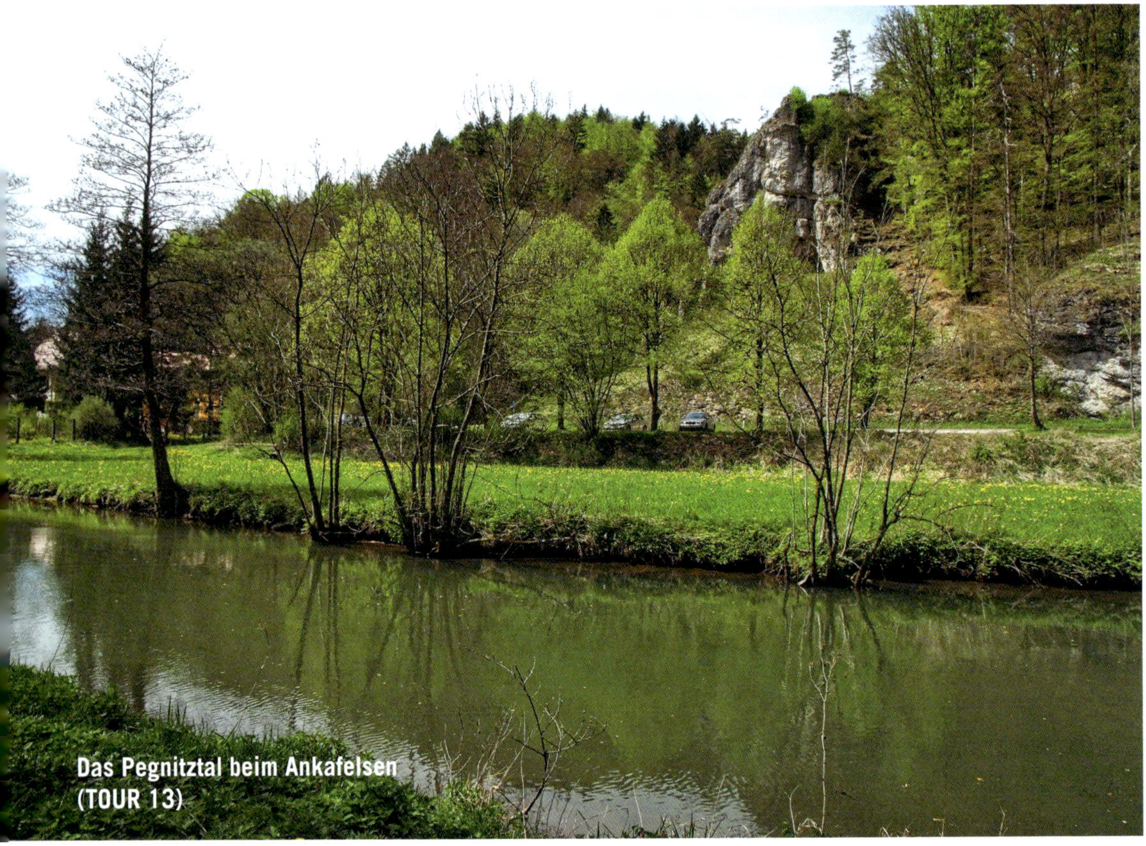

Das Pegnitztal beim Ankafelsen (TOUR 13)

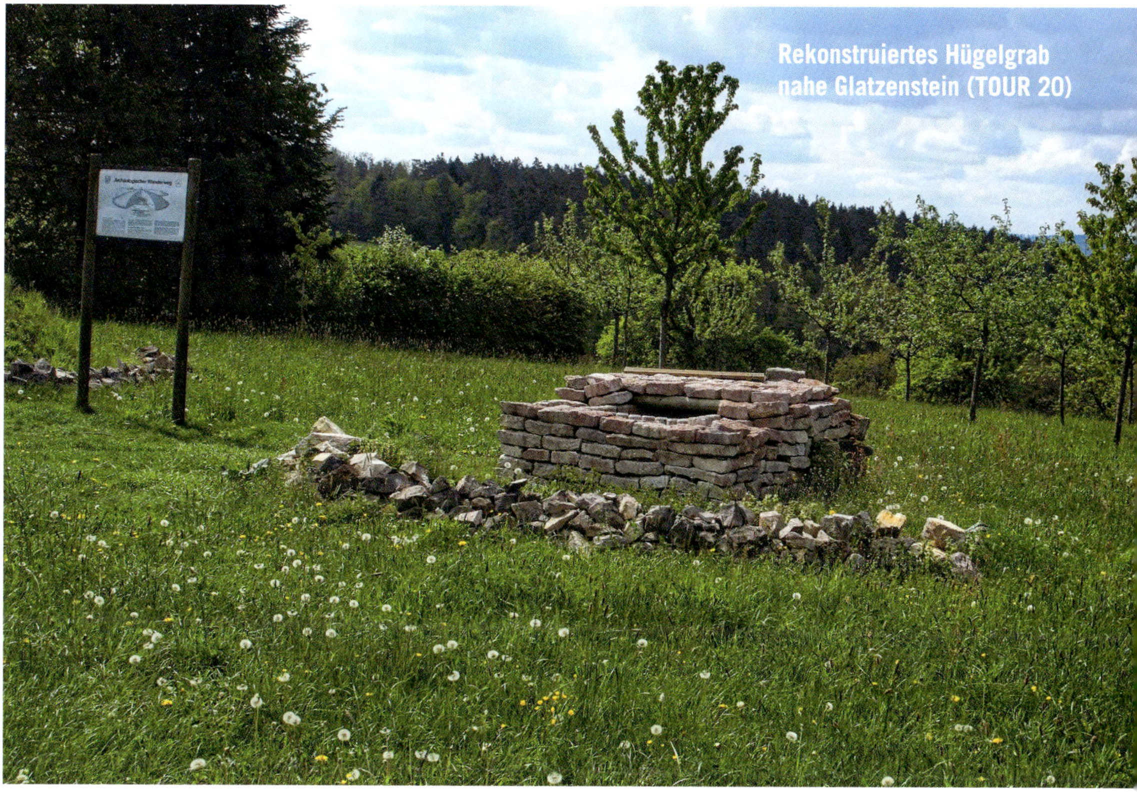

Rekonstruiertes Hügelgrab nahe Glatzenstein (TOUR 20)

Im Molsbachtal (TOUR 18)

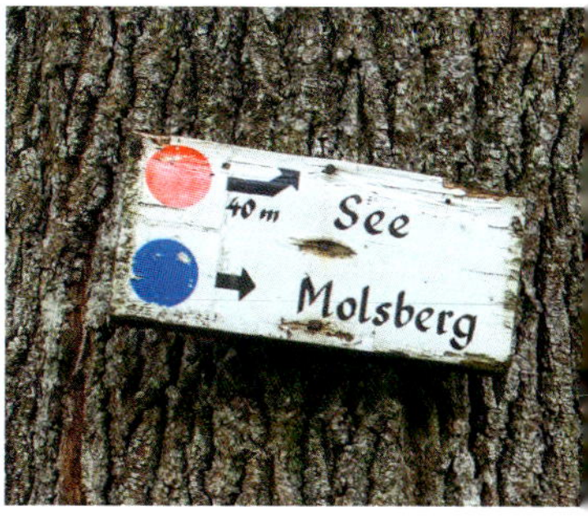

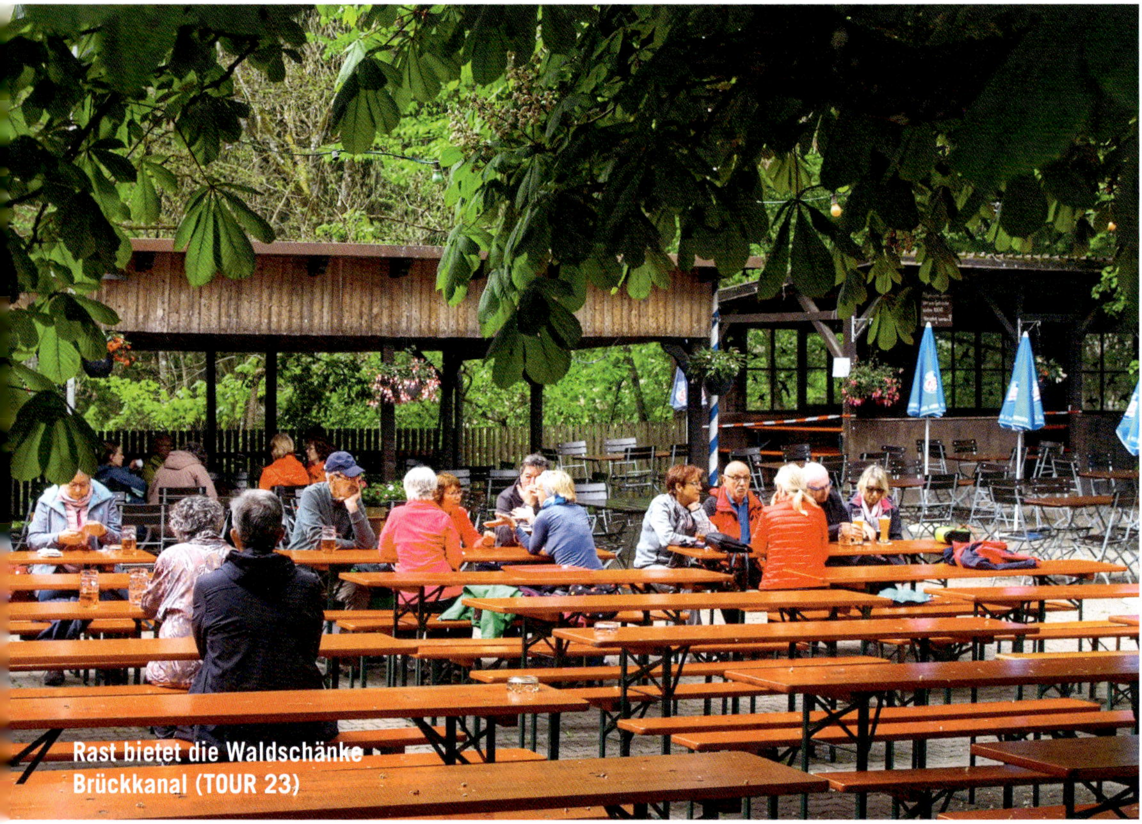
Rast bietet die Waldschänke Brückkanal (TOUR 23)

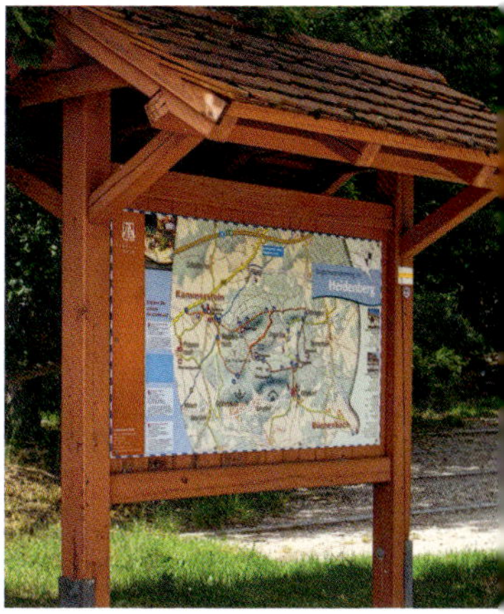

Gut informiert wird der Wanderer auf dem Sagenwanderweg (TOUR 25).

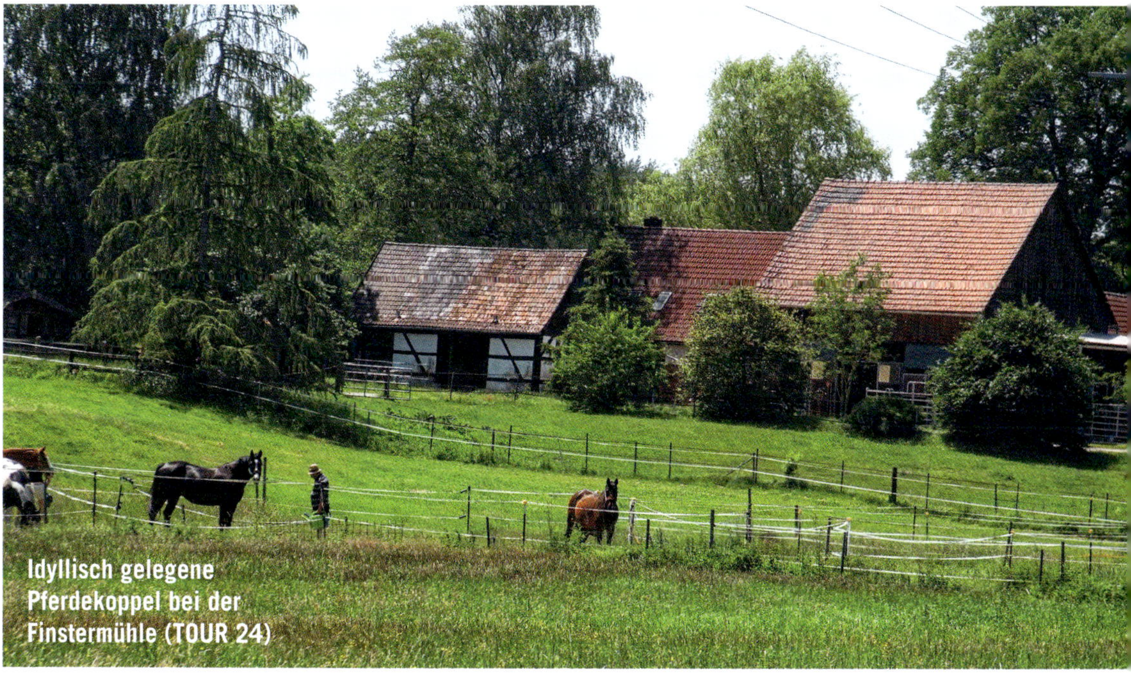

Idyllisch gelegene Pferdekoppel bei der Finstermühle (TOUR 24)

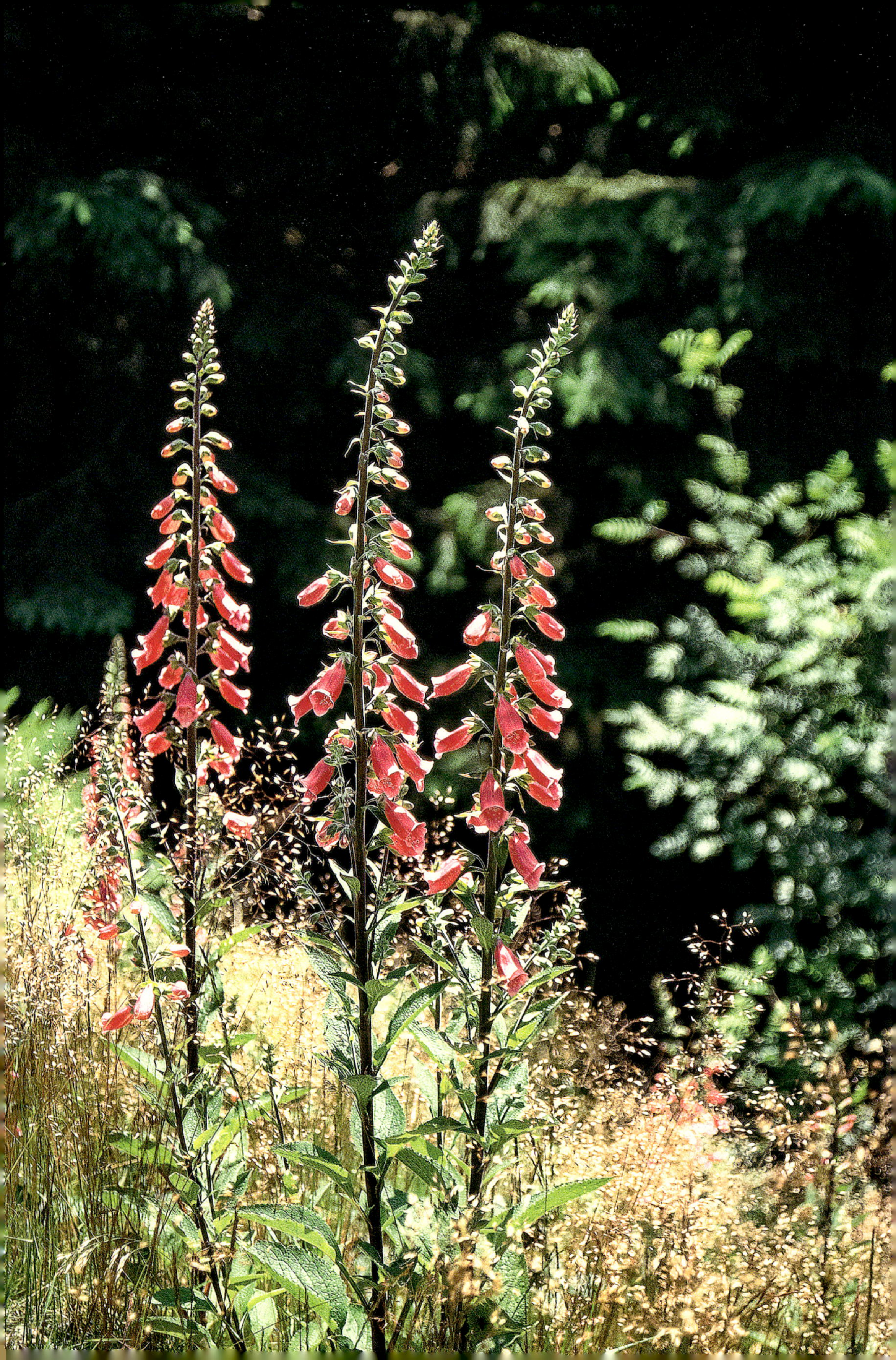

Vorwort

Nürnberg und seine Umgebung bieten eine abwechslungsreiche Landschaft und bilden mit der Fränkischen Schweiz, dem Veldensteiner Forst, der Frankenalb, dem Fränkischen Seenland und dem Steigerwald eine beliebte Urlaubsregion. Dichte Wälder und zahlreiche Seen, aber auch reizvolle Flussniederungen sind ein Eldorado für Wanderer. Von der Wiesent im Norden bis zur Altmühl im Süden präsentiert sich das Nürnberger Umland mit einer Fülle schöner Landschaften sowie ausgezeichneten und sehr gut markierten Wanderwegen. Dazu gehört auch die malerische Karstlandschaft mit Höhlen, Schluchten und hoch aufragenden Felsen, eine vielseitige und teilweise atemberaubende Kulisse für Wanderer.

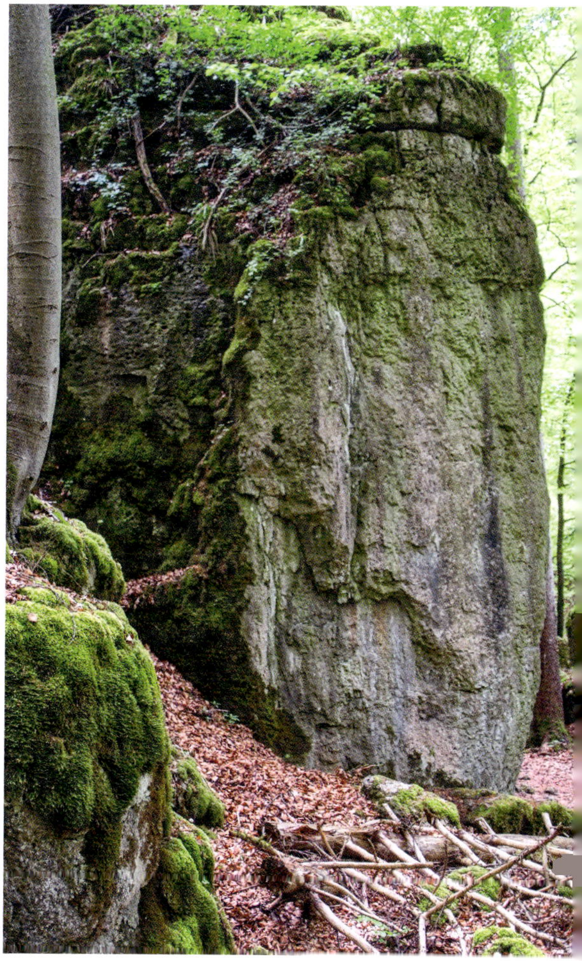

Die Plecher Klippen sind beeindruckende Felsformationen (TOUR 11).

Wer sich in der Umgebung von Nürnberg zwischen der südlichen Fränkischen Schweiz bis zum Altmühltal auf den Weg macht, die Schönheit der Landschaft als Wanderer zu erkunden, wird von der Vielfalt überrascht sein.

Dichte Buchenwälder und Kiefernwälder laden ebenso zum Wandern ein wie artenreiche Mischwälder. Dazwischen dehnen sich Äcker und Wiesen aus; stellenweise gibt es auch Aussichtspunkte, wo sich ein Blick über die dichten Wälder bietet.

Zahlreiche verschlungene Pfade führen durch die Wälder, in denen der Wanderer noch einsam ist und die Stille der Natur an schönen Rastplätzen genießen kann.

Bereichert wird die Region durch eine Fülle an Kulturdenkmälern, die von bedeutsamen Klosteranlagen und altehrwürdigen Stadtmauern bis zu Schlössern und romantischen Parkanlagen reichen. Idyllische Gasthöfe und Biergärten laden zum Verschnaufen und Genießen ein, denn die fränkische Küche ist weit über die Grenzen bekannt.

Ideale Ausgangspunkte für Wanderungen sind S-Bahnhöfe, da die Streckenführung der S-Bahn bis weit ins Nürnberger Umland reicht, das sich auf diese Art bequem erschließen lässt. Auch mit Regionalbahn und Regionalexpress sind viele Ausgangspunkte bequem zu erreichen.

Tassilo Wengel

Linke Seite: Fingerhut begleitet den Wanderer häufig am Waldrand (TOUR 28).

Nürnbergs Wälder

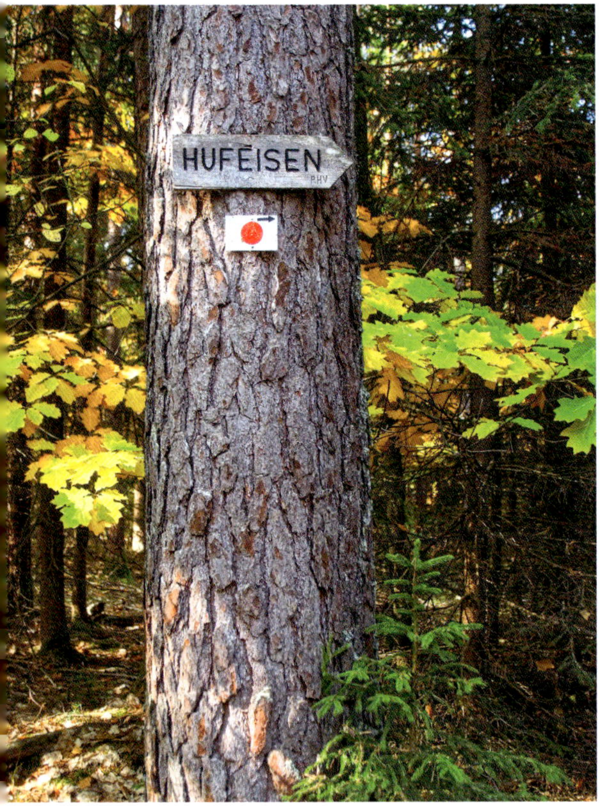

Zum Wildgehege Hufeisen im Veldensteiner Forst führt ein beliebter Wanderweg (Tour 10).

Im Süden Deutschlands, von der Fränkischen Schweiz bis zum Altmühltal, erwartet den Wanderer eine reizvolle Hügellandschaft mit Wäldern, Wiesen und Flusstälern, aber auch bizarren Felslandschaften mit Höhlen und Dolinen, die sich schroff aus der Landschaft erheben.

Als vor rund 190 Millionen Jahren das Jurameer allmählich das Festland überflutete, begann das Jurazeitalter, das für etwa 50 Millionen Jahre bestimmend sein sollte. In dieser Zeit wurden verschiedene Gesteine als Schichten im Meer abgelagert, durch den Druck der später aufgelagerten Schichten verdichtet und verfestigt. So entstanden die Juragesteine, die sich im Alter und in der Farbe unterscheiden.

Die unterste Schicht ist der Schwarze Jura (Lias), wo grauschwarze Tone und Mergel bestimmend sind. In der mittleren Schicht, dem braunen Jura (Dogger), herrschen Sandsteine vor und die obere Schicht, der weiße Jura (Malm), besteht aus Kalkstein. An der Entstehung dieser Kalksteine sind vor allem Skelette und Kalkschalen von Muscheln, Schnecken, Kalkalgen und Wurzelfüßern beteiligt, die nach dem Absterben der Tiere auf den Meeresboden sanken und in Schichten abgelagert wurden. Keine Schichtung zeigen dagegen die Schwammriffe, die von Schwämmen stammen, die im mittleren Malm den Meeresboden besiedelten.

Das Jurazeitalter endete vor etwa 140 Millionen Jahren und hinterließ ein zusammenhängendes Schichtpaket, das sich in den folgenden Epochen der Kreidezeit, des Tertiärs und des Quartärs (Eiszeitalter) veränderte. Das Heben und Senken bestimmter Teile der Erdkruste führten dazu, dass diese Platte zerbrach. Dazu kamen die Kraft des Wassers und die Verwitterung, sodass sich aus der zusammenhängenden Juradecke die heutige Landschaft mit bizarren Felsen, Tälern und Schluchten formte. Besonderen Einfluss hatte das Eiszeitalter auf das Landschaftsbild. Flüsse suchten ihren Lauf und schnitten sich mitunter tief in die Gesteine ein. Aufgrund der Zerklüftung der Kalk- und Dolomitgesteine drang zusätzlich Niederschlagswasser in den Untergrund ein, wodurch ein landschaftlicher Formenschatz entstand. Eine besondere Attraktion dieser Region sind Höhlen, von denen manche auch wegen ihrer Tropfsteingebilde bekannt sind.

Einige sehenswerte Höhlen liegen am Wanderweg, dazu gehören Esperhöhle, Teufelshöhle, Maximiliansgrotte, Geislochhöhle oder zahlreiche Höhlen auf dem Höhlenweg bei Plech.

Natur

Taucht man in die Region um Nürnberg ein, dann fallen auf den ersten Blick wirtschaftlich genutzte Felder, Wälder und Wiesenflächen auf. Besonders schön ist der Anblick im Frühling, wenn die Natur erwacht und die Landschaft mit zartem Grün überzieht. Im Sommer bestimmen goldgelbe Getreidefelder und die farbenfrohen Wegraine mit allerlei Blumen das Bild und im Herbst verwandeln die leuchtenden Farben der Laubbäume die Landschaft in ein Farbenmeer.

Betrachtet man die natürliche Vegetation näher, dann werden unterschiedliche Lebensräume sichtbar, die sich in Abhängigkeit von Untergrund und Höhenlage entwickelt haben.

In den feuchten Niederungen herrschten einst Auwälder aus feuchtigkeitsliebenden Bäumen wie Schwarzerle, dazu Kräuter und Gräser vor, die größtenteils in Wiesen und Obstgärten verwandelt wurden. Heute finden wir nur noch kleine auwaldähnliche Reste dieser natürlichen Vegetation.

Die Hänge werden vor allem von Sandstein gebildet, auf dem Buchen- und Eichenwälder mit Ahorn und Elsbeere gedeihen. An Kalkhängen bilden Buchenwälder stellenweise noch ausgedehnte Bestände. Einzigartig sind die Buchenwälder des

Ein schöner Wanderweg führt von Pretzfeld nach Wannbach (TOUR 3).

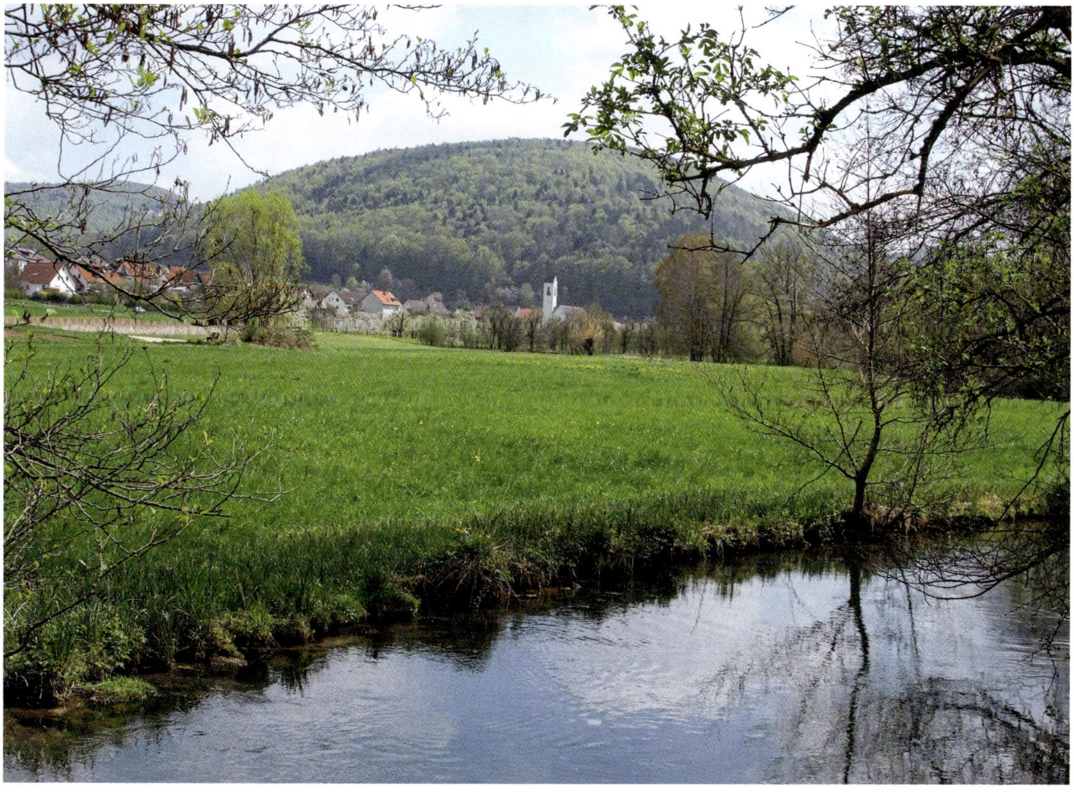

Die Vegetation der Wälder

Fichtenwälder werden von der Gemeinen Fichte gebildet und sind gelegentlich mit Buchen und verschiedenen Laubbäumen durchsetzt. Typische Arten sind Wolliges Reitgras, Rippenfarne, Torfmoose und Alpenflachbärlapp.

Kiefernwälder sind in Europa weit verbreitet und beherbergen auch Hängebirken, Besenginster und Gemeine Wacholder. Die Bodenschicht besteht aus Gräsern wie Drahtschmiele und Schafschwingel, oft bedecken Heidelbeeren den Boden, seltener sind Preiselbeeren und Kronsbeeren sowie Schwarze Krähenbeeren.

Bergmischwälder bestehen aus Rotbuchen, Gemeinen Fichten, geringfügig aus Weißtannen und vereinzelt Hainbuchen. Zur Bodenflora gehören Gräser wie Waldschwingel, Drahtschmiele, Kräuter wie Knollenzahnwurz, Fuchsgreiskraut, Waldbingelkraut und Roter Hasenlattich.

Eichen-Buchenwälder kommen auf saurem Untergrund vor, hier dominieren neben Rotbuchen und Eichen Gräser wie Waldreitgras, Hainrispengras und Hainsimse, dazu Kräuter wie Waldehrenpreis und Wiesenwachtelweizen, Wurmfarn und Moose.

Eichenmischwälder auf basischem Untergrund beherbergen Flaumeichen, Kiefern, Birken, Zitterpappeln, Haselnuss, Kreuzdorn, Berberitze, Wildrosenarten, Wolligen Schneeball und Faulbaum. Am Boden wachsen Weißer Diptam, Blauroter Storchschnabel, Steinsame, Kammwachtelweizen und die Astlose Graslilie.

Kalkbuchenwälder sind sehr artenreich und beherbergen neben den dominierenden Rotbuchen auch Bergahorn, Gemeine Eschen und Bergulmen. Zur Strauchflora gehören Mehlbeeren, Elsbeeren, Roter Hartriegel, Vogelkirschen und Weiße Waldreben. Sie sind meist sehr gras- und kräuterreich und haben eine farbenfrohe Bodenflora. Dazu gehören Gräser wie Einblütiges Perlgras und Waldhaargerste, Kräuter wie Echtes Lungenkraut, Leberblümchen, Frühlingsplatterbse, Bärlauch und Türkenbundlilie. Besonders reich sind solche Wälder an seltenen Orchideen wie Waldvöglein, Mückenorchis und Frauenschuh.

Hainbuchenwälder bestehen neben der dominierenden Hainbuche aus Stieleichen, Haselnuss, Winterlinden, Feldulmen und Feldahorn. Auch Weißdorn, Hartriegel, Heckenkirschen, Schwarzer Holunder, Heckenrosen und Faulbaum kommen vor. Am Boden wachsen als Frühjahrsphase Buschwindröschen, Waldmeister, Waldgoldstern, später kommen Glockenblumen, Salomonssiegel, Weißer Schwalbenschwanz, Raue Veilchen und Tüpfeljohanniskraut.

Steigerwalds, die größtenteils ihre Ursprünglichkeit erhalten haben. Zahlreiche kostbare Pflanzen bedecken den Boden der Buchenwälder und entfalten vom zeitigen Frühjahr an ihre Blüten. Dazu gehören Buschwindröschen, Leberblümchen, Maiglöckchen, Akelei und Türkenbund sowie verschiedene Gräser und Farne. Einen anderen Lebensraum stellen die Trockenrasen und Felslandschaften dar, wo Sonne und Trockenheit vorherrschen. Hier siedeln anspruchslose Arten wie Mauerpfeffer und Felsenhungerblümchen, auch Steinbrech, Kuhschelle, Glockenblumen, Teufelskralle und Sonnenröschen. In den Spalten findet man mitunter auch Mauerraute und Streifenfarn.

Besonders schön sind im Sommer die Wiesen und Wegränder, wo der Blumenreichtum den Wanderer in allen denkbaren Farben begleitet. Darunter finden sich zahlreiche, als Heilkräuter geschätzte Pflanzen. Die Palette reicht von weiß blühender Schafgarbe über gelbes Johanniskraut, lilafarbenen Dost und Thymian, blaue Wegwarte; aber auch Kornblumen, Mohn, Disteln und viele andere farbenprächtige Blumen zählen dazu, auf deren Blüten sich die schönsten Schmetterlinge am Nektar laben.

Der Einfluss des Menschen auf die natürliche Landschaft und die intensive Kultivierung des Bodens hat sich negativ auf den Artenreichtum der Tierwelt ausgewirkt. Zahlreiche Tierarten, die früher verbreitet vorkamen, sind verdrängt oder kaum noch vorhanden. Dazu gehören Fischotter, Uhu, Eisvogel, Birkhuhn und Auerhuhn. Dagegen sind Rehwild und Schwarzwild reich vorhanden; das Rotwild ist wohl nur auf den Veldensteiner Forst beschränkt. Zum natürlichen Tierbestand gehören auch Hase, Fuchs, Wiesel und Marder; sehr zahlreich sind Vogelarten vertreten, zu denen Fasane, Rebhühner, Eulen, Bussarde, Falken und Eichelhäher gehören, aber auch verschiedene Drossel-, Finken-, Meisen- und Spechtarten.

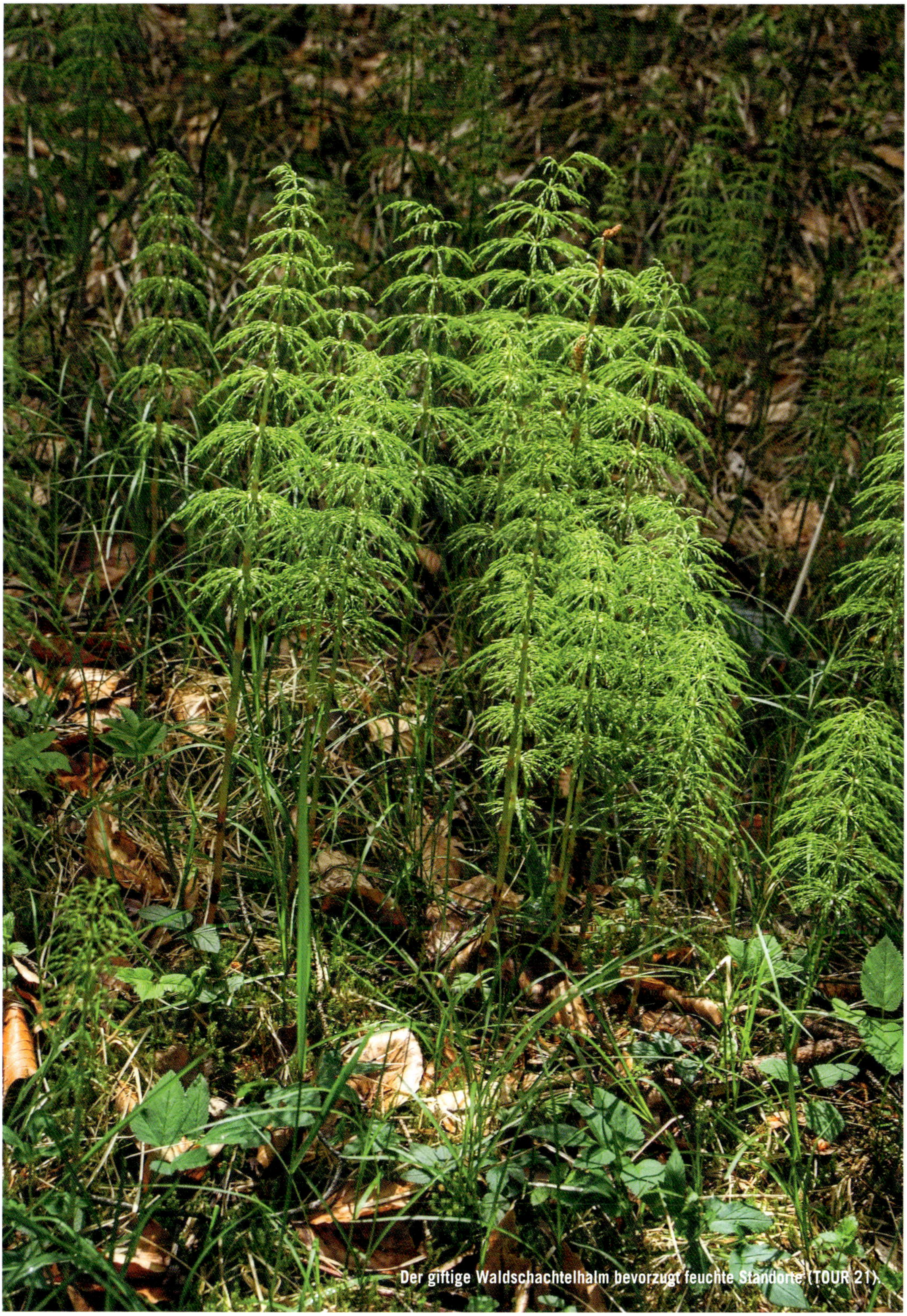

Der giftige Waldschachtelhalm bevorzugt feuchte Standorte (TOUR 21).

Anforderungen

Alle Touren können von geübten Wanderern mit durchschnittlicher Kondition problemlos begangen werden. Die Gehzeiten entsprechen dem Zeitbedarf von Wanderern, die mit mittlerem Tempo unterwegs sind und dabei die Schönheiten der Landschaft genießen. Pausen und die Besichtigung der Naturwunder sind nicht eingerechnet. Die Schwierigkeitsgrade beziehen sich auf die Beschaffenheit des Geländes und der Wege/Pfade:

● **Leicht:** Wanderungen auf guten, nur mäßig steilen Wegen und problemlos zu begehenden Pfadspuren

● **Mittel:** Wanderungen mit steileren und felsigen Wegstrecken, die eine gewisse Trittsicherheit erfordern oder aufgrund ihrer Länge anspruchsvoller sind

● **Schwer:** Wanderungen, die wegen ihrer Länge anspruchsvoll sind und eine gute Kondition verlangen. Teilweise führen sie auch durch etwas schwieriger zu gehendes Gelände.

Von den Amphibien trifft man an sonnenreichen Hängen öfter die Eidechse an, auch der Blindschleiche begegnet man auf den Wanderwegen gelegentlich, seltener sind Ringel- und Glanznatter und sehr selten begegnet man der Kreuzotter.

Reichhaltig ist die Welt der Insekten, von denen die Schmetterlinge besonders auffallen. Neben den häufigeren Arten wie Bläuling, Kohlweißling, Tagpfauenauge, Kleiner Fuchs, Schachbrettfalter, Schwalbenschwanz oder Zitronenfalter gibt es auch typische Arten der Juralandschaft, zu denen Schillerfalter und Scheckenfalter gehören. Sehr selten sind die geschützten Arten wie Großer Apollo und Segelfalter.

Der einstige Fischreichtum der klaren Bäche ist stark geschwunden und beschränkt sich vor allem auf Forellen und Äsche.

Wanderwege und Ausgangspunkte

Die Vielfalt der Wanderwege reicht von Spazierwegen bis zu Touren, die alle nicht viel länger als Halbtagestouren sind. Neben kürzeren, mit Namen versehenen Wanderwegen von regionaler Bedeutung gibt es rund um Nürnberg eine Fülle überregionaler Wege, die aber in diesem Buch keine Rolle spielen. Schließlich geht es hier im Sinne von Waldbaden darum, zu entspannen, die Natur zu genießen und auch einmal innezuhalten, um den Vögeln zu lauschen; also eher kurze Wege mit längeren Aufenthalten im Wald. Ausgewählt wurden neben Touren im engeren Umland von Nürnberg auch schöne Wanderwege, die von der Stadt etwas weiter entfernt sind. Nicht alle Wanderwege führen durch Wälder, auch Abschnitte auf Feld- und Wiesenwegen sind mit dabei. Die Markierungen und Ausschilderungen sind überall hervorragend und führen den Wanderer sicher zum Ausgangspunkt zurück oder bei Streckenwanderungen zum Zielpunkt. Ideale Ausgangspunkte sind S-Bahnhöfe, denn die Streckenführung der S-Bahn reicht weit in das Nürnberger Umland, das sich auf diese Art bequem erschließen lässt. Auch andere Orte bieten günstige Ausgangspunkte, die mit Bus oder Bahn zu erreichen sind.

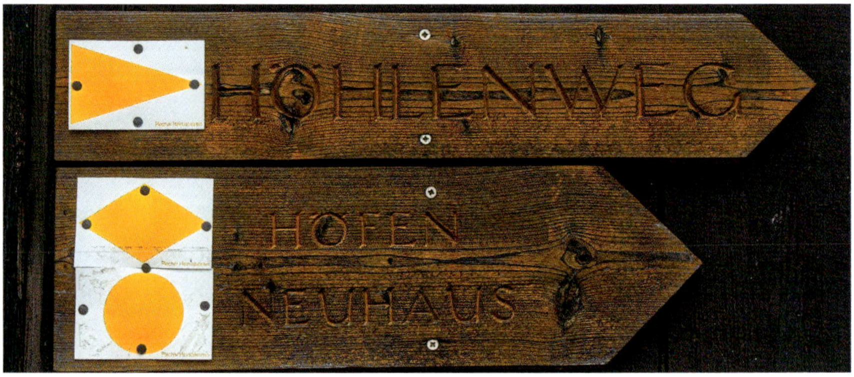

Wegmarkierungen auf dem Plecher Höhlenweg (TOUR 11)

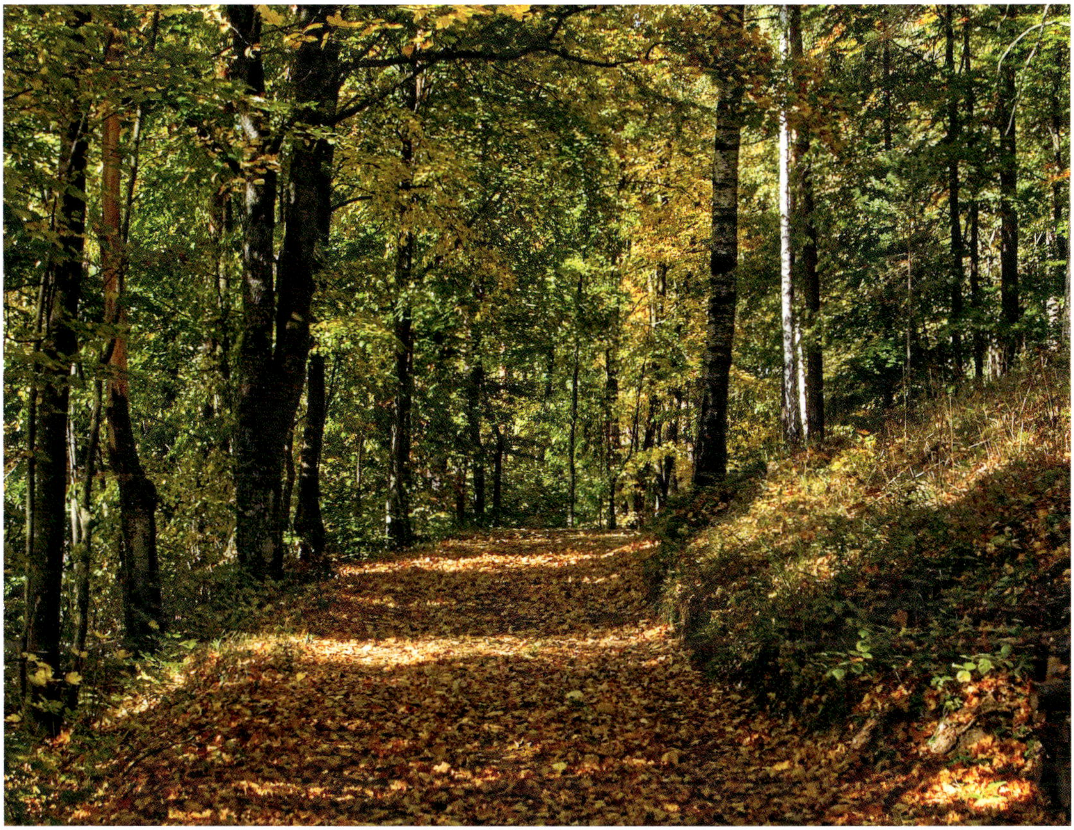

Durch Waldbaden zur Erholung

Herbststimmung auf dem Aktiv- und Entdeckerpfad bei Plech (TOUR 11)

Waldbaden ist der erholsame Aufenthalt im Wald, bei dem alle Sinne angesprochen werden. In Japan wissenschaftlich erforscht und *Shirin Yoku* genannt, meint Waldbaden den bewussten Aufenthalt im Wald, bei dem alle Sinne zur Gesundung eingesetzt werden. Man könnte sagen, dass der Wald gewissermaßen als Therapie fungiert, wenn man bei einer gemütlichen Wanderung die Natur ringsherum mit Augen, Ohren und Nase aufnimmt. Das Plätschern der Waldbäche beruhigt und entspannt die Seele ebenso wie ein kühles Fußbad im Bach. Je nach Jahreszeit und Tageszeit bietet der Wald unterschiedlichen Genuss. Farben und Düfte wechseln, das Lichtspiel zeichnet immer neue Eindrücke und zu bestimmten Zeiten sind sogar Tiere, die als scheue Waldbewohner kaum in das Blickfeld geraten, zu sehen. Ob es der Duft der Kiefern oder zahlreicher Blüten ist, ob es die Schönheit verschiedener Früchte ist oder die zufällige Begegnung mit einem Vogel – immer lösen diese Eindrücke angenehme Empfindungen bei uns aus. Zum entspannten Wandern gehören auch Pausen und gelegentliches Innehalten, um sich an Pflanzen am Wegrand zu erfreuen oder dem Ruf der Vögel zu lauschen. Ausruhen auf einem Baumstumpf, das Berühren der weichen Moose am Waldboden oder der Rinde, das Riechen an Blüten oder einfach nur die Sonne oder das Grün des Waldes an einem Rastplatz zu genießen, ist die beste Erholung auf den Wanderungen.

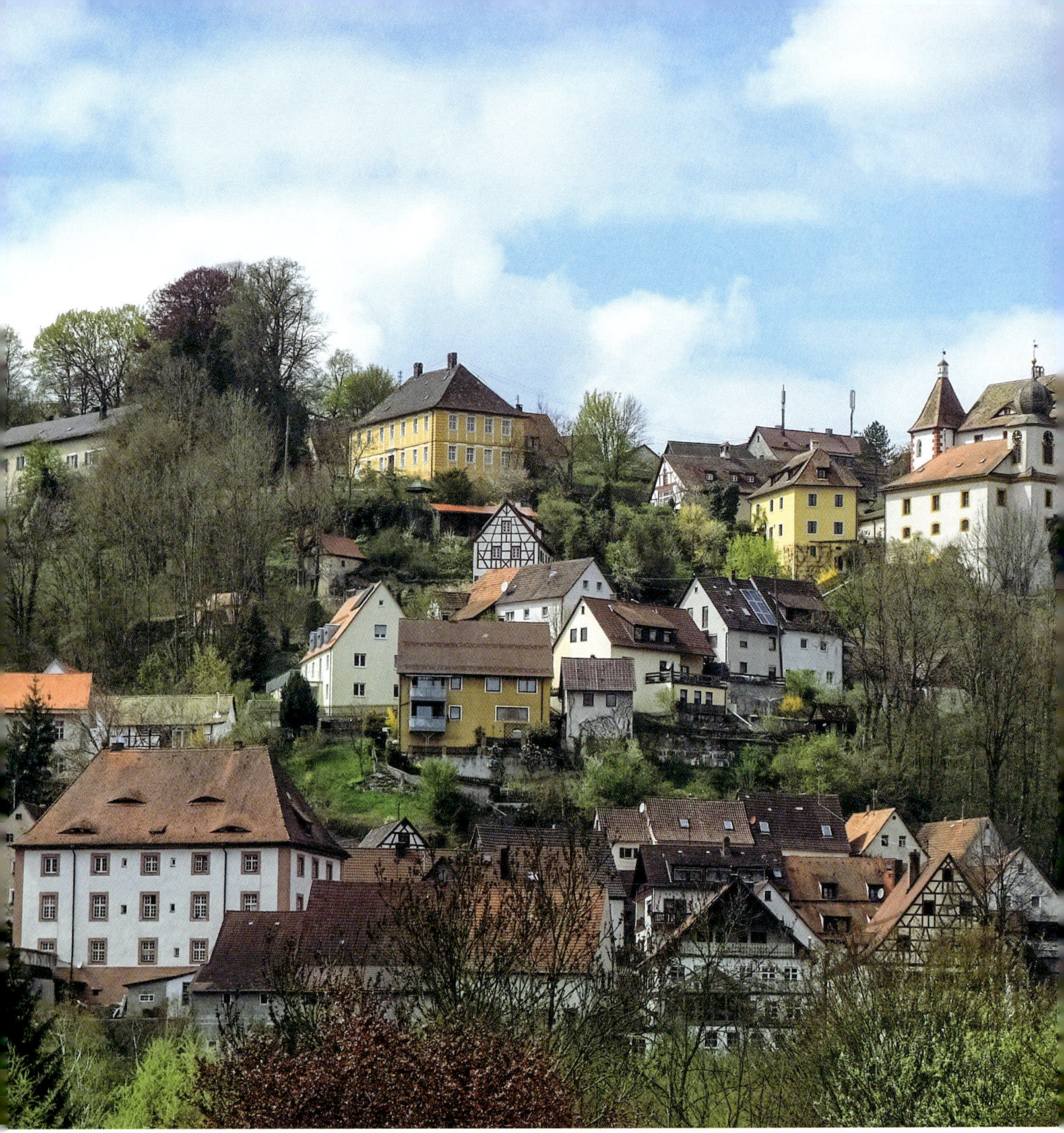

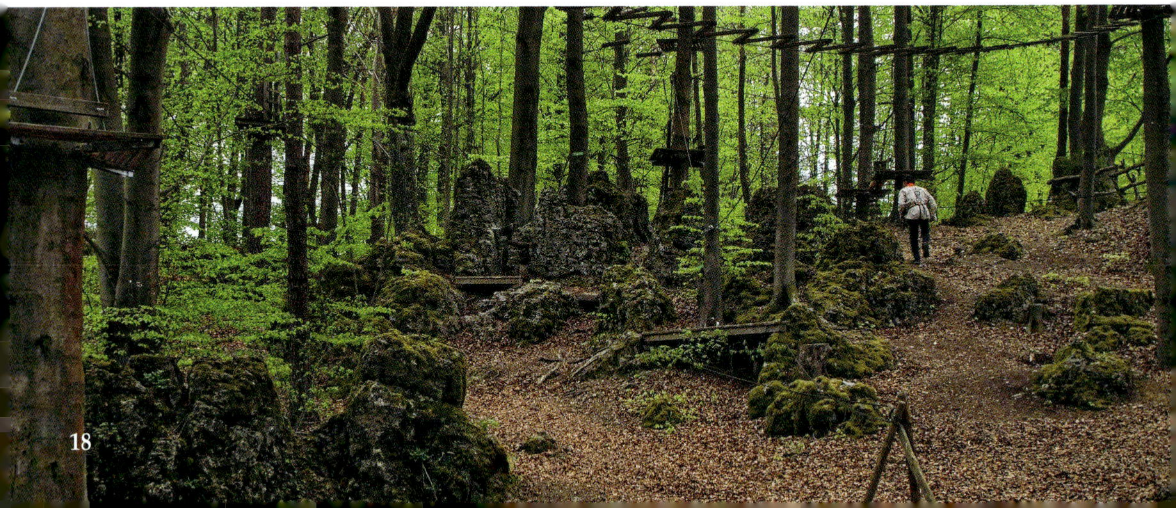

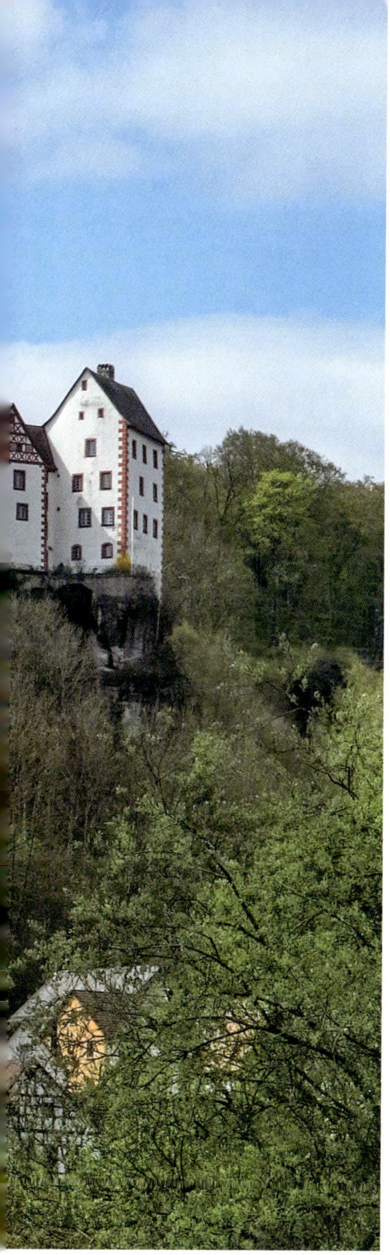

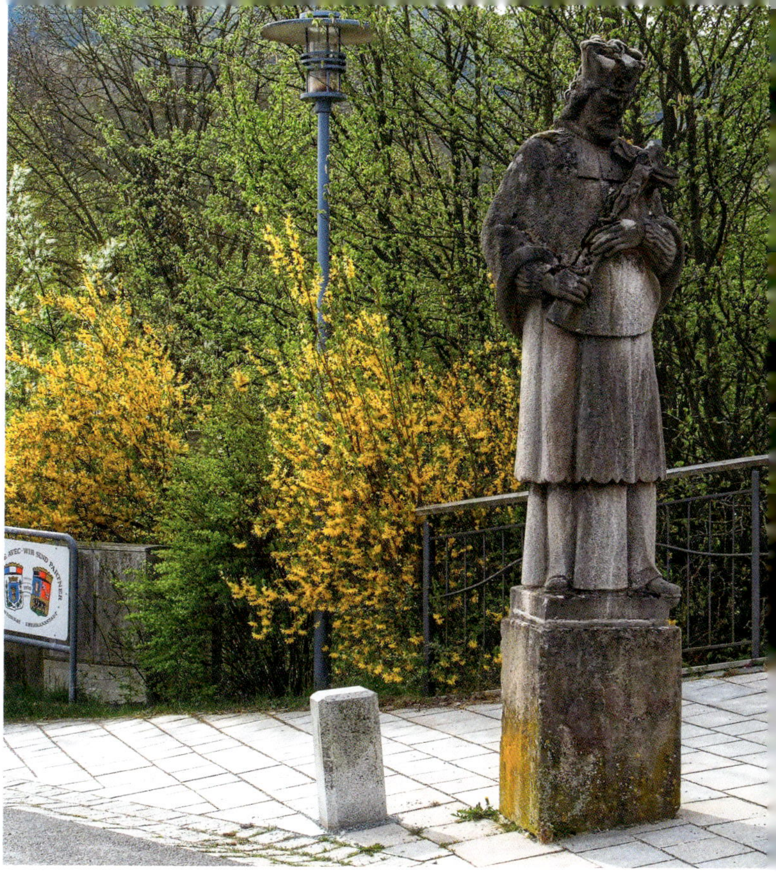

Südliche Fränkische Schweiz

Beeindruckend erhebt sich die Burg Egloffstein über den Ort (o. li.), der Nepomuk auf der Brücke in Ebermannstadt (o. re.), Frühlingserwachen mit Veilchen und Scharbockskraut (u. re.), Abenteuerpark bei Betzenstein (u. li.).

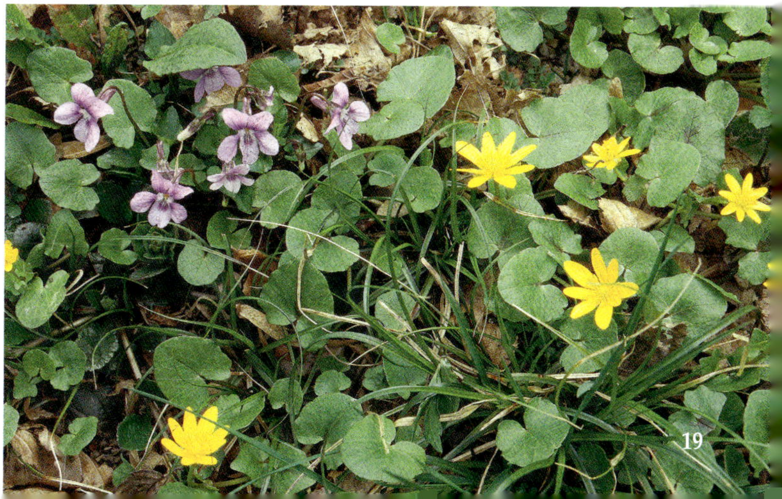

Im Lillachtal

Plätschern über Kalktuffterrassen

Leicht 3:15 Std. 107 Hm 13 km

Tourencharakter
Wechsel von Wald- und Wiesenwegen, bei feuchter Witterung streckenweise rutschig. Im Lillachtal gut begehbarer Pfad

Ausgangs-/Endpunkt
Marktplatz Gräfenberg

Anfahrt
Auto: A 9 bis Anschlussstelle Pegnitz/Grafenwöhr, dann B 2 nach Gräfenberg. **Bahn/Bus:** mit der Bahn über Nürnberg, kein Bus

Gehzeiten
Gräfenberg – Weißenohe 1 Std. – Lillachquelle 0:45 Std. – Dorfhaus 1:30 Std. – Gräfenberg 3:15 Std.

Beste Jahreszeit
Frühjahr bis Herbst

Einkehr
Klostergaststätte in Weißenohe

Karte
Fritsch Wanderkarte, Nr. 53, Naturpark Fränkische Schweiz, Veldensteiner Forst – Hersbrucker Alb, Blatt Süd, Maßstab 1:50 000

Information
Verwaltungsgemeinschaft Gräfenberg, Kirchplatz 8, 91322 Gräfenberg, Tel. 09192/70 90, www.graefenberg.de

Das stille Lillachtal ist schon lange kein Geheimtipp mehr und zieht mit seinen malerischen Kalktuffterrassen zu jeder Jahreszeit Besucher an. Die Terrassen haben sich im Lauf der Zeit durch das kalkhaltige Wasser im Bach gebildet und gehören zu den schönsten in Deutschland.

Buchenwald und Buschwindröschen Wir beginnen unsere Wanderung in Ⓐ **Gräfenberg** am Marktplatz und gehen durch das Hiltpoltsteiner Tor. Auf der Bayreuther Straße kommen wir an der Kunigundenlinde vorbei, die 1008 von Kaiserin Kunigunde, der Gemahlin von Heinrich II., gepflanzt wurde. Kurz vor der Bundesstraße 2 biegen wir rechts in die Nürnberger Straße ein und folgen dem Wegweiser zur Lillingquelle. Unser Weg führt zunächst parallel zur B 2, bis wir dort links eine Holztreppe abwärts zur Straße gehen. Auf leicht ansteigendem Schotterweg wandern wir mit der Markierung »blauer Punkt« auf einem Pfad durch den Buchenwald. Im Frühjahr blühen hier viele Buschwindröschen, Leberblümchen, Maiglöckchen und zahlreiche andere Blumen. Unser Wanderweg

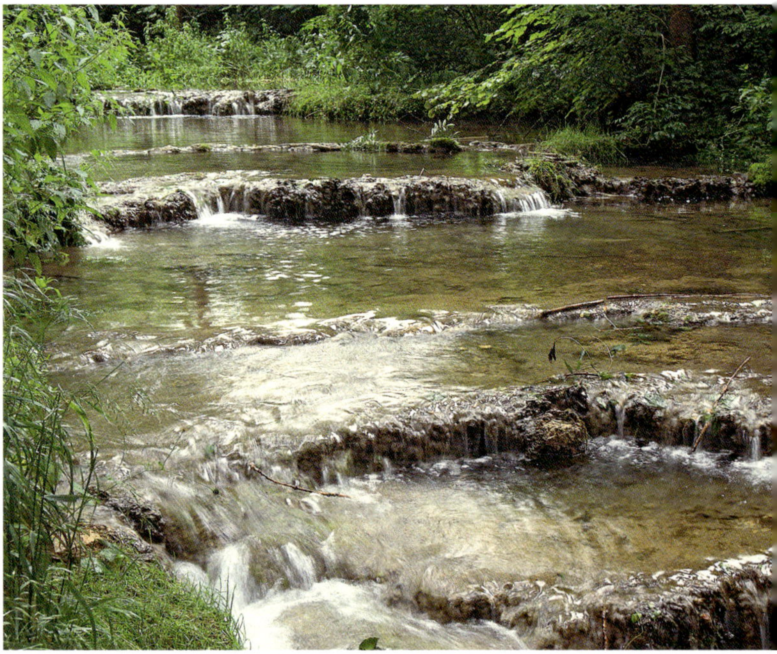

Die malerischen Sinterterrassen im Naturdenkmal Lillachtal

führt aus dem Wald auf eine Wiese, schwenkt nach links und führt durch eine Waldspitze wieder zur Wiese. Nun wandern wir zwischen Waldrand und Wiese bis zu einem Schotterweg, der uns um den Mönchsberg auf die Höhe führt. Von hier können wir schöne Aussichten ins Tal genießen. Bald mündet der Schotterweg auf eine Asphaltstraße, die wir vor dem Ortseingangsschild von ❶ **Weißenohe** nach links verlassen.

Ritter Wirnt

An der Südseite des Marktplatzes von Gräfenberg steht das Wolfsberger Schloss, eines der ältesten Gebäude der Stadt, das durch eine schöne Fassadenbemalung auffällt. Sie zeigt Szenen aus dem Heldenepos »Wigalois, der Ritter mit dem Rade«, das im 13. und 14. Jahrhundert an den Fürstenhöfen und Ritterburgen sehr geschätzt wurde. Dieses Wigalois-Epos aus dem Kreis der Artus-Sagen verfasste Ritter Wirnt von Gräfenberg zu Beginn des 13. Jahrhunderts.

Zur Lillachquelle Wir wandern auf einem schönen Wiesenweg, von Hecken aus Schlehen, Rosen, Waldreben und Ebereschen gesäumt, bis unser Wanderweg nach rechts in den Wald schwenkt. Am Hang entlang geht es durch Buchenwald, bis wir auf einen Schotterweg gelangen und nach rechts gehen. An der nächsten Wegkreuzung bietet sich eine kleine Rast auf einer Bank an. Von hier spazieren wir geradeaus weiter, biegen beim folgenden Schotterweg nach rechts und wandern zum Wegweiser Lillachquelle. Auf schönem Waldweg kommen wir zum Wegweiser »Sinterstufen«.

Malerische Kalktuffterrassen Um zur Quelle der Lillach zu gelangen, gehen wir hier weiter geradeaus und erreichen bald einen schönen Sitzplatz an der ❷ **Lillachquelle**. Nach der Rast gehen wir denselben Weg zurück und laufen dann beim Weg-

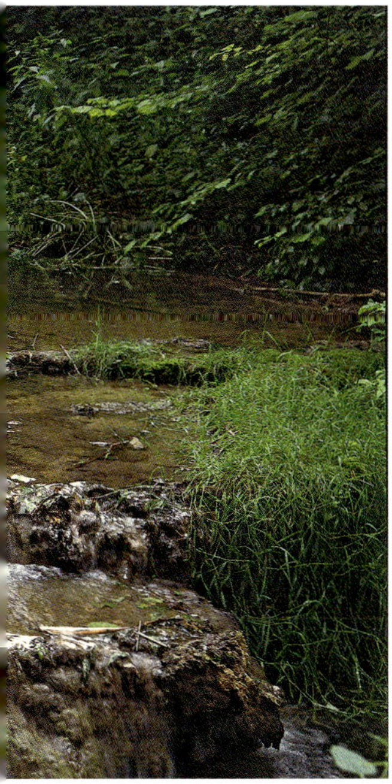

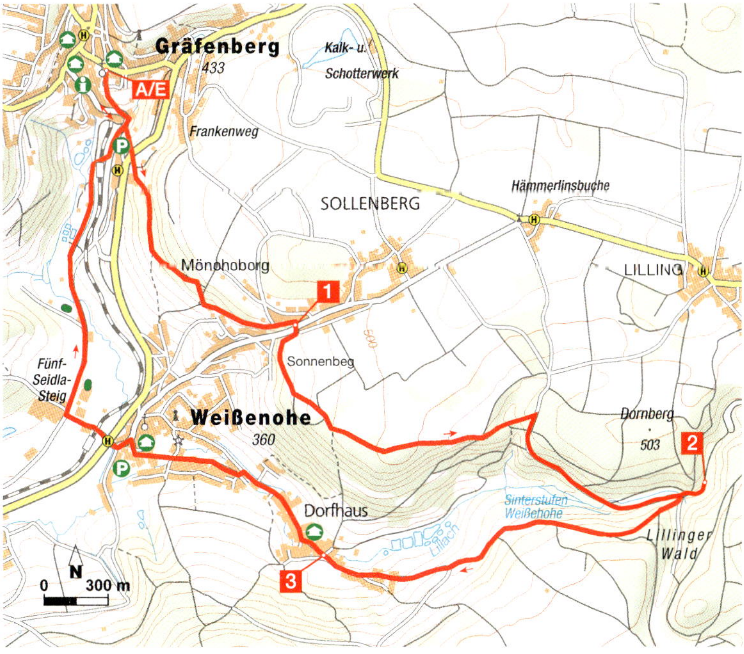

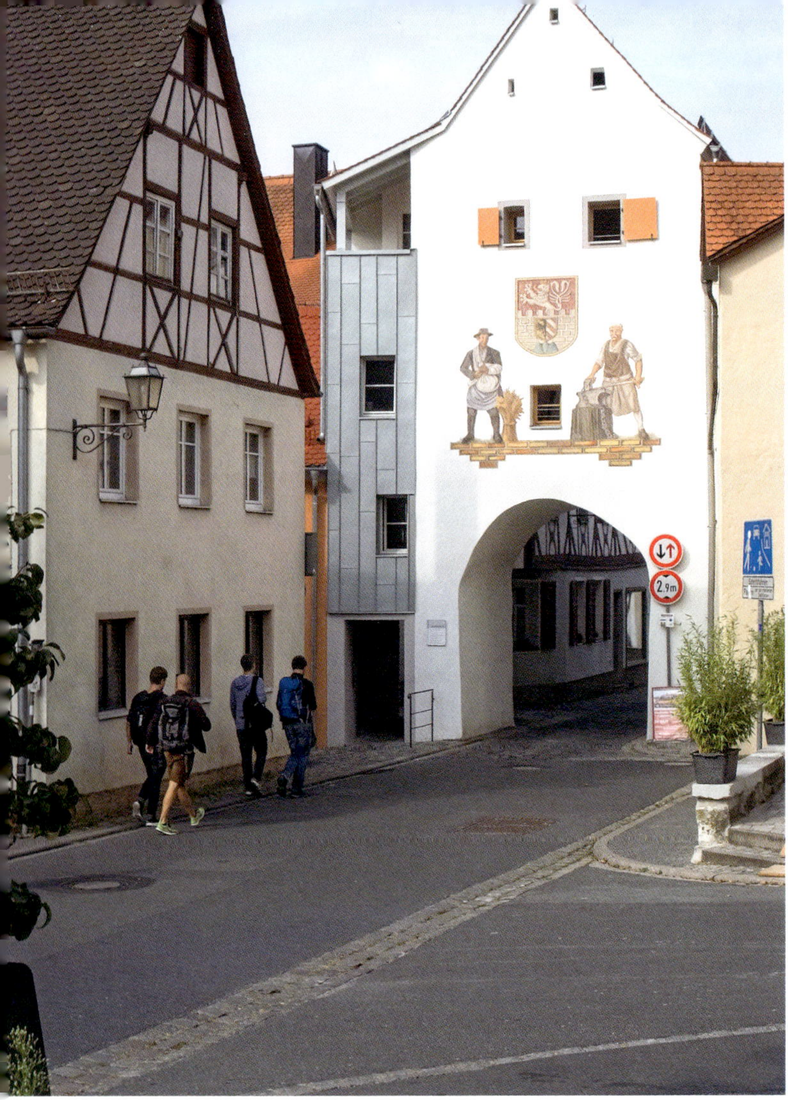

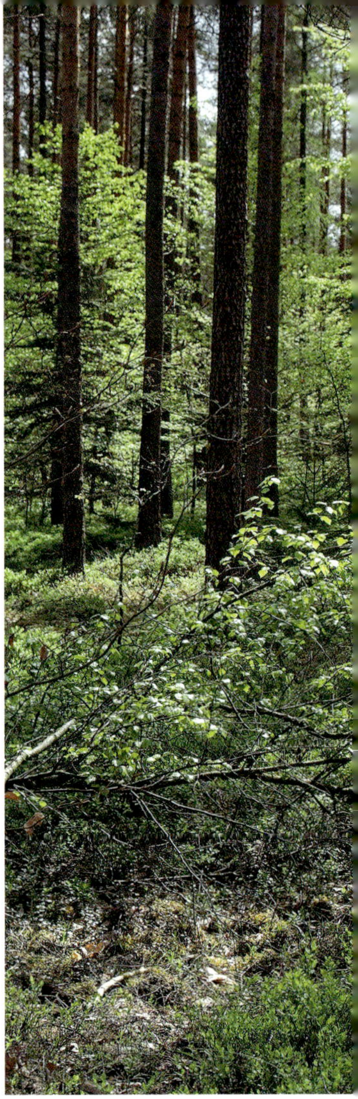

Links: Hiltpoltsteiner Tor in Gräfenberg

Mitte: Im Mischwald bei Weißenohe

Rechts: Das historische Rathaus von Gräfenberg

weiser »Sinterstufen« auf einem Pfad nach links abwärts. Kurz danach sehen wir aus dem Kalkfelsen eine Quelle sprudeln, die Lillachbrunnen genannt wird. Hier folgen wir der Lillach mit ihren beeindruckenden Sinterstufen, die im Jahr rund zwei Millimeter wachsen.

Wir wandern im schönen Lillachtal weiter, neben uns plätschert der Bach immer wieder über kleinere und größere Stufen, von zahlreichen Stauden am Ufer gesäumt. In diesem Lebensraum wurden über hundert Schmetterlingsarten beobachtet, zu denen auch seltenere Arten wie Schwalbenschwanz und Brombeerzipfelfalter gehören. Auch die geschützte Wasseramsel sowie seltene Amphibien wie Feuersalamander und Gelbbauchunke haben hier ihren Lebensraum.

Rast in der Klostergaststätte Am Ende des Lillachtals führt unser Weg an Fischteichen vorbei nach ❸ **Dorfhaus**. Dort biegen wir in die Waldstraße ein und kommen am Ortsrand zu einer Gabelung. Hier folgen wir der Markierung »gelber Querstrich« nach Weißenohe mit seinem ehemaligen Benediktinerkloster. Besonders se-

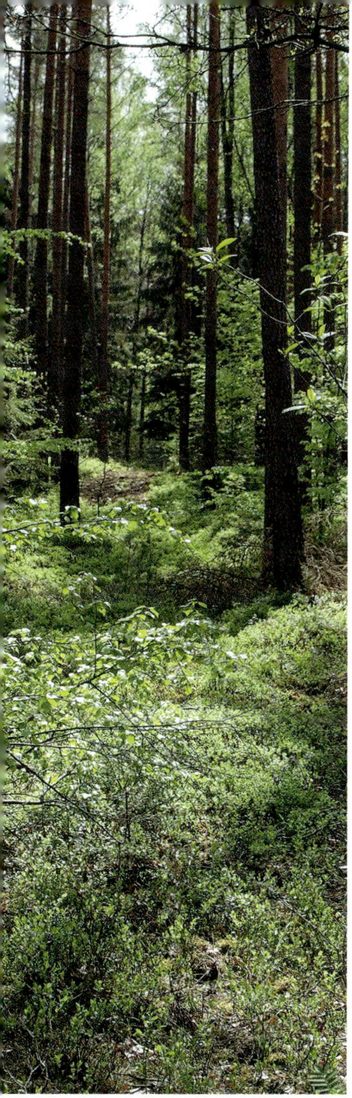 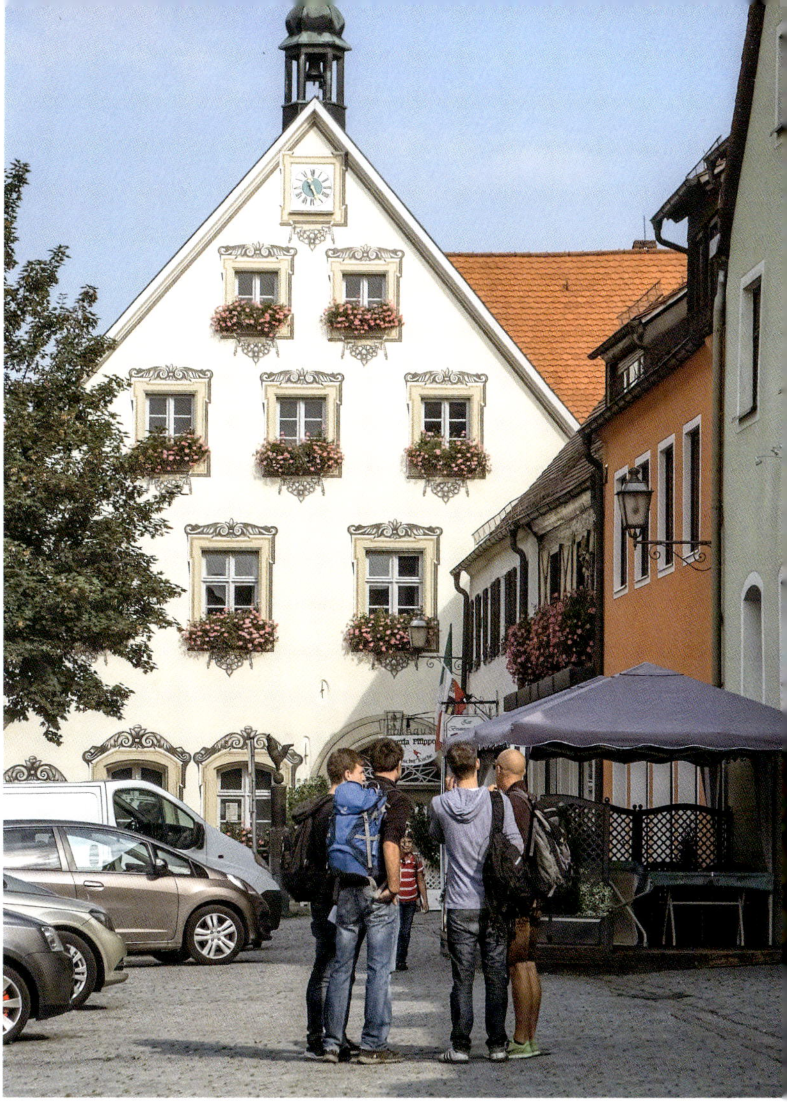

henswert ist die Barockkirche mit ihrer Zwiebelhaube. Zur Stärkung bietet sich die Einkehr in der Klostergaststätte und im Klosterhof an. In Weißenohe wird seit 1100 Bier gebraut. Die Klosterbrauerei ist seit 1827 in Familienbesitz und bietet zahlreiche Bierspezialitäten an.

Über die Mühlackerstraße und Weiherstraße gelangen wir zu einer Kreuzung mit Insel, hier schwenken wir nach links, überqueren die B 2 und die Bahngleise und wenden uns bei der Straße Am Sportplatz nach rechts. Auf dieser Straße kommen wir zum Bahnhof in Gräfenberg, überqueren die B 2 und steigen Stufen hinab. Auf der Bayreutherstraße halten wir uns links und kommen zum E Marktplatz.

Die Kalktuffterrassen der Lillach

Wird das Regenwasser aus der Luft mit Kohlendioxid angereichert, löst es als Kohlensäure den im Boden vorhandenen Kalk. Durch die Wirbel und Sprudel der Lillach entweicht das Kohlendioxid wieder, der Kalk fällt aus und lässt stockwerkartige Gebilde, die Sinterstufen (Kalktuffterrassen) der Lillach, entstehen. Sie wachsen im Jahr rund zwei Millimeter. In diesem Lebensraum wurden über 100 Schmetterlingsarten beobachtet, zu denen auch seltenere Arten wie Schwalbenschwanz und Brombeerzipfelfalter gehören. Auch die geschützte Wasseramsel sowie seltene Amphibien wie Feuersalamander und Gelbbauchunke haben hier ihren Lebensraum.

Von Egloffstein zum Schlossberg

Blicke über das Trubachtal

Mittel 3:15 Std. 201 Hm 11 km

Tourencharakter
Abwechslungsreiche Wanderung auf breiten Waldwegen, stellenweise auch Wiesenwege und Obstgärten, schöne Aussicht vom Schlossberg

Ausgangs-/Endpunkt
Egloffstein, Wanderparkplatz am Ortsende

Anfahrt
Auto: A 70, Ausfahrt Forchheim Nord oder Süd, auf der B 470 bis Abzweig Pretzfeld, über Pretzfeld bis Egloffstein. **Bus**: Busverbindung mit Ebermannstadt und Gräfenberg

Gehzeiten
Egloffstein – Schlossberg 1:15 Std. – Thuisbrunn 2 Std. – Egloffstein 3:15 Std.

Beste Jahreszeit
Frühjahr bis Herbst

Einkehr
Thuisbrunn, Gasthof Seitz (geöffnet Di, Fr–So ab 10:00 Uhr)

Karte
Fritsch Wanderkarte, Nr. 53, Naturpark Fränkische Schweiz, Veldensteiner Forst – Hersbrucker Alb, Blatt Süd, Maßstab 1:50 000

Information
Touristinformation Egloffstein, Felsenkellerstraße 20, 91349 Egloffstein, Tel. 09197/2 02, www.trubachtal.com

Der Schlossberg ist mit seiner Ruine vom Frühjahr bis zum Herbst ein reizvolles Wanderziel mit schöner Aussicht. Im Mai sind die blühenden Obstbäume eine Augenweide und im Sommer spenden die Bäume des Markgräflichen Waldes Schatten.

Im Markgräflichen Wald Vom Ⓐ **Wanderparkplatz** mit der großen Wanderwegtafel am Ortsausgang von Egloffstein aus überqueren wir die Brücke, gehen die Talstraße entlang bis zum Gasthof Zur Post, wo man auf der großen Sonnenterrasse gut verschnaufen kann. Eine reichhaltige Speisekarte und vorzügliche Küche laden zum Verweilen ein. Beim Gasthof treffen wir auf den Wegweiser »Schlossberg, Haidhof« und folgen der Markierung »grüner Ring«. Zunächst steigen wir durch die Haidgasse zum Marktplatz auf und schwenken dort nach links. Nun gehen wir die Markgrafenstraße entlang, Obstplantagen begleiten unseren Weg bis zu einem Wegweiser. Ab hier nehmen wir einen Feldweg und genießen die Weite der Landschaft. Nachdem wir den Schotterweg überquert haben, gelangen wir in den Markgräflichen Wald, ein schönes Waldgebiet zum Entspannen. Auf einer Forststraße kommen wir zum Abzweig Schlossberg und schwenken nach links. Bald können wir die schöne Aussicht vom Schlossberg am ❶ **Burgstein** genießen.

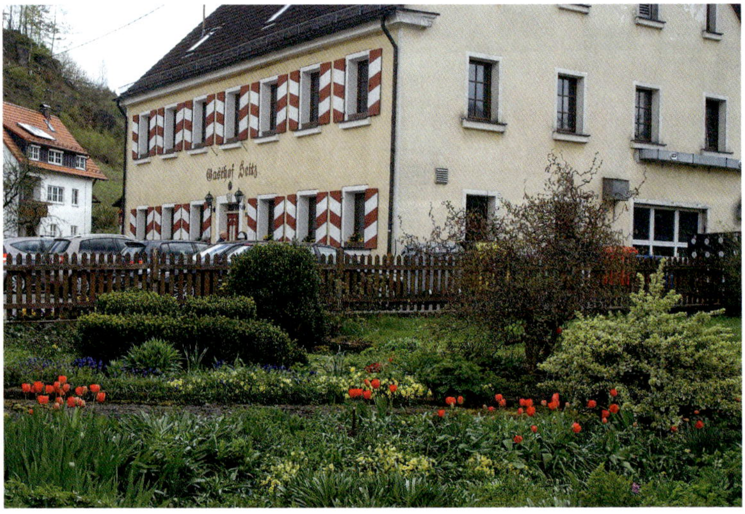

Der Gasthof Seitz in Thuisbrunn lädt zur Rast ein.

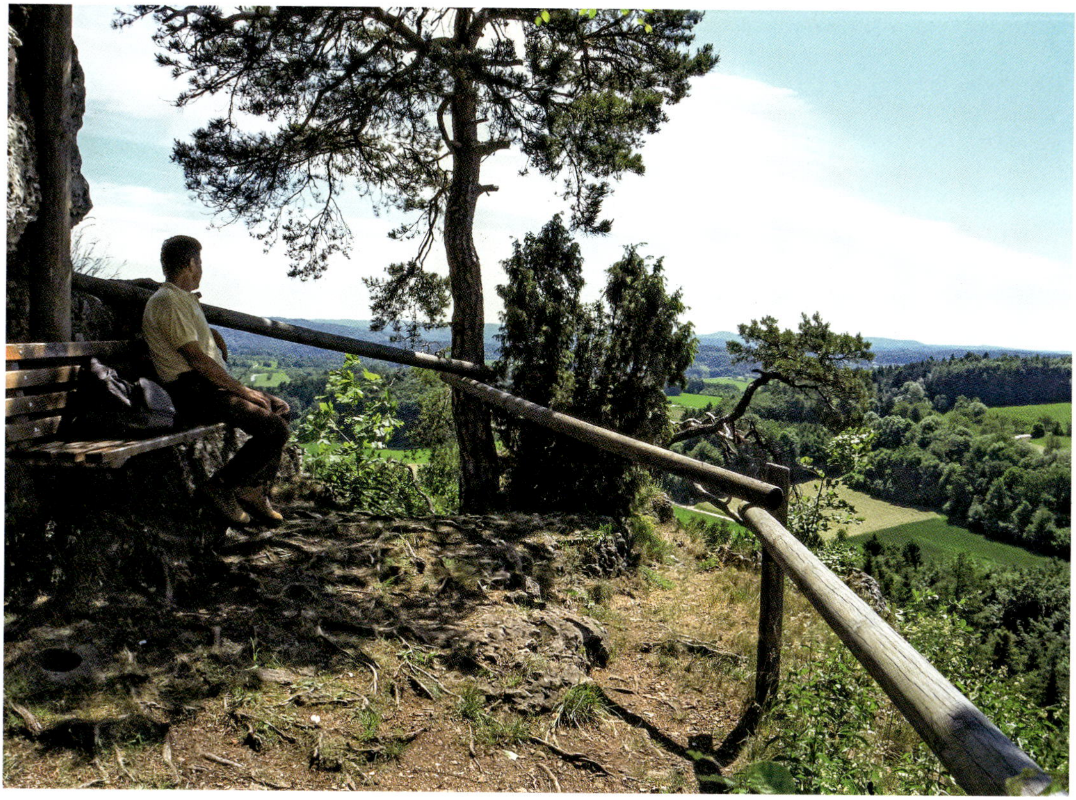

Der Burgstein Auf dem 569 Meter hohen, bewaldeten Schlossberg ragt der Dolomitfelsen Burgstein über die Baumkronen hinaus und beschert von oben einen wunderschönen Blick auf Haidhof. Ein verschlungener Pfad führt zur schroffen Bergnase, einst der Standort eines mittelalterlichen Burgstalls, an Mauerresten und einem Opferstein – auch Altarstein genannt – vorbei zum beschaulichen Sitzplatz.

Auf dem Schlossberg lässt es sich gut rasten.

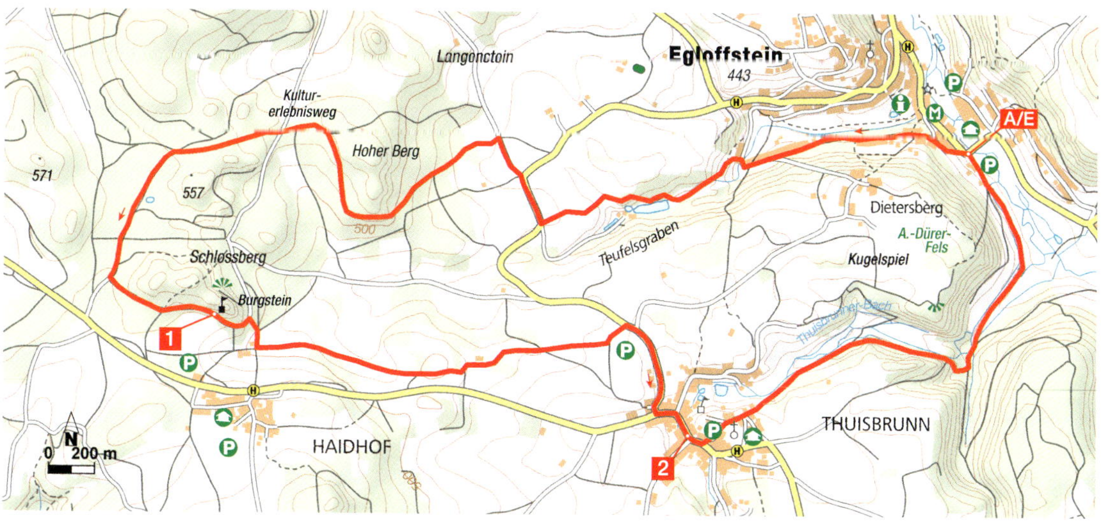

Nach Thuisbrunn Vom Schlossberg folgen wir der Markierung grüner Ring weiter auf einem breiten Forstweg, wenden uns bei einer Bank nach links und biegen beim nächsten Abzweig, der etwas schwer erkennbar ist, nach rechts ab. Wenig später geht es wieder nach links, und wir treffen auf einen Plattenweg, wo wir wieder nach

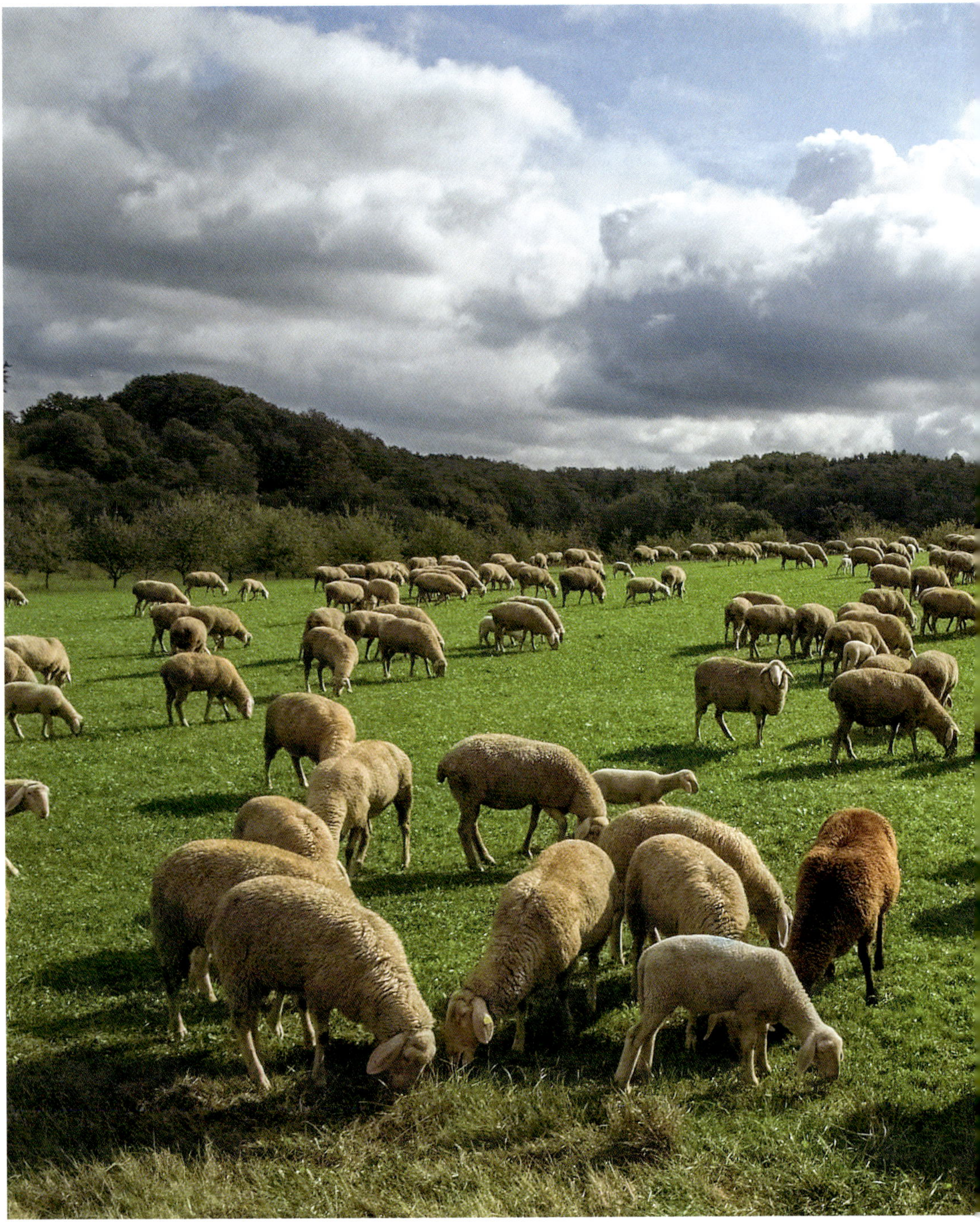

links einbiegen. Nun wandern wir an einer Linde mit Bank vorbei geradeaus auf einem Schotterweg zwischen Obstbäumen weiter. Unser Weg führt an einem Sitzplatz vorbei zu einer Asphaltstraße und nach ❷ Thuisbrunn. Dieses kleine Bauerndorf liegt in einem Seitental der Trubach und fällt schon aus der Ferne durch den

Schafe weiden bei Thuisbrunn.

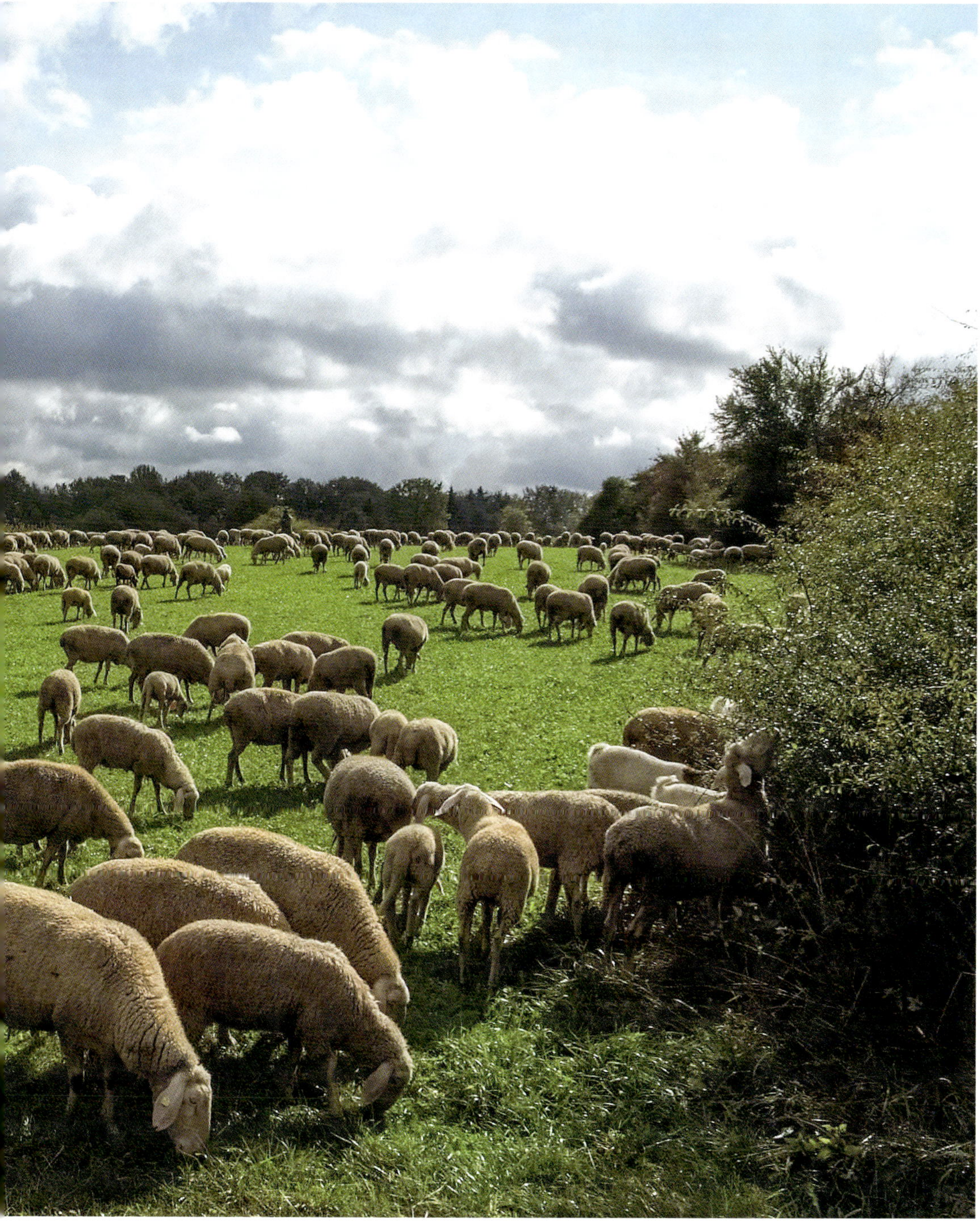

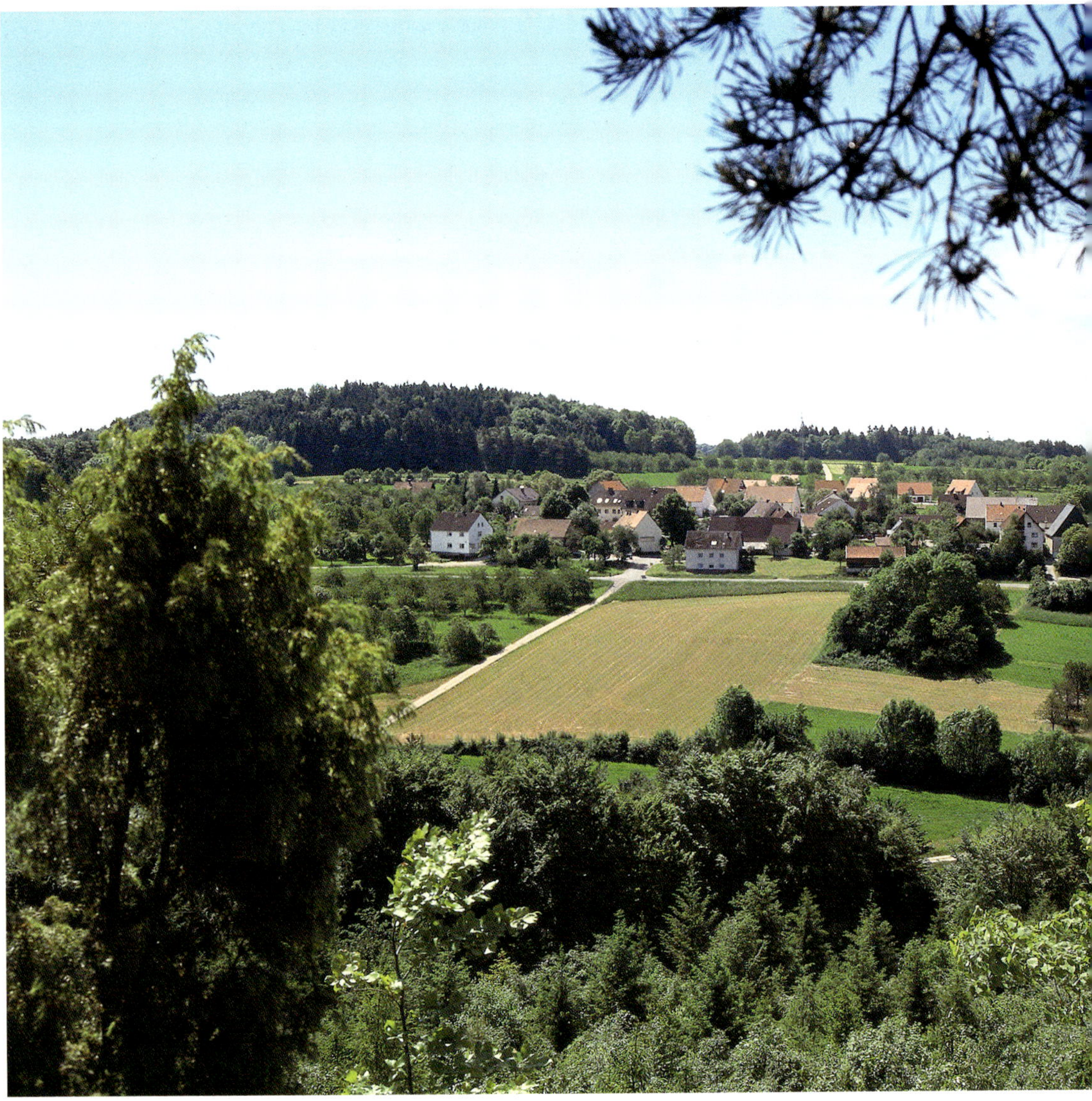

Blick vom Schlossberg bei Egloffstein

schmalen, hoch aufragenden Kirchturm von St. Katharinen auf. Unweit der Kirche fällt in der Ortsmitte ein schönes fränkisches Haus mit rot-weiß gestrichenen Fensterläden auf, das Gasthaus Seitz. Es besteht seit 1885 und lädt in die gemütliche Gaststube und den Biergarten zur Rast ein. Besonders beliebt ist das süffige Elch-Bräu, das in den drei Sorten Pils, Dunkel und Weizen angeboten wird und schon mehrfach mit dem »European Beer Star Award« ausgezeichnet wurde.

Über dem Ort befindet sich eine Burgruine mit Bergfried, die allerdings innerhalb eines Privatgeländes liegt und deshalb nicht zu besichtigen ist. Die Burg wurde schon im 14. Jahrhundert bei Auseinandersetzungen zwischen dem Burggrafen Friedrich und der Stadt Nürnberg zerstört und verfällt seit dem Markgrafenkrieg 1553 vollkommen. Erwähnt wurde Thuisbrunn bereits im Jahr 1007 in einer Urkunde von Kaiser Heinrich II., aber der Ort selbst ist älter. Seine Wurzeln reichen

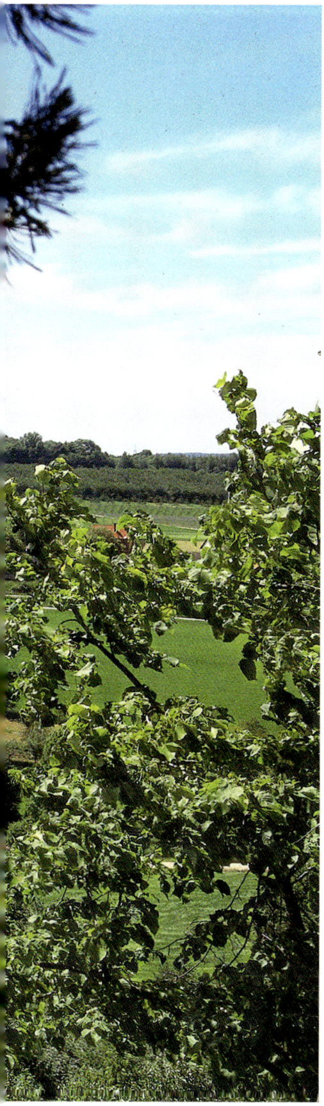

bis in die mittlere Steinzeit zurück, aus der Spuren einer Besiedlung nachgewiesen wurden.
Wir setzen unsere Wanderung auf der Hauptstraße im Ort fort und schwenken bei der Bushaltestelle »Die Alte Schule« nach links. Nach der Kirche wenden wir uns beim folgenden Abzweig nach rechts und wandern durch das Todtsfeldtal, das sich zwischen Thuisbrunn und dem Trubachtal erstreckt. Es handelt sich hier um eine Laune der Natur mit bizarren, steil aufragenden Felsen, die bei Kletterern beliebt sind. Unser Weg führt allmählich abwärts bis zu einer Wegkreuzung. Hier biegen wir nach links und kommen auf einem herrlichen Panoramaweg mit schönen Aussichten in das Trubachtal nach E **Egloffstein**, das wir auf der Talstraße unweit des Wanderparkplatzes erreichen.

Rundgang durch Egloffstein Nach der Wanderung bietet sich ein Rundgang durch den Ort an, der am Wanderparkplatz beginnt. Nach der Brücke geht es die Talstraße entlang bis zum Feuerwehrhaus und dem Hotel Zur Post, einem traditionsreichen Gasthof. Wenn wir die Talstraße weitergehen, kommen wir zur Pension Café Mühle. Von der Mühle führt der Weg zum Kindergarten, wo Treppen aufwärts zu den Felsenkellern führen. Sie sind geöffnet und können besichtigt werden. Hier lagerten bis Ende des 19. Jahrhunderts die Egloffsteiner Wirte und Brauer ihr Bier, die Metzger das Fleisch und die Bauern Rüben und Kartoffeln. Durch die Felsenkellerstraße führt der Weg zum früheren Gasthof Zur schönen Aussicht mit der Touristinformation. Die Felsenkellerstraße leitet weiter zum Marktplatz, wo ein großes dreigeschossiges Haus von 1775 mit Walmdach auffällt. Es ist die Zehntscheune und der Witwensitz der Freiherrn von Egloffstein. Oberhalb vom großen gelben Haus steht der Agilolfbrunnen, 1988 von Hermann Leitherer aus Bamberg geschaffen. Durch die Markgrafenstraße führt der Weg am alten Pfarrhaus vorbei zum Waschbrunnen. Über die Schmiedgasse geht es über die Burgbergstraße in den Kirchenweg und vorbei an der Kirche zur Burg. Über die Burgbergstraße gelangen wir zurück zum Marktplatz und durch das Heidgäschen zum Ausgangspunkt.

Tipp

Auf dem 569 Meter hohen, bewaldeten Schlossberg ragt der Dolomitfelsen Burgstein über die Baumkronen hinaus und beschert einen wunderschönen Blick auf Haidhof. Einst der Standort eines mittelalterlichen Burgstalls, führt ein verschlungener Pfad zur schroffen Bergnase, an der alten Kirche vorbei, und einem Opferstein – auch Altarstein genannt – zum beschaulichen Sitzplatz.

Auf dem Kirschenweg bei Pretzfeld

Nascherei am Wegesrand

Leicht 2:30 Std. 163 Hm 10 km

Tourencharakter
Sehr schöne Wanderung auf bequemen Wegen, anfangs zwischen Kirschplantagen und Obstgärten, später durch Buchenwald

Ausgangs-/Endpunkt
Pretzfeld

Anfahrt
Auto: A 70, Ausfahrt Forchheim Nord oder Süd, auf der B 470 bis Abzweig Pretzfeld, über Pretzfeld bis Egloffstein. **Bus:** Busverbin dung mit Ebermannstadt und Gräfenberg

Gehzeiten
Pretzfeld – Dietrichstein 1:15 Std. – Wannbach 2:00 Std. – Hagenbach 2:15 Std. – Pretzfeld 2:30 Std.

Beste Jahreszeit
Frühjahr bis Herbst

Einkehr
Pretzfeld und Wannbach

Karte
Fritsch Wanderkarte, Nr. 53, Naturpark Fränkische Schweiz, Veldensteiner Forst – Hersbrucker Alb, Blatt Süd, Maßstab 1:50 000

Information
Markt Pretzfeld, Trattstraße 1, 91362 Pretzfeld, Tel. 09194/734 70, www.pretzfeld.de

Diese reizvolle Wanderung ist während der Kirschenblüte von Ende April bis Anfang Mai am schönsten; im Juni und Juli kann man sich an den süßen Früchten laben, wenn die Bauern diese frisch gepflückt am Wegesrand verkaufen.

Rast am Pretzfelder Bierkeller Von der Kirche in Ⓐ **Pretzfeld** folgen wir anfangs der leicht ansteigenden Straße Richtung Ebermannstadt, dann geht es auf einem Pfad daneben bis zum Ortsausgangsschild von Pretzfeld. Hier schwenken wir nach rechts und gehen auf einem Asphaltweg neben Kirschbäumen. Nach ca. 100 Metern biegen wir nach links und steigen zwischen Kirschbäumen auf einem Schotterweg aufwärts. Unser Weg führt zu einer kleinen Kapelle mit Sitzplatz, wo es sich gut verschnaufen lässt.

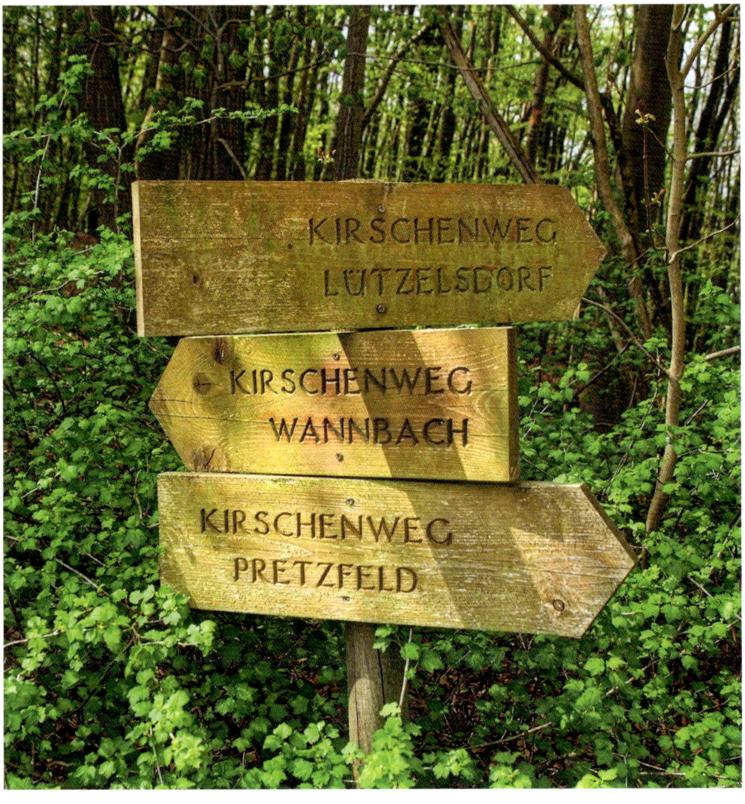

Gut ausgeschildert ist der Kirschenweg.

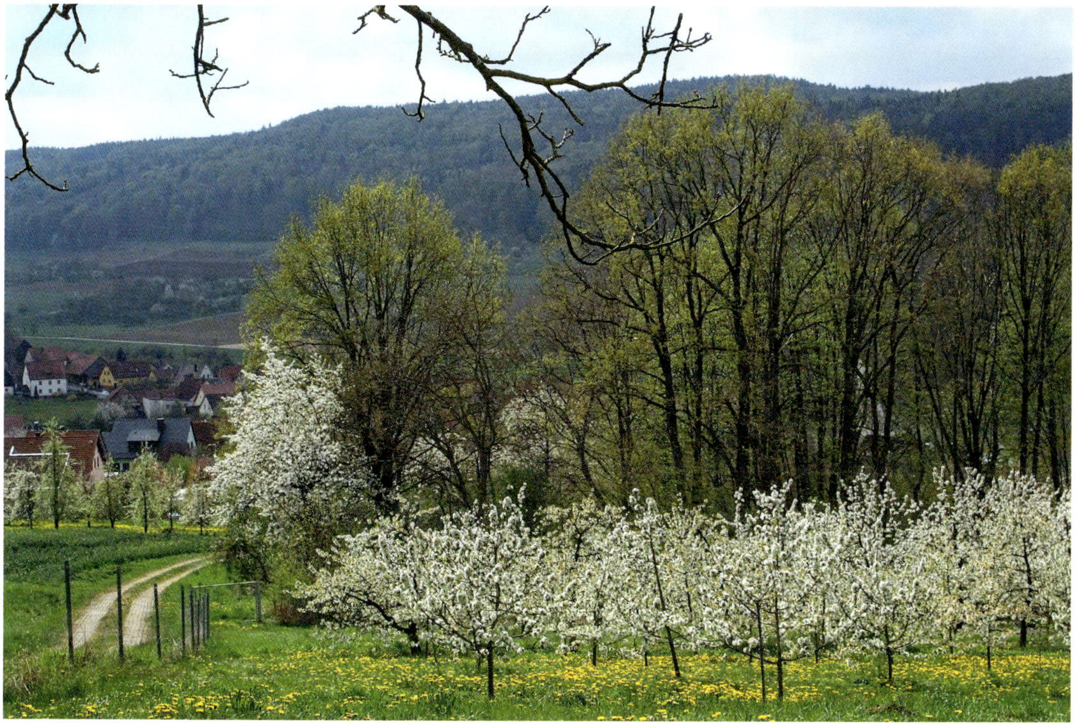

Bei der Kapelle halten wir uns links und kommen zur Straße, wo wir rechts auf einem Sandweg in Richtung Pretzfelder Keller gehen. Der Weg führt durch lichten Wald aufwärts, und bald haben wir die Gastwirtschaft mit dem großen Biergarten erreicht. Vom Biergarten bietet sich eine atemberaubende Aussicht ins Wiesenttal, nach Forchheim und Ebermannstadt.

An den Eingängen der zahlreichen Vorratskeller vorbei, die im Dogger-Sandstein am Weg zum Judenberg liegen, gewinnen wir an Höhe und erreichen schließlich den Judenberg. Kurz danach liegt rechts der jüdische Friedhof mit 216 Grabsteinen,

Zur Kirschblüte ist die Landschaft bei Pretzfeld besonders schön.

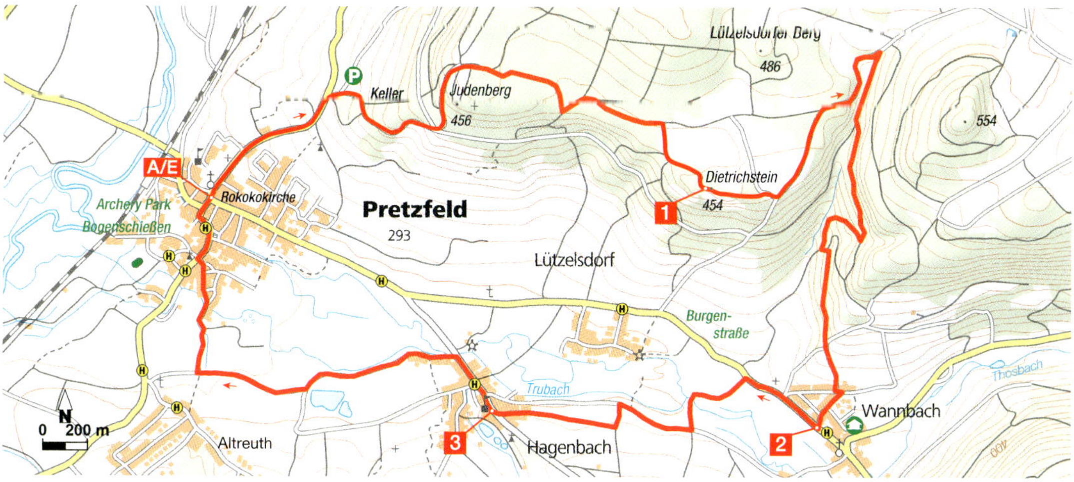

dessen älteste Nachweise aus den Jahren 1644 und 1664 stammen. Der letzte Jude wurde hier 1894 bestattet.

Zwischen Wald und Kirschplantagen Unser Weg führt durch Mischwald, wo während der Kirschblüte unzählige Buschwindröschen ihre weißen Blüten geöffnet haben. Wir treffen auf einen Querweg im Wald, biegen hier nach links (zwei stilisierte Kirschen sind das Symbol für den Kirschenweg) und erreichen durch Buchenwald eine große Waldwiese. Hier halten wir uns rechts und gelangen zwischen Wiese und Wald zu einer Kreuzung mit drei Wegweisern. Wer abkürzen möchte, geht Richtung Lützeldorf; wir aber wandern Richtung Wannbach weiter und nehmen zunächst den Weg geradeaus.

Wir treffen auf den Wegweiser »Dietrichstein«, halten uns hier rechts und kommen zu einer Felsnase mit wunderbarer Aussicht und einer weiteren Lehrtafel. Der Burgstall wird auch als Ruine ❶ Dietrichstein bezeichnet und war eine Adelsburg über dem Trubachtal, die erstmals 1355 urkundlich erwähnt wurde. Es wird aber vermutet, dass die Burg damals schon nicht mehr bestanden hat.

Wir setzen unseren Weg im Wald fort, treffen auf einen Plattenweg, biegen nach rechts, dann links und folgen dem Wegweiser »Kirschenweg Wannbach« auf einem Asphaltweg leicht abwärts. Beim nächsten Wegweiser »Kirschenweg Wannbach« schwenken wir nach rechts, gehen auf einem Pfad durch eine Kuhle, biegen nochmals rechts ab und wandern nun auf einem breiten Waldweg durch Buchenwald abwärts zur Lehrtafel Nr. 8.

Von hier ab führt der Weg auf einem steinigen Wurzelpfad steil abwärts zum Ufer des Weißenbachs, wo die Lehrtafel Nr. 9 über die Entstehung der Kalksinterterrassen informiert. Von hier geht es aufwärts, dann hinunter zur Kirche in ❷ Wannbach. Diese wurde am 2. Juli 1933 eingeweiht, weshalb hier immer am ersten Sonntag im Juli das Kirchweihfest gefeiert wird. Zur Kirchweih im Jahr 1999 erhielt die Kirche zur Erinnerung an Johannes den Täufer den Namen Johanneskirche. Hier befindet sich neben einer Wandertafel auch die Lehrpfadtafel Nr. 10.

Kalksinterterrassen am Weißenbach

Am Ufer des Baches informiert eine Lehrtafel über die Geologie des Kalktuffbachs. In seinem oberen Abschnitt hat der Weißenbach Stufen aus Kalktuff gebildet, die 5000 bis 10 000 Jahre alt sind. Beim Austritt des kalkreichen und mit Kohlensäure gesättigten Quellwassers entweicht das Kohlendioxid, und es entstehen feine Kalksteinsinter. Sie umschließen teilweise Moose, Blätter sowie kleine Pflanzen, sodass im Lauf der Zeit kleine Sinterbecken und kissenförmige Lager entstehen. Im feuchten Zustand sehr weich, erhärten sie sich beim Austrocknen. Die Sinterbecken sind z. B. ein optimaler Lebensraum für die Larven des Feuersalamanders.

Im Trubachtal Wir folgen zunächst der Straße nach Pretzfeld und schwenken dann am Ortsausgang von Wannbach auf ein Asphaltband. Nach links blickend, bietet sich eine großartige Aussicht über die Felder zu blühenden Kirschplantagen. Wir folgen unserem Asphaltband bis zu einer Bank und wechseln dort auf einen Schotterweg, auf dem wir nach einem Linksschwenk zu einer Brücke über die Trubach kommen, die wir überqueren (Schild »Fischwassergrenze«).

Wir treffen auf ein Asphaltband, biegen nach rechts und kommen an der Lehrtafel Nr. 11 vorbei, die an der Trubach steht. Hier erfah-

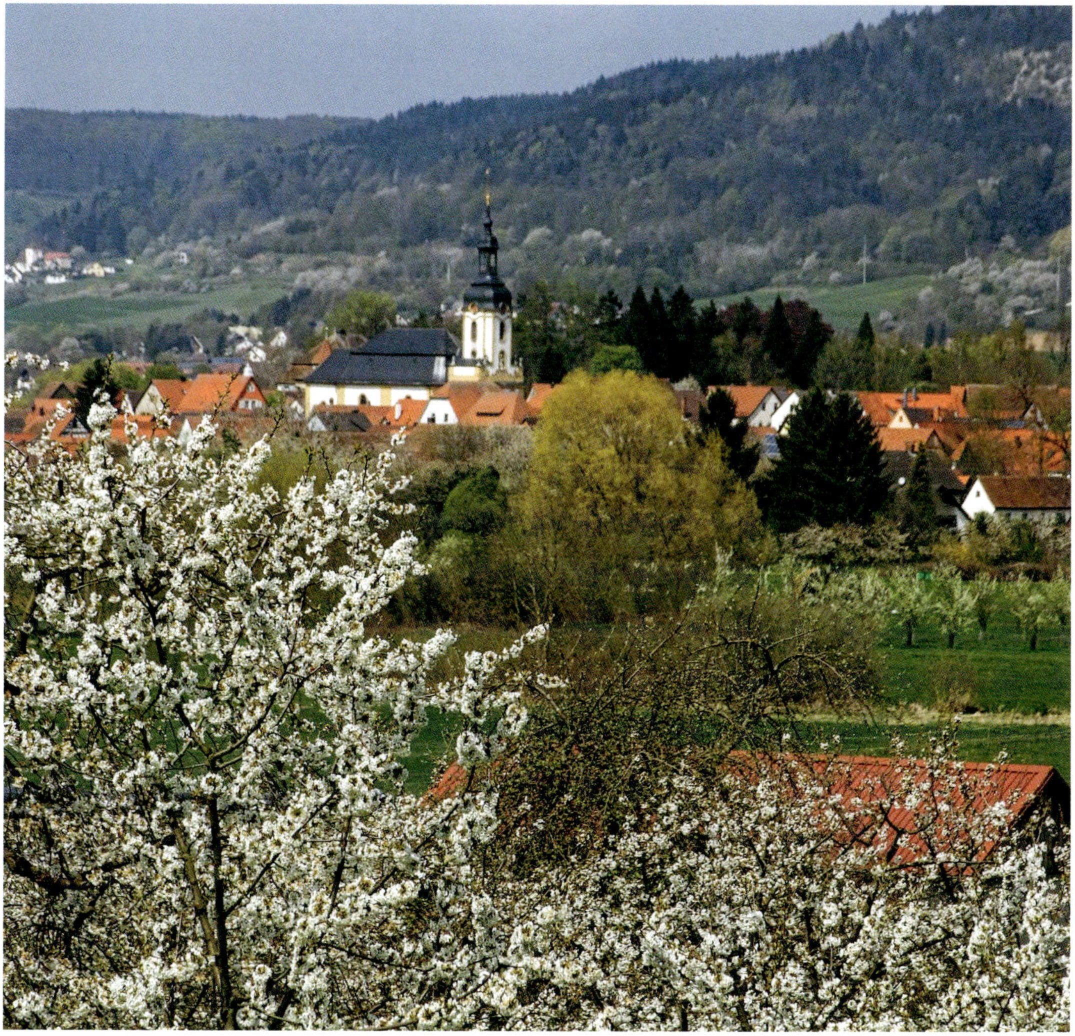

Blick auf Pretzfeld vom Kirschenweg

ren wir, dass bei der Trubach mäandrierende Laufstrecken mit geraden Laufstrecken wechseln. Strömungsreiche Abschnitte beherbergen Bachforellen und stellenweise auch Flusskrebse. Am Ufer gedeihen Sumpfdotterblumen, Echte Brunnenkresse, die Bachbunge und auch der Gauchheil-Ehrenpreis. Mehrere Libellenarten haben hier ihren Lebensraum, zu denen Blaugrüne Mosaikjungfer, Gebänderte Prachtlibelle und Blauflügel-Prachtlibelle gehören.

In der weiten Talaue der Trubach liegt das Dorf ❸ **Hagenbach**, wo wir auf die Dorfstraße treffen. Hier befinden sich eine Infotafel und eine Bushaltestelle. Zentrum des Ortes ist das Schloss, das von einer gut erhaltenen Mauer umgeben ist.

Hier biegen wir nach links (gegenüber dem Gasthof Richter) und wandern auf einem Asphaltband zwischen Kirschplantagen zu einem Teich. Dort schwenken wir nach links und gelangen zu einem Pfahl mit Wegweiser, wo wir nach rechts abbiegen und auf einem Rad-Fuß-Weg weiter wandern. Nach dem Überqueren einer Brücke gelangen wir zurück zur Kirche in Ⓔ **Pretzfeld**.

Von Ebermannstadt zum Druidenhain

Sagenhaftes Naturdenkmal

Schwer 5:15 Std. 228 Hm 20 km

Tourencharakter
Lange Wanderung auf bequemen Wald- und Wiesenwegen mit mäßig steilen Anstiegen

Ausgangs-/Endpunkt
Marktplatz in Ebermannstadt

Anfahrt
Auto: A 9 bis zur Anschlussstelle Pegnitz/Grafenwöhr, auf der B 2/B 470 in Richtung Forchheim nach Ebermannstadt oder auf der A 73 bis zur Anschlussstelle Forchheim Nord, auf der B 470 über Forchheim nach Ebermannstadt.
Bahn: bis Ebermannstadt

Gehzeiten
Ebermannstadt – Birkenreuth 1:45 Std. – Kannndorf 2:15 Std. – Druidenhain 2:45 Std. – Birkenreuth 3:15 Std. – Wallerwarte 4:45 Std. – Ebermannstadt 5:15 Std.

Beste Jahreszeit
Frühjahr bis Herbst

Einkehr
Ebermannstadt

Karte
Fritsch Wanderkarte, Nr. 53, Naturpark Fränkische Schweiz, Veldensteiner Forst – Hersbrucker Alb, Blatt Süd, Maßstab 1:50 000

Information
Touristinfo Ebermannstadt, Bahnhofstraße 5, 91320 Ebermannstadt, Tel. 09194/506 40; www.ebermannstadt.de

Im Druidenhain bei Wohlmannsgesees liegen tonnenschwere bemooste Felsblöcke scheinbar einer Ordnung folgend beieinander. Handelt es sich hier um eine Kultstätte der Kelten oder entstand diese Gruppe rein zufällig? Ein schöner, waldreicher Wanderweg bringt uns dorthin.

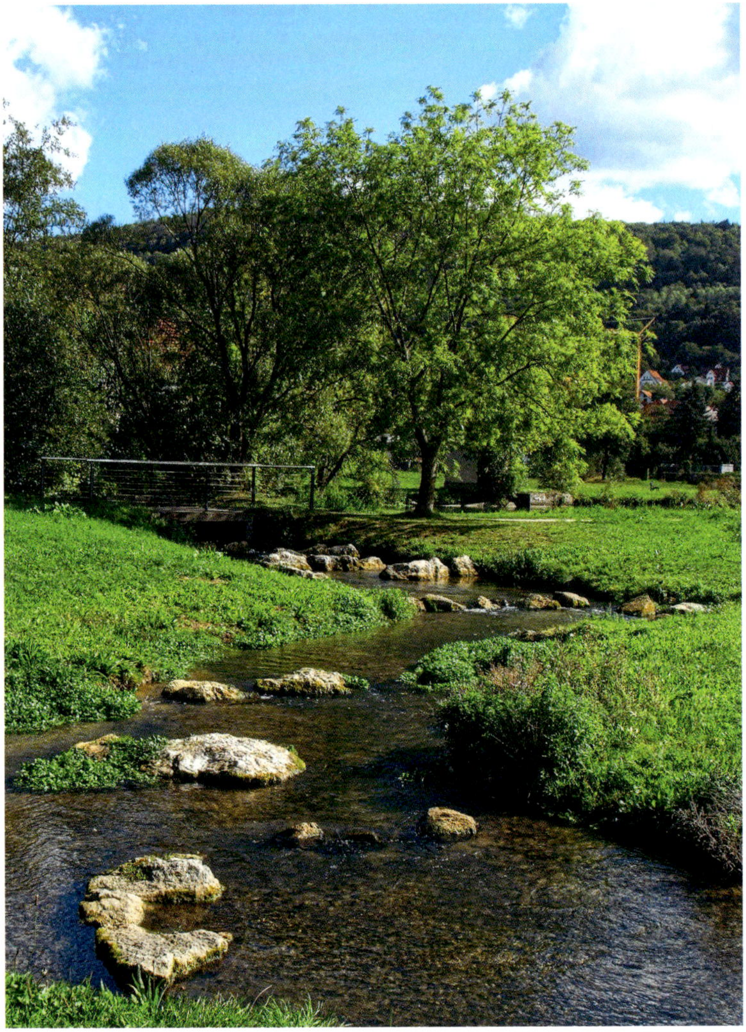

Die Wiesentaue bei Ebermannstadt

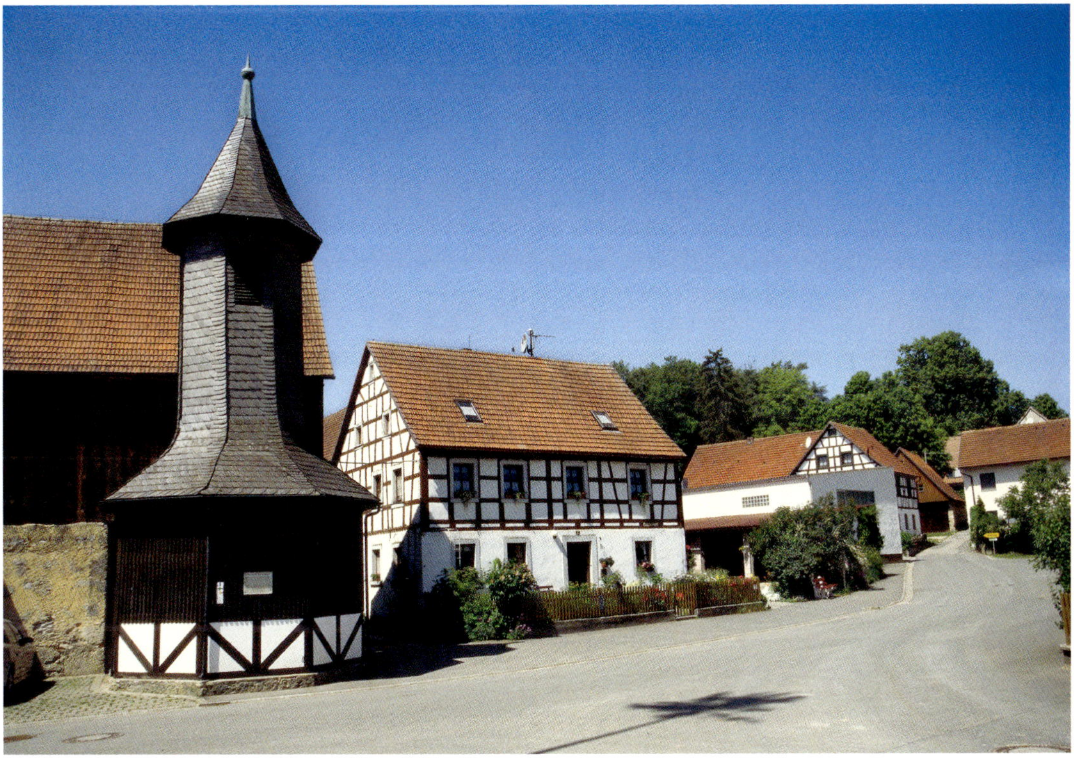

Vor der Wanderung lohnt sich ein Spaziergang über den Marktplatz in Ebermannstadt, mit zahlreichen schönen Fachwerkhäusern, Brauereigasthöfen und einem sehenswerten Brunnen. Der Marktplatz ist Mittelpunkt der Altstadt und die »gute Stube« der Stadt. Unweit davon befindet sich auch das historische Wasserschöpfrad aus dem Jahr 1603. Wasserschöpfräder fanden wahrscheinlich durch Fränkische Ritter, die an Kreuzzügen teilnahmen, den Weg zu uns. Das Wasserschöpfrad in Ebermannstadt befindet sich an einem Wiesentarm, der wohl künstlich angelegt wurde.

Das Brunnenhaus in Birkenreuth ist ein historisches Kleinod.

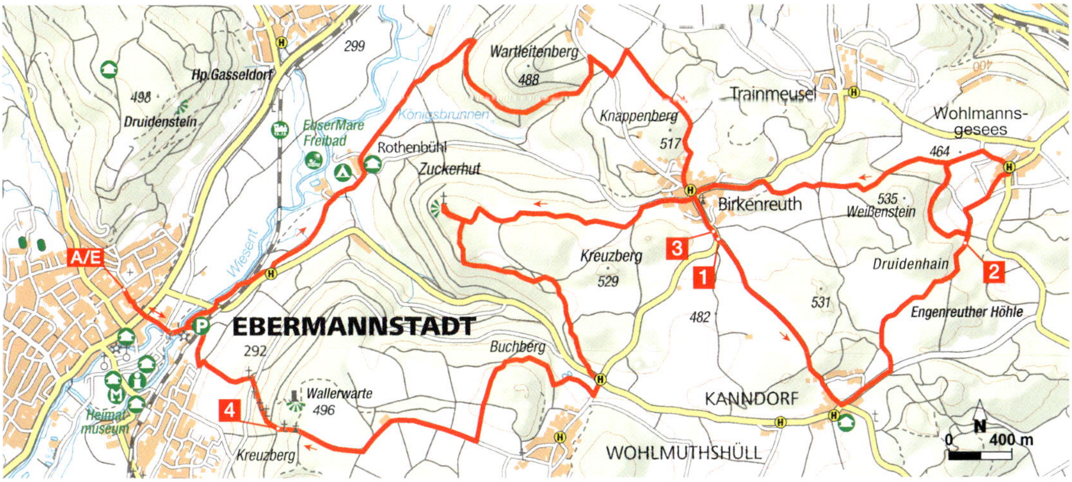

Die dadurch entstandene Insellage bot der Stadt Schutz, da sie so nur noch über Brücken mit wehrhaften Torhäusern zu erreichen war.

Sehenswertes Brunnenhaus Vom **A** **Marktplatz** gehen wir zunächst zum Wasserschöpfrad und wenden uns dort nach rechts. Mit der Markierung »roter Punkt« wandern wir im schönen Wiesenttal zum Freibad nach Rothenbühl. Von hier führt unser Weg zu einem Wanderparkplatz, wo wir nach rechts schwenken und allmählich aufwärtssteigen. Beim Abzweig zur Ruine Neideck halten wir uns rechts (Haarnadelkurve) und wandern auf sonnigem Forstweg nach **1** **Birkenreuth**. Hier ist

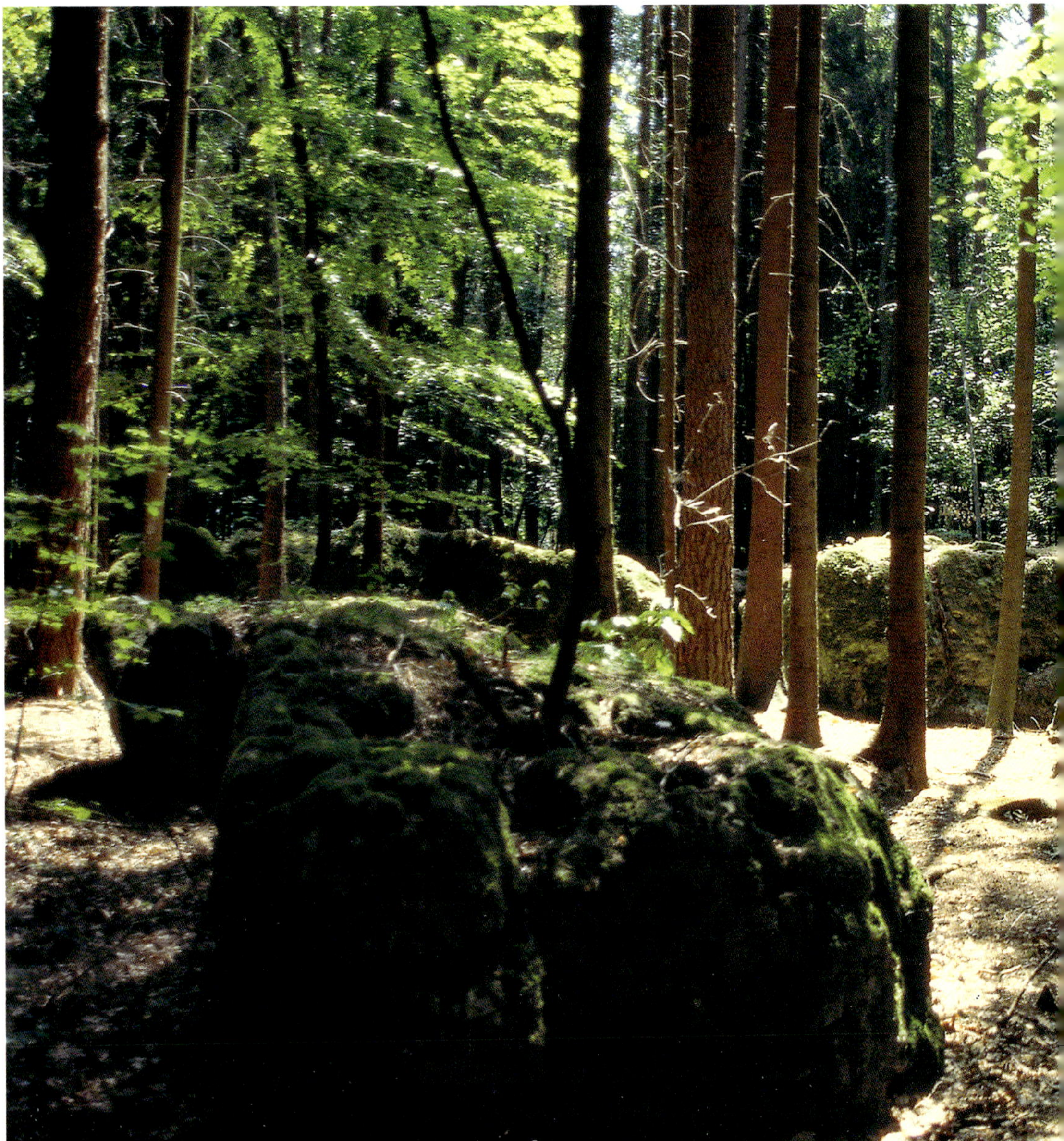

das Brunnenhaus von 1796 sehenswert. Der 70 Meter tiefe Brunnen wurde damals per Hand gegraben und ist eine Meisterleistung der Ingenieure dieser Zeit. Er diente bis 1923 zur Wasserversorgung im Juradorf.

Mystischer Hain Vom Brunnenhaus folgen wir der Markierung »grünes Kreuz« auf einer Asphaltstraße, die wir am Ortsausgang halb links verlassen, um auf einem schönen Wiesenweg nach Kanndorf zu wandern. Hier hat der Golfclub Fränkische Schweiz seinen Sitz. Im Ort folgen wir dem Wegweiser zum Druidenhain. Zunächst gehen wir ein Stück am Golfplatz entlang und schwenken dann nach rechts. Beim

Die bemoosten Steine im Druidenhain vermitteln etwas Mystisches.

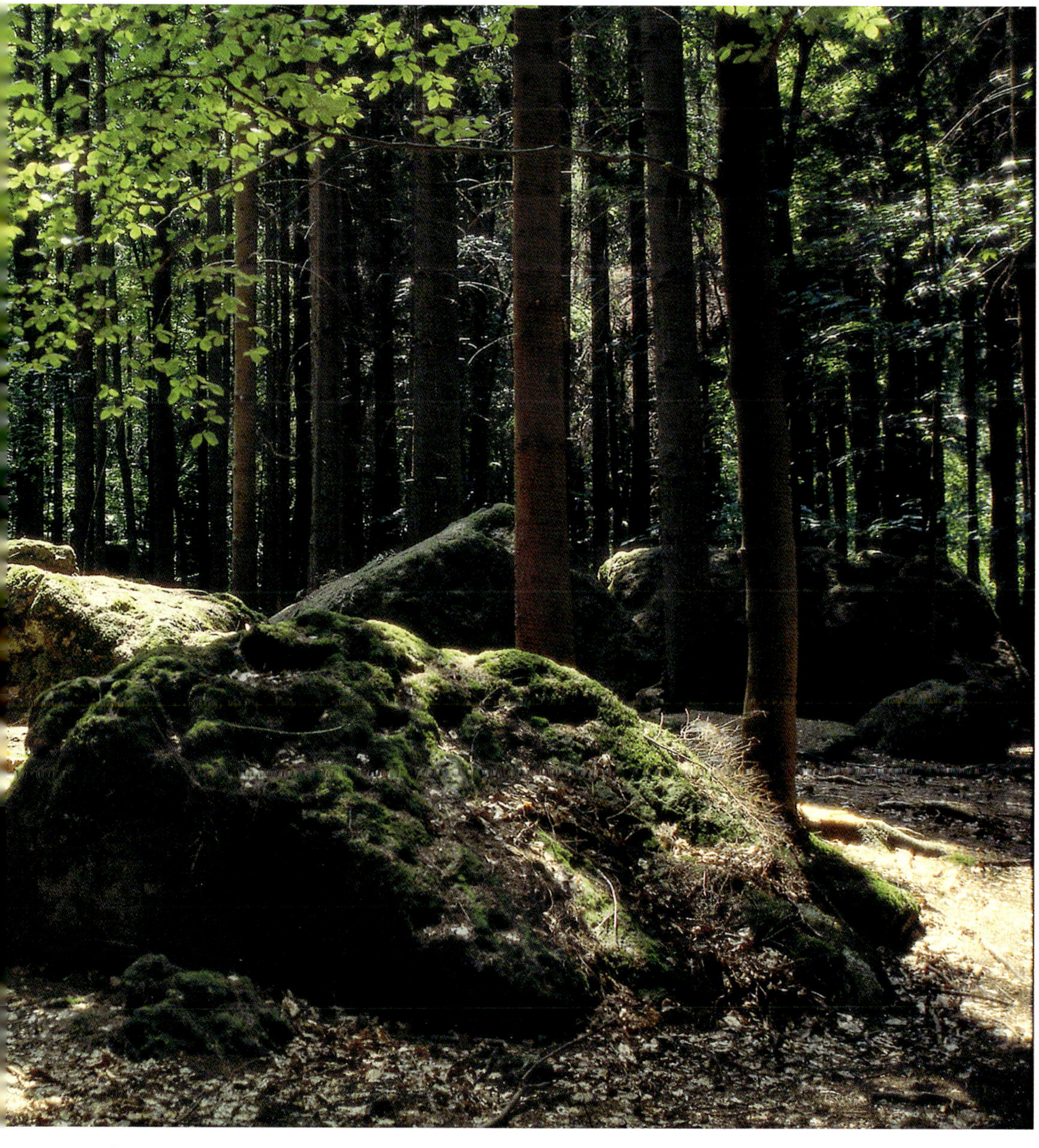

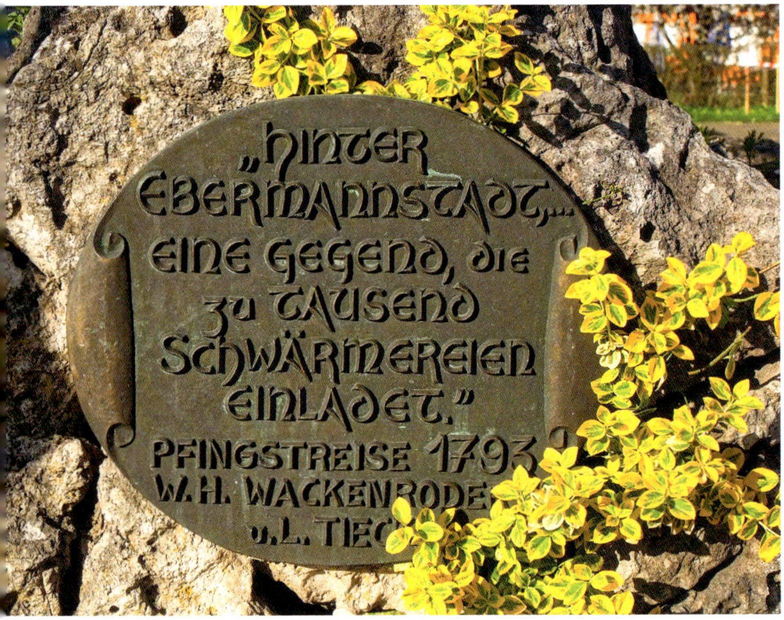

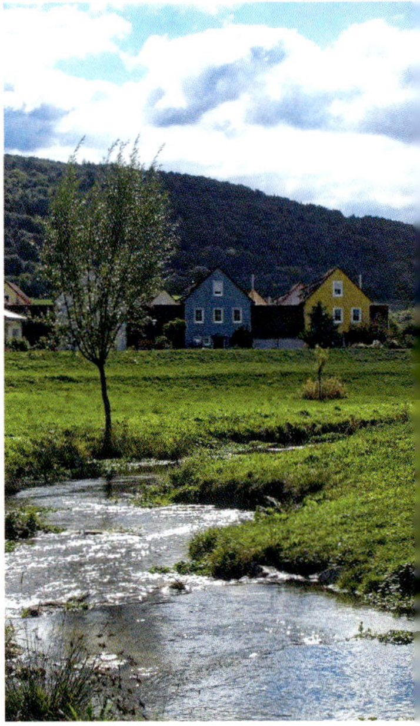

Links: Erinnerung an die Pfingstreise von Wackenroder und Tieck

Mitte: Malerisch schlängelt sich die Wiesent durch die Landschaft bei Ebermannstadt.

Rechts: Das historische Wasserschöpfrad in Ebermannstadt

Aussichtspunkt Vogelherd bietet sich ein Abstecher an, obwohl die Aussicht durch hoch gewachsene Bäume recht eingeschränkt ist. Aber eine Bank lädt hier zum Verweilen ein, bevor wir unseren Weg fortsetzen. Vom kurzen Abstecher zurück führt der Wanderweg abwärts durch eine bizarre Kalksteinwelt. Allmählich nähern wir uns dem ❷ **Druidenhain**. In diesem Wald mit seinen tonnenschweren bemoosten Felsblöcken vermutet man eine keltische Sonnenkultstätte, die astronomischen Berechnungen gedient haben soll. So sollen zum Beispiel an Sonnenwendtagen die ersten und letzten Sonnenstrahlen durch ein rundes Loch im Taufstein, einem vier Meter langen und 40 Zentimeter dicken Felsblock, auf die umliegenden Felsblöcke scheinen.

Der Nürnberger August Sieghardt schrieb 1925 in seinem Buch *Im Bannkreis der Wiesent. Kultur-, Geschichts- und Landschaftsbilder aus der fränkischen Schweiz*, Band 2 (Koch Verlag, Nürnberg) eine Episode, die geschichtlich nicht nachweisbar ist, uns aber einen Eindruck davon verschaffen könnte, was seinerzeit hier geschah: »Der Raubritter Eppelein von Gailingen (geboren um 1320 in Illesheim bei Bad Windsheim, hingerichtet am 15. Mai 1381 in Neumarkt in der Oberpfalz) soll am 1. Mai 1339 20 Freunde zu einem Geheimtreffen auf seine Burg Dramaus bei Draynmeusel (heute Trainmeusel) geladen haben. Er wollte einen Geheimbund gegen Kaiser Ludwig IV. den Bayern (geb. 1281/1282 in München, gestorben 11. Oktober 1347 in Puch bei Fürstenfeldbruck), aus dem Hause Wittelsbach, schmieden, da dieser gegen die Raubritter vorgehen wollte. Nachdem ausgiebig gezecht wurde, ging die Gruppe (darunter Dietrich von Wiesenthau und der Nürnberger Jude Jäcklein) gegen Mitternacht zum Druidenhain, um dort den ›Bund der Zwanzig‹ zu schmieden. Ein Bauer aus Wohlmannsgesees kam vorbei und erzählte daraufhin im Dorf, daß er Hexen beobachtete, die im Druidenhain einen Schmaus mit ›Kinderfleisch und Menschenblut‹ abhielten.«

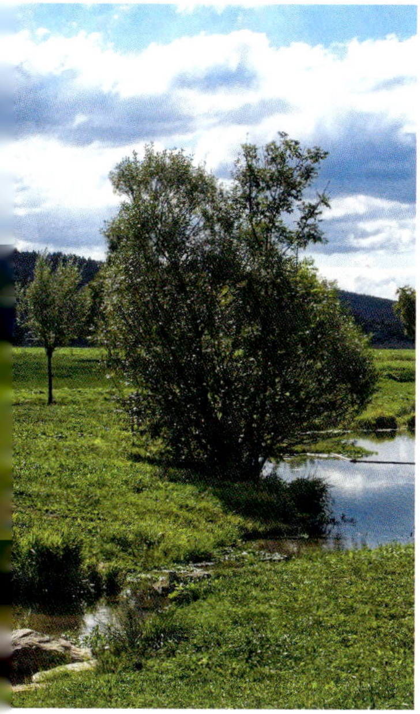

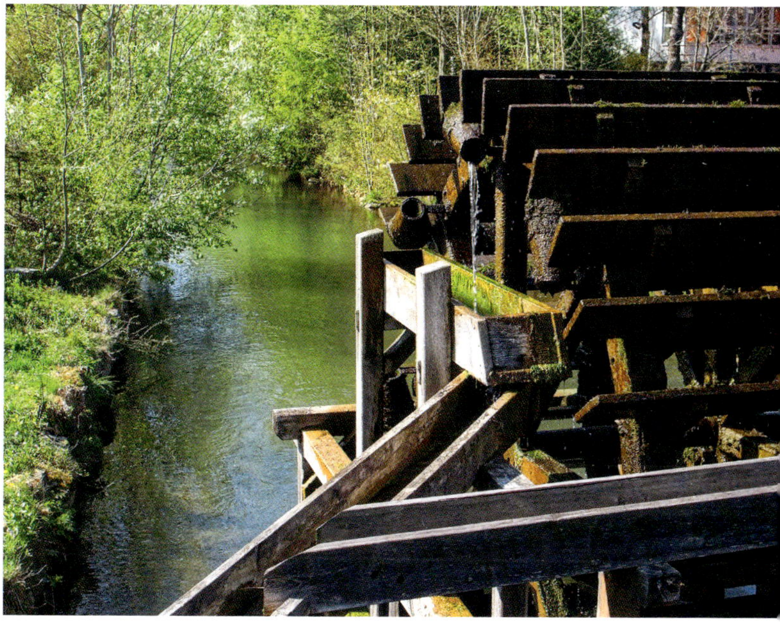

Nur wenige Meter nach dem Druidenhain treten wir aus dem Wald, wenden uns nach links und folgen der Markierung »gelber Ring« nach ❸ Birkenreuth zurück. Dort leitet uns vom Brunnenhaus der Wegweiser Zuckerhut, Wallerwarte (Markierung blauer Senkrechtstrich) aus dem Ort. Anfangs führt unser Weg zwischen Wiesen hindurch, dann in den Wald hinein, und bald erreicht er den Zuckerhut, einen gemütlichen Aussichtsfelsen.

Von Steinmännchen begleitet Von diesem kurzen Abstecher zum Wanderweg zurückgekehrt, folgen wir unserer Markierung weiter. Bald gelangen wir an einen Abzweig nach rechts (nicht verpassen!), überqueren dann die Straße nach Gößweinstein und folgen dem Wegweiser zur Wallerwarte. Unser Weg führt durch den Wald aufwärts und gelangt zu einer Gabelung. Hier halten wir uns rechts und folgen nun dem Wegweiser »Wallerwarte, Kreuzkapelle« unmarkiert durch den Wald. Steinmännchen weisen uns den Weg bis zur ❹ Wallerwarte, einem aus Natursteinen gemauerten Aussichtsturm. Er wurde im Jahr 1931 errichtet und ist das ganze Jahr über zugänglich. Von dort hat man einen schönen Blick über Ebermannstadt und das Wiesenttal, zur Burg Feuerstein, weit in das Leinleitertal und an klaren Tagen sogar bis ins Fichtelgebirge. Bei der nahen kleinen Kapelle leitet uns die Markierung »blauer Punkt« nach rechts abwärts. Wir wandern auf einem Stationsweg mit Bildtafeln zur Erlachkapelle und durch das Historische Scheunenviertel, das unter Schutz steht. Aus Platzgründen, aber auch aus Gründen des Feuerschutzes wurden die Scheunen außerhalb der Stadt gebaut. In der Nähe des Hauses durften nur die Stallungen und ein kleiner Anbau gebaut werden. Wie gut das war, wird nach einem Blitzeinschlag im Jahr 1900 deutlich, bei dem 24 Scheunen dem Feuer zum Opfer fielen. Nachdem wir die Wiesent überquert haben, ist es nicht mehr weit zum Ausgangspunkt in Ⓔ Ebermannstadt.

5

Rund um Wichsenstein

Von der Hochfläche ins Tal

Leicht 2:30 Std. 90 Hm 10 km

Tourencharakter
leicht

Ausgangs-/Endpunkt
Wichsenstein, Parkplatz am Ortsanfang

Anfahrt
Auto: A 9, Ausfahrt Pegnitz/Grafenwöhr, auf B 2/B 470 Richtung Forchheim, vor Gößweinstein in Richtung Gräfenberg und in Kleingesees nach Wichsenstein abbiegen. **Bahn/Bus:** Busverbindung mit Forchheim

Gehzeiten
Wichsenstein – Schlehenmühle 0:30 Std. – Bieberbach 1:45 Std. – Wichsenstein 2:30 Std.

Beste Jahreszeit
Sommer

Einkehr
Schlehenmühle

Karte
Fritsch Wanderkarte, Nr. 53, Naturpark Fränkische Schweiz, Veldensteiner Forst – Hersbrucker Alb, Blatt Süd, Maßstab 1:50 000

Information
Touristinformation Gößweinstein, Burgstraße 6, 91327 Gößweinstein, Tel.09242/456, www.goessweinstein.de

Wichsenstein ist ein kleines Dorf auf der Jurahöhe und wegen seines Aussichtspunkts – des 587 Meter hohen Wichsensteins – ein viel besuchtes Ausflugsziel in der Fränkischen Schweiz. Für Wanderfreunde bieten sich mehrere Möglichkeiten, die Umgebung kennenzulernen.

Einkehr Schlehenmühle Wir starten beim Parkplatz am Ortseingang von Ⓐ **Wichsenstein**, wo sich auch mehrere Wanderwegweiser befinden und folgen der Markierung »blaues Andreaskreuz« in Richtung Schlehenmühle. Zunächst folgen wir einem Feldweg, kommen an Obstbaumwiesen und dem Spitzenstein vorbei, einem bizarr aufragenden Felsen. Der Weg führt in den Wald und bald durch einen Hohlweg steil abwärts. Fast im Tal angelangt, dürfen wir den Abzweig nach rechts nicht verpassen. Wir wandern auf einem breiten Waldweg, schwenken nach links und kommen zu einer Asphaltstraße. Hier biegen wir nach rechts und sind in ❶ **Schlehenmühle**, wo sich eine Rast im Gasthof Backof mit

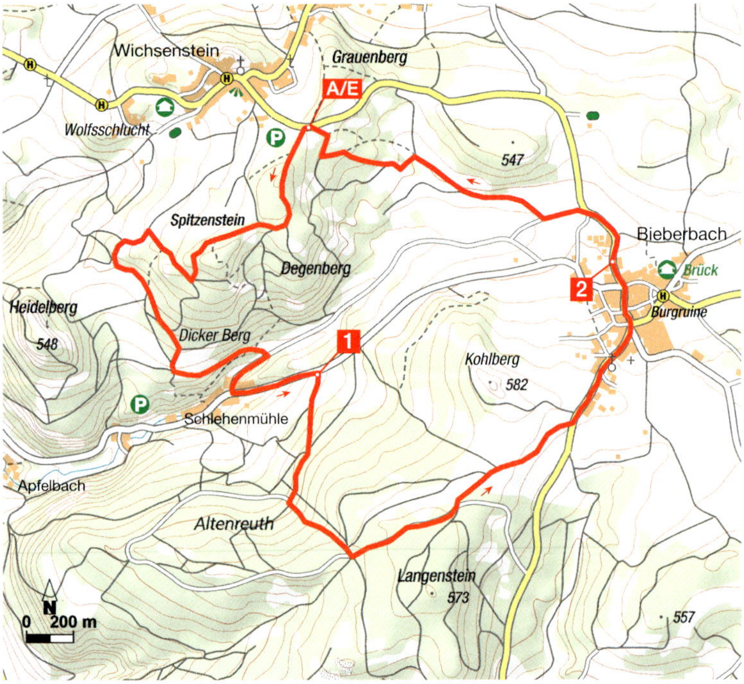

Sonnenterrasse und hausgemachten Speisen aus eigener Schlachtung anbietet. An schönen Tagen herrscht hier Hochbetrieb, nicht zuletzt wegen der schmackhaften Gerichte zu soliden Preisen.

Hier folgen wir der Markierung »roter Ring« nach links, kommen an Obstplantagen und Schlehenhecken vorbei und verlassen die Asphaltstraße nach etwa 500 Metern beim nächsten Abzweig nach rechts (Markierung »roter Ring«, am Baum kaum sichtbar). Wir wandern (am Wegweiser »Affalterthal« vorbei) auf einem Fahrweg, verlassen ihn bei der nächsten Gabelung nach links (Weg mit Ziegelbrocken belegt) und gelangen leicht ansteigend auf einen breiten Waldweg (Markierung »grüner Ring«) zu einer Wegkreuzung. Hier folgen wir dem Wegweiser »Bieberbach« (grüner Senkrechtstrich) nach links und halb rechts und treffen auf einen herrlichen Weg, begleitet von Schafgarbe, Wegwarte, Dost und Johanniskraut. Besonders im Frühsommer lohnt es sich, innezuhalten und die Düfte zu genießen. Weiter führt uns der Weg nach ❷ **Bieberbach**, wo wir in der Ortsmitte ankommen.

Tipp

Jedes Jahr gibt es in Bieberbach einen Osterbrunnen zu bewundern, der als einer der prächtigsten in Franken gilt. Schon Wochen vor Ostern färben und bemalen die Dorfbewohner ausgeblasene Eier, flechten Kronen aus Fichtenzweigen und schmücken den Dorfteich mit etwa 7000 Eiern. Zu Ostern kommen dann Tausende von Besuchern, um dieses Prachtstück zu bestaunen.

Dort schwenken wir nach links, kommen an der Kirche vorbei und folgen der Markierung »grüne Raute« auf der Asphaltstraße. Kurz nach dem Ortsausgangsschild schwenken wir nach links auf einen Asphaltweg und halten uns beim nächsten Abzweig rechts. Nach einer Bank biegen wir beim nächsten Abzweig nach rechts, gehen über eine schmale Wiese und erreichen durch ein Waldstück den Parkplatz in Ⓔ **Wichsenstein**.

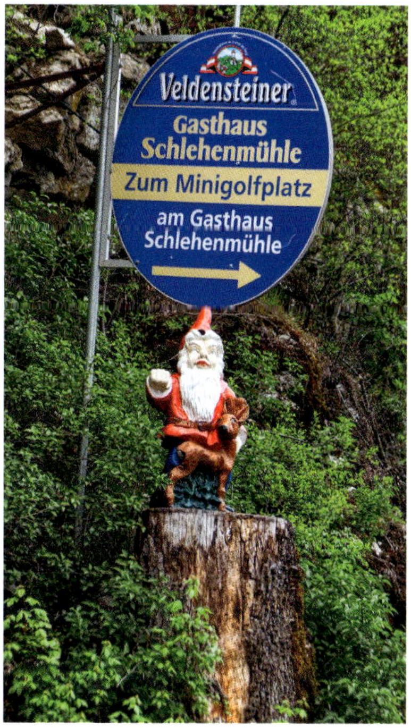

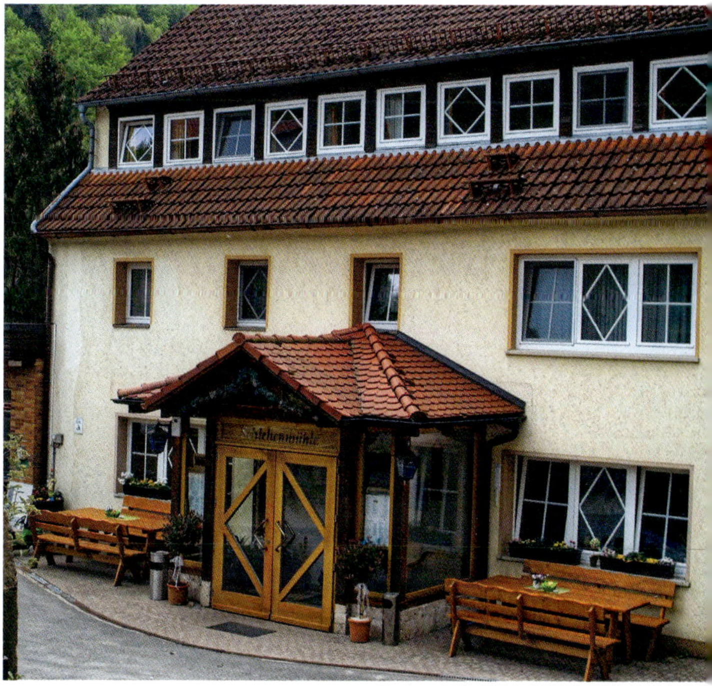

Links: Einladung zum Einkehren

Rechts: Die Schlehenmühle bei Wichsenstein

Zur Esperhöhle

Reizvolles Wiesenttal

Leicht 3:15 Std. 139 Hm 12 km

Tourencharakter
Bequeme Waldwanderung auf gut begehbaren Wegen, bei Nässe streckenweise rutschig; steiler Aufstieg von der Stempfermühle nach Gößweinstein

Ausgangs-/Endpunkt
Basilika in Gößweinstein

Anfahrt
Auto: A 9 bis Anschlussstelle Pegnitz/Grafenwöhr, auf der B 2/ B 470 Richtung Forchheim und nach Gößweinstein. **Bahn/Bus:** mit der Bahn nach Ebermannstadt und weiter mit dem Bus nach Gößweinstein

Gehzeiten
Gößweinstein – Leutzdorf 1:00 Std. – Esperhöhle 1:15 Std. – Burggaillenreuth 1:45 Std. – Stempfermühle 2:45 Std. – Gößweinstein 3:15 Std.

Beste Jahreszeit
Sommer

Einkehr
Unterwegs in der Stempfermühle

Karte
Fritsch Wanderkarte, Nr. 53, Naturpark Fränkische Schweiz, Veldensteiner Forst – Hersbrucker Alb, Blatt Süd, Maßstab 1:50 000

Information
Touristinformation Gößweinstein, Burgstraße 6, 91327 Gößweinstein, Tel.09242/456, www.goessweinstein.de

Gößweinstein ist mit seiner weithin sichtbaren Basilika als Wallfahrtsort berühmt und zieht jedes Jahr Tausende von Pilgern, aber auch Urlauber an. Wanderer benutzen diesen schönen Ort gern als Ausgangspunkt für Touren in das Wiesenttal oder zu anderen Zielen in der reizvollen Umgebung.

Obwohl Gößweinstein bis zum Bau der neuen Bergstraße (1928–1932) nur über einen sehr steilen Weg von Behringersmühle her erreichbar war, ist der Markt eigentlich der erste Fremdenverkehrsort in der Fränkischen Schweiz. Das Gnadenbild genoss schon im 15. Jahrhundert den

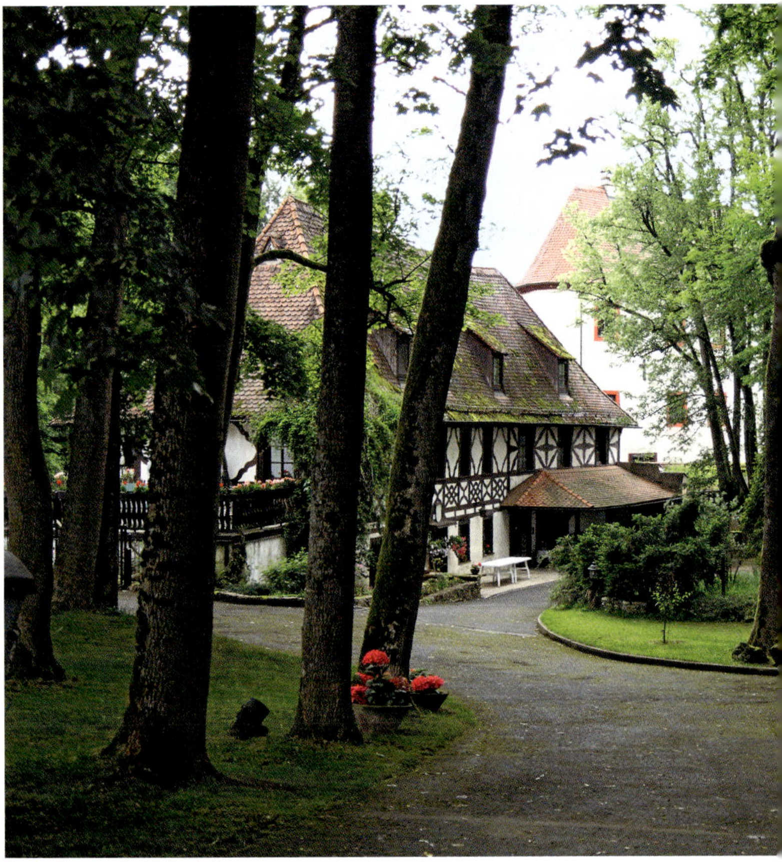

Die Burgpension Burggaillenreuth lädt zur Rast ein.

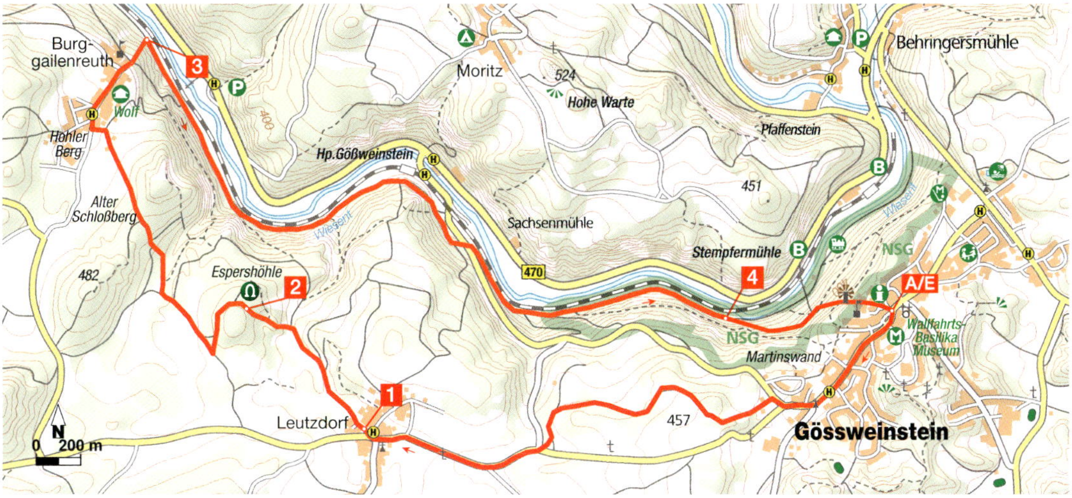

Ruf der Wundertätigkeit und nach Überlieferungen strömten damals bereits um die 100 000 Wallfahrer in den Ort. Als Papst Benedikt XIII. 1729 Ablass verfügte, gelangte die Wallfahrt zu weiterer Beliebtheit. Als Konsequenz ließ Fürstbischof Friedrich Carl von Schönborn ab 1730 eine neue Kirche errichten. Nach Plänen von Balthasar Neumann entstand ein großer Barockbau aus hellem Sandstein mit einer gewaltigen zweitürmigen Fassade. Das Innere strahlt in Weiß mit zartem Hellblau und Gold und besticht mit feinen Stuckaturen und Bildhauerarbeiten. Den Innenraum sowie den Hochaltar, der um das gotische Gnadenbild der Krönung Mariens gebaut ist, gestaltete Johann Jakob Michael Küchel.

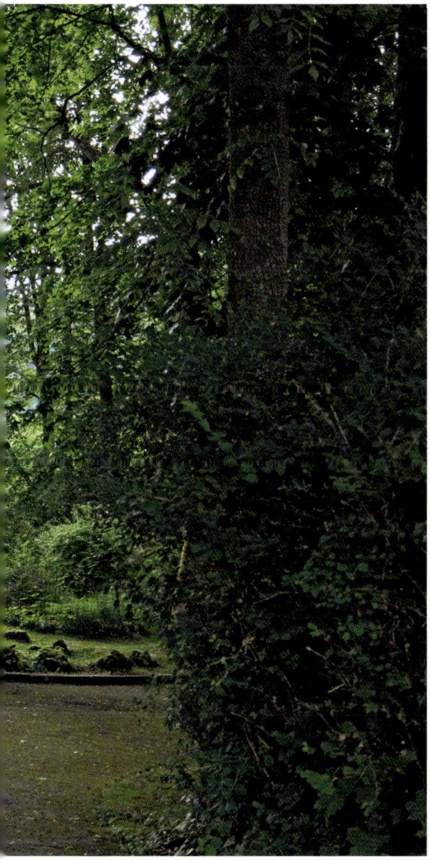

Von Gößweinstein zur Esperhöhle Von der **A Basilika** in Gößweinstein gehen wir die Pezoldstraße am Gasthof Stern mit Biergarten und Sonnenterrasse vorbei bis zum Ortsausgang. Dort folgen wir dem Wegweiser »Leutzdorf, Burggaillenreuth« mit der Markierung »blauer Senkrechtstrich« nach links. Zwischen Wiesen und Waldstücken wechselt unser Wanderweg, bis wir zu einem Abzweig nach rechts kommen, den wir nicht verpassen dürfen (Markierung links und rechts). Wir stoßen auf eine Asphaltstraße, sehen rechts die Häuser von **1 Leutzdorf** und wandern in den Ort. Hier lädt uns der

Der Eibenwald bei Gößweinstein

Eiben gehörten früher zu den weit verbreiteten Nadelbäumen, wurden aber auf ihren natürlichen Standorten immer mehr durch Buchen und andere Laubgehölze verdrängt. Inzwischen gehören sie in der natürlichen Landschaft zu den Seltenheiten. Zum Verhängnis wurde der Eibe ihr hartes, zähes Holz, aus dem die Druiden Zauberstäbe herstellten. Die Germanen und Kelten sahen in ihnen den Baum des Todes und der Ewigkeit und im Mittelalter fertigte man aus dem Holz Bogen und Armbrüste. Durch glückliche Umstände erhielten sich die Eiben an schwer zugänglichen Steilhängen bis ins 20. Jahrhundert, und schließlich wurden sie unter Schutz gestellt – so wie der Eibenwald bei Gößweinstein.

Landgasthof Richter zur Rast ein. Dieses gemütliche Landgasthaus bietet gutbürgerliche Küche aus eigener Hausschlachtung. An heißen Sommertagen sitzt man gut im schattigen Biergarten. Bei einer kleinen Kapelle schwenken wir nach rechts und verlassen den Ort auf einem breiten Wiesenweg. An der nächsten Gabelung wählen wir den linken Weg und wandern durch Wald zur ❷ **Esperhöhle**. Der Paläontologe Georg August

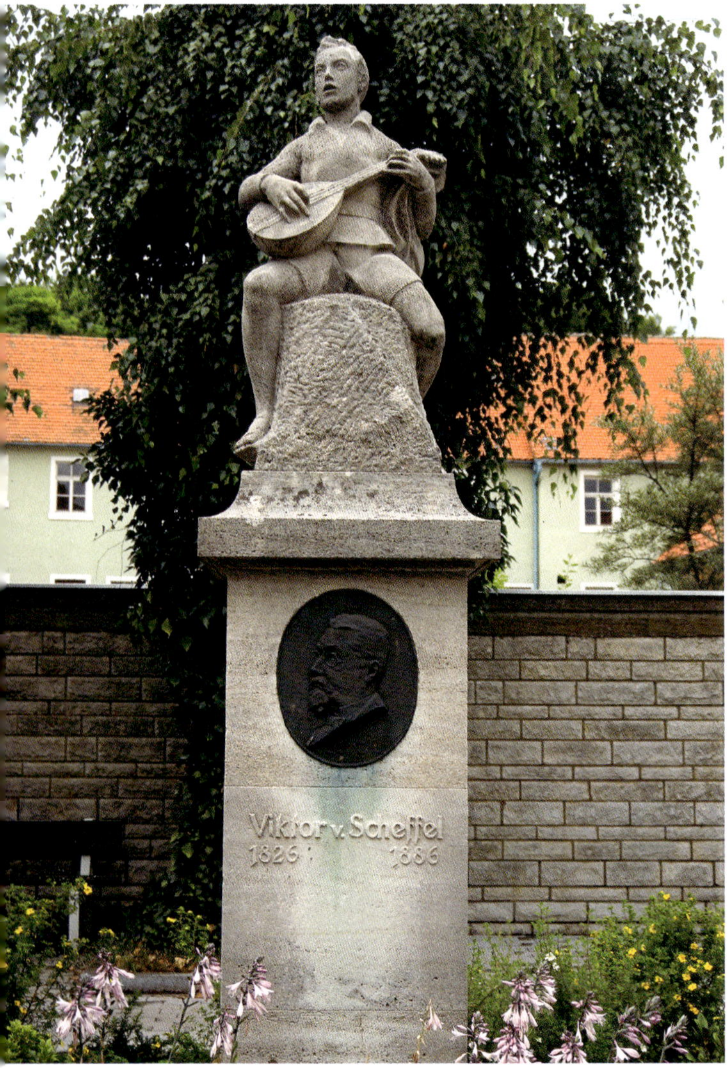

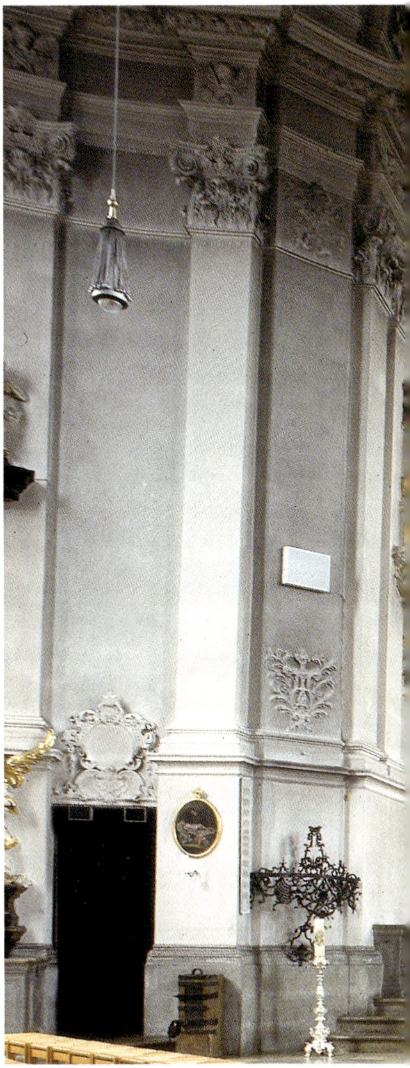

Goldfuß benannte im Jahr 1810 die im Volksmund »Klingloch« genannte Höhle zu Ehren des Begründers der wissenschaftlichen Höhlenforschung in der Fränkischen Schweiz Johann Friedrich Esper. Allerdings ist der Besuch der Höhle nur für Spezialisten mit Ausrüstung geeignet, da man sich kurz nach dem Eingang etwa 50 Meter abseilen muss. Zwischen 1. Oktober und 30. April gilt generelles Besuchsverbot für die Höhle.

Zum Keltenwall Wir folgen der Markierung »blauer Senkrechtstrich« weiter und gelangen an einer Schonung vorbei zu einer Forststraße, biegen nach rechts und halten uns an der folgenden Gabelung mit Wieseninsel abermals rechts. Kurz danach zweigt ein Weg zum Keltenwall ab, der sich auf einer plateauartigen Bergkuppe befindet. Hier hatte sich vor rund 2600 Jahren ein keltisches Adelsgeschlecht einen Herrensitz errichtet. Sehr guten Schutz bot die nach Norden steil abfallende

Linke Seite: In Gößweinstein steht das Scheffel-Denkmal.

Unten: Die Basilika von Gößweinstein beeindruckt mit ihrer prachtvollen Ausstattung.

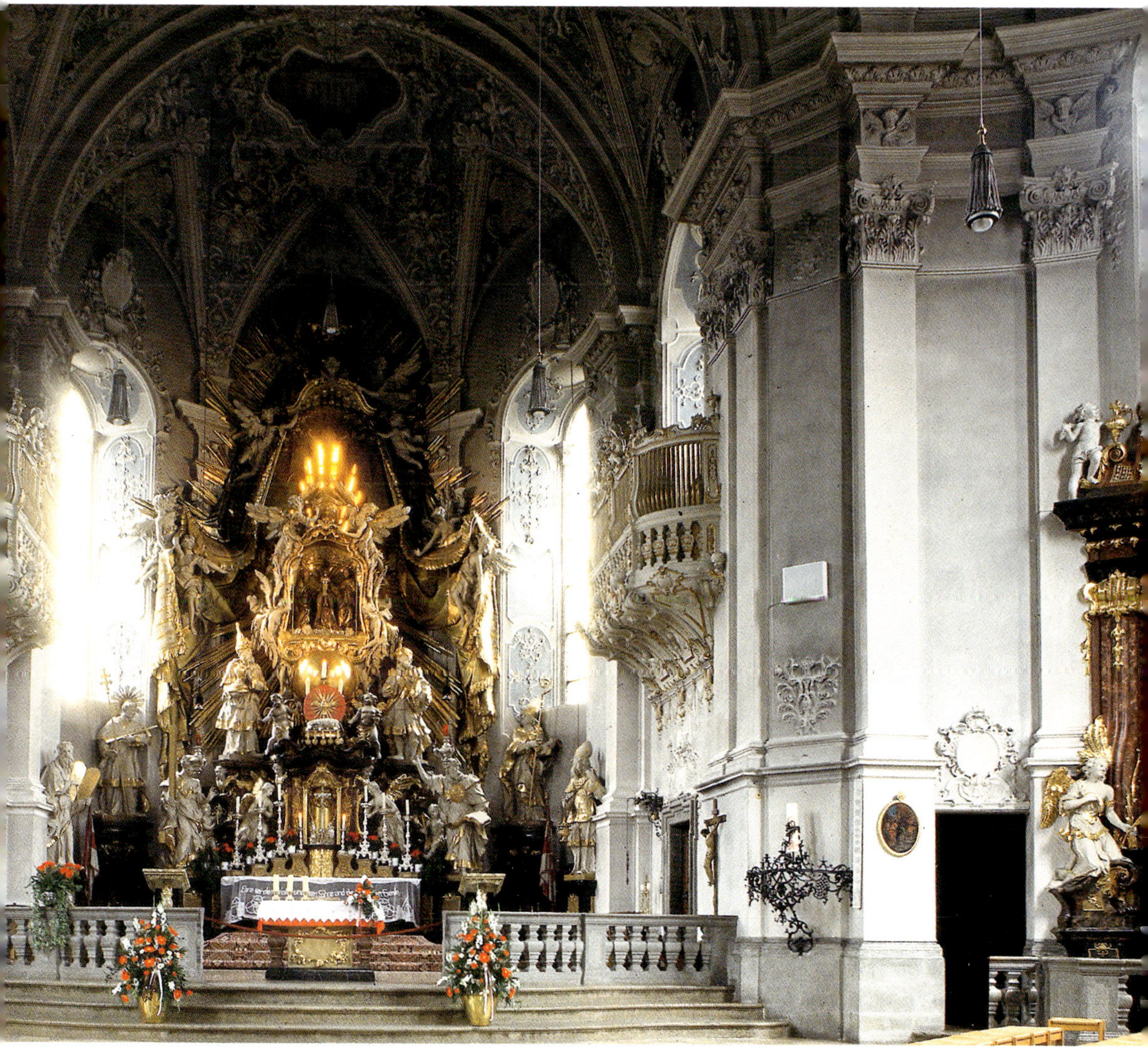

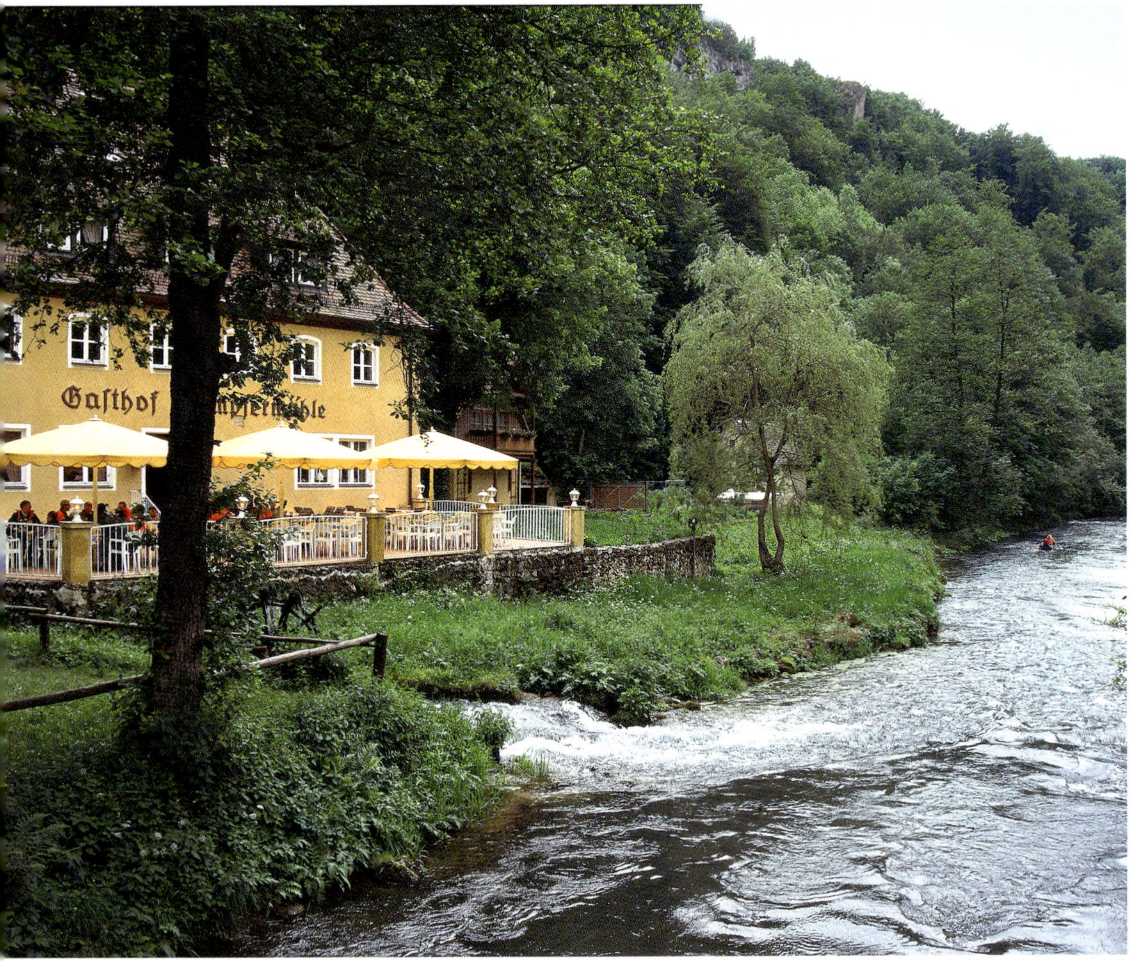

Die Stempfermühle liegt direkt an der Wiesent.

Felswand. Sehr gut erkennbar sind noch die Reste der einstigen Wallanlagen, die an den Süd-, Ost- und Westflanken errichtet waren. Vom Keltenwall kehren wir auf unseren Wanderweg zurück und kommen beim Gebäude der Freiwilligen Feuerwehr nach 3 **Burggaillenreuth**.

Ins Wiesenttal Dort schwenken wir nach rechts und laufen auf dieser Straße bis zur Burg, in der sich eine Pension befindet. Rechts am Baum finden wir einen Wegweiser Talweg Behringersmühle (Markierung »rotes Kreuz«) und folgen nun dem Weg abwärts in das Wiesenttal. Kurz vor den Gleisen der alten Bahnlinie schwenken wir scharf nach rechts und wandern nun auf einem breiten Weg durch das Wiesenttal mit imposanten Felsgebilden bis zur Sachsenmühle. Dort überqueren wir die Gleise und wandern zur 4 **Stempfermühle**, wo sich eine Rast auf der Terrasse an der Wiesent lohnt. Sie wurde bereits 1468 erstmals urkundlich erwähnt und war lange Zeit eine beliebte Kneipe der Erlanger Studenten.
Hinter der Stempfermühle führt ein steiler Weg, anfangs über Stufen aufwärts nach Gößweinstein (Markierung »blauer Punkt«, die allerdings kaum sichtbar ist). An ei-

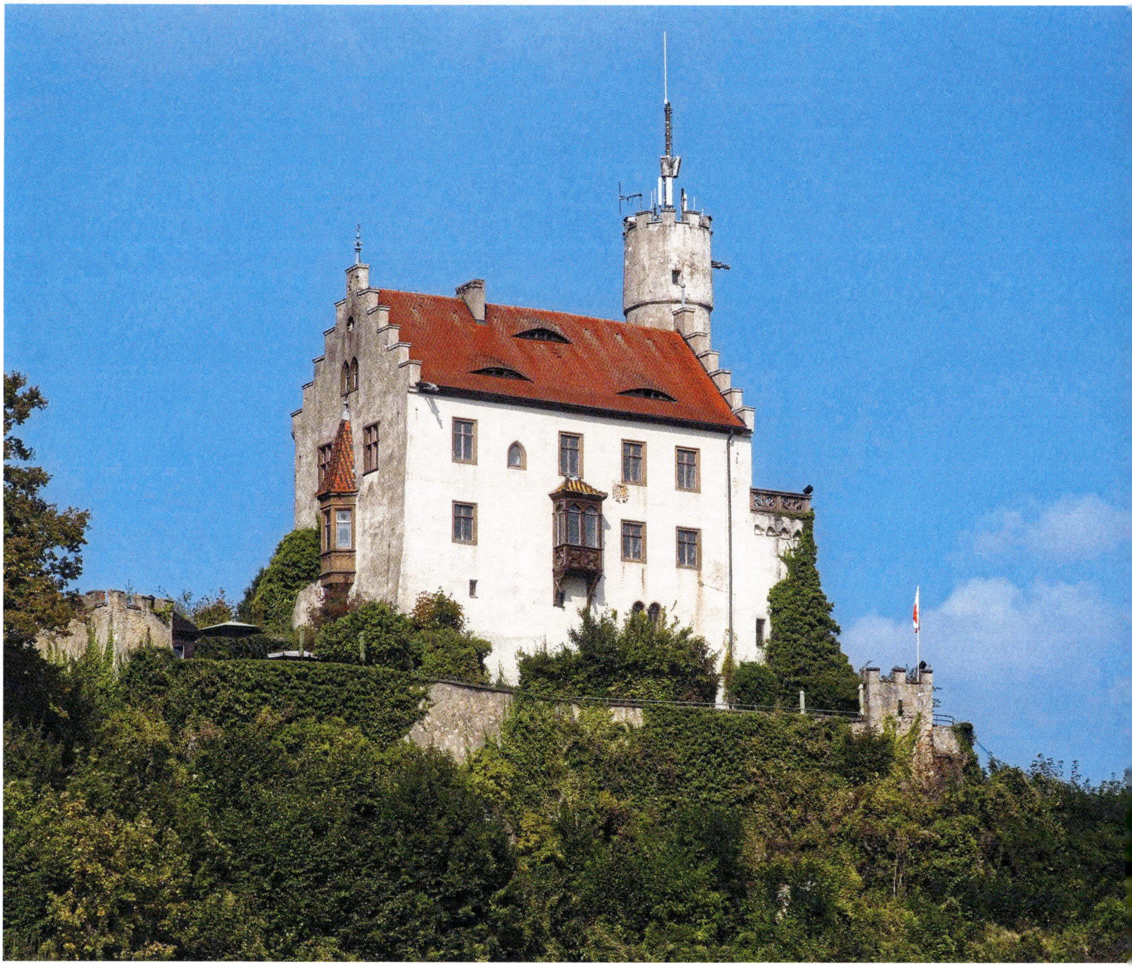

ner gelben Bank wenden wir uns links und wandern an einem selten gewordenen, geschützten Bestand von Eiben vorbei zur Martinswand, einem Kletterfelsen mit schönen Tiefblicken. Nur noch ein kurzes Stück aufwärts und wir sind wieder in E **Gößweinstein**, das wir auf der Pezoldstraße erreichen.

Auf einem Felsen thront die Burg hoch über Gößweinstein.

Scheffel und die Burg Hoch über dem Ort thront auf einem nach drei Seiten steil abfallenden Felsen eine Burg, die im 11. Jahrhundert von Graf Goswin erbaut wurde. Nach ihm wurde auch der Ort benannt, der sich bald am Fuß der Burg entwickelte. Seit 1124 gehörte die Burg dem Hochstift Bamberg und war über Jahrhunderte der Amtssitz der Bamberger Bischöfe. Seit 1890 in Privatbesitz, erhielt sie ihr heutiges Aussehen im späten 19. Jahrhundert. »Wer dich, oh Goswinstein erbaut, verbrauchte manch Pfund Heller …«, schrieb Victor von Scheffel (1826–1886), dem die Gößweinsteiner 1933 ein Denkmal setzten. Es steht in der Balthasar-Neumann-Straße, wo sich auch der berühmte Scheffel-Gasthof (Nr. 6) befindet. Hier lebte der Dichter und Sänger Victor von Scheffel 1883, an den im Scheffel-Zimmer über hundert Bilder, Gedichte und Artikel erinnern.

7

Durch das Klumpertal

Mystische Teufelshöhle

Leicht 3 Std. 100/100 Hm 11 km

Tourencharakter
Bequeme Wanderung auf Wald- und Wiesenwegen, aus dem Klumpertal nach Kirchenbirkig kurzer steiler Anstieg

Ausgangs-/Endpunkt
Pottenstein, Verkehrsamt

Anfahrt
Auto: A 9, Ausfahrt Pegnitz/Grafenwöhr, auf B 2/B 470 nach Pottenstein. **Bahn/Bus:** Busverbindung mit Pegnitz

Gehzeiten
Pottenstein – Teufelshöhle 0:30 Std. – Kirchenbirkig 1:30 Std. – Pottenstein 3:00 Std.

Beste Jahreszeit
Frühjahr bis Herbst

Einkehr
Kirchenbirkig, Pottenstein

Karte
Fritsch Wanderkarte, Nr. 53, Naturpark Fränkische Schweiz, Veldensteiner Forst – Hersbrucker Alb, Blatt Süd, Maßstab 1:50 000

Information
Verkehrsbüro Pottenstein, Forchheimer Straße 1, 91276 Pottenstein, Tel. 09243/708 41, www.pottenstein.de

Die Wanderung führt zur berühmten Teufelshöhle, der größten Tropfsteinhöhle Deutschlands. Unweit davon lädt der Schöngrundsee im Sommer zu einer Kahnpartie ein und die beliebte Sommerrodelbahn zieht ebenfalls zahlreiche Besucher an.

Unser Ausgangspunkt Pottenstein ist einer der reizvollsten Orte in der Fränkischen Schweiz. Allein die bizarren Felsen in der Umgebung vermitteln einen besonders imposanten Eindruck. Auf einem der Felsen thront die über 1000-jährige Burg, die besichtigt werden kann. Mit roten

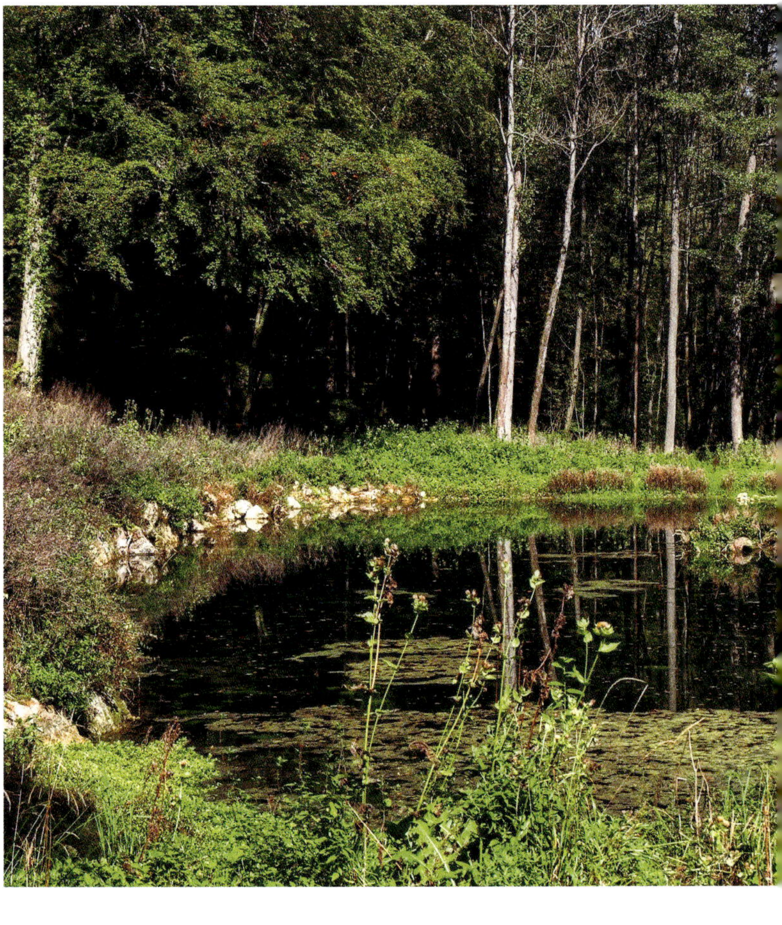

Am Forellenteich im Klumpertal führt der Wanderweg vorbei.

Samtmöbeln, einer Ahnengalerie und geschnitzten Deckenbalken besticht der Rote Salon im Empirestil. Im Rittersaal beeindrucken geschnitzte Eichenmöbel und Jagdtrophäen. In der Burg fand in den Jahren 1228/29 die heilige Elisabeth Zuflucht. Sie wurde nach dem Tod ihres Gemahls, dem thüringischen Landgrafen Ludwig, wegen ihrer Barmherzigkeit gegenüber Armen von der Verwandtschaft aus der Wartburg in Eisenach verjagt. An sie erinnert der Elisabethenweg, ein Stadtrundgang durch Pottenstein.

Zum Freizeiteldorado Schöngrundsee Wir starten beim Städtischen Verkehrsamt in Ⓐ **Pottenstein** und gehen zur B 470. Dort treffen wir auf die Statue der Heiligen Elisabeth an der Straße in Richtung Gößweinstein. Einige Meter oberhalb vom Parkplatz führt unser Wanderweg dann nach links (Wegweiser »Klumpertal«). Zunächst wandern wir auf einem schönen Weg im Weiherbachtal, von Schatten spendenden Bäumen begleitet. Durch die Bäume schimmern die bizarren Felsen auf der gegenüberliegenden Seite, bevor wir vor dem Schöngrundsee auf Bungee-Trampolin und Rodelmekka treffen.

Die Sommerrodelbahn ist mit 1160 Metern Länge eine der längsten in Europa und lässt die Sportler in einer Edelstahlmulde bei einer Höchstgeschwindigkeit von

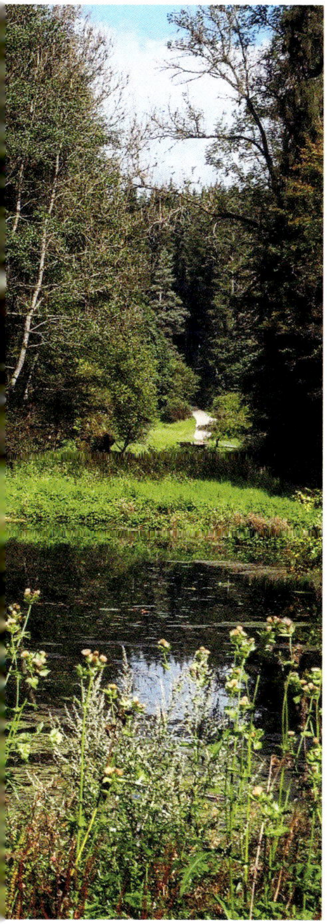

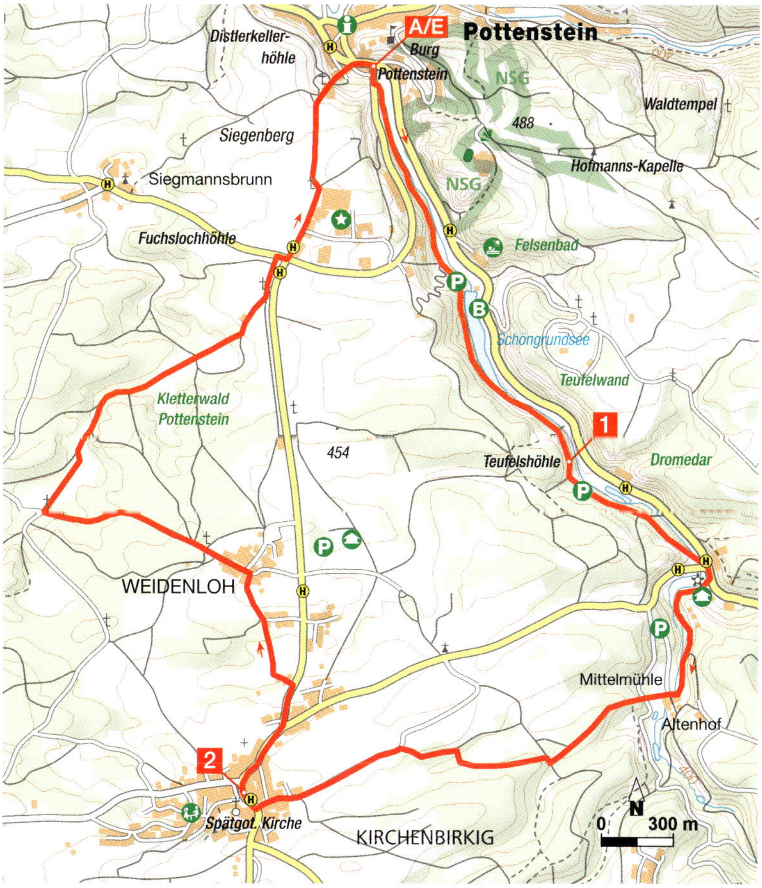

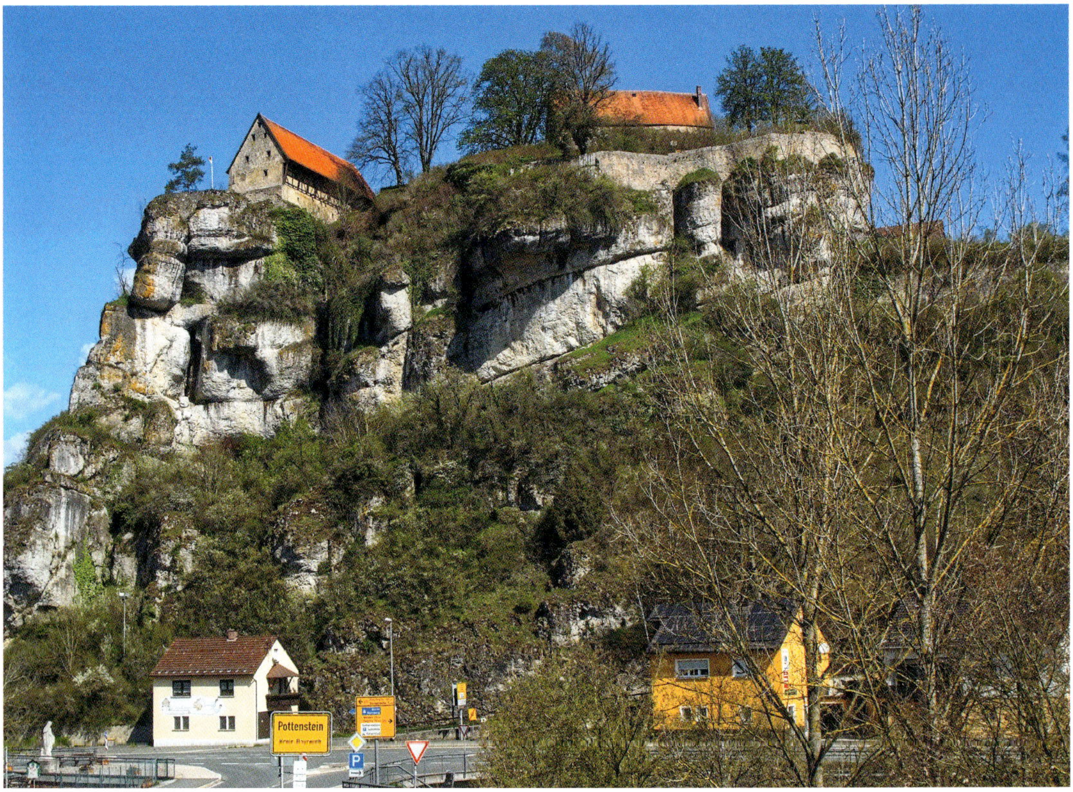

Auf den malerischen Kalkfelsen im Weihersbachtal steht die Burg Pottenstein.

40 km/h ins Tal rauschen. Seit 2003 gibt es hier außerdem den Frankenbob, eine 1000 Meter lange Rodelbahn, die Sommer wie Winter startklar ist. Wer es ruhiger liebt, kann auf dem Schöngrundsee mit dem Boot fahren oder im gegenüberliegenden Felsenbad faulenzen. Es wurde in den 1920er-Jahren erbaut und wird von mehreren Quellen gespeist. Hier findet man auch einen der schönsten Biergärten in Bayern. Nach so zahlreichen Möglichkeiten der Freizeitbeschäftigung lohnt es sich dennoch, die Wanderung zur ❶ **Teufelshöhle** fortzusetzen. Dorthin führt ein schöner Spazierweg, direkt am Schöngrundsee entlang. Mit einer erschlossenen Länge von 1,4 Kilometern ist sie die größte Schauhöhle der Fränkischen Schweiz. Als Fundort zahlreicher fossiler Knochen und durch besonders sehenswerte Tropfsteinbildungen wie Wasserfall, Vorhang, Orgel, Goliath, Barbarossadom und andere ist die Höhle ein beeindruckendes und viel besuchtes Ausflugsziel.

Im Reich der Sagen

Eine Sage um die Teufelshöhle handelt von Raubritter Udo von Wichsenstein. Er machte die gesamte Gegend um Pottenstein unsicher und als er den Bewohnern auch noch die Pferde stahl, wollten sie ihn zur Strafe an einem Baum aufhängen. Udo fand aber Zuflucht in der Teufelshöhle und schloss mit dem Satan einen Pakt. Seiner Verlobten erschien im Traum ein Engel, der ihr verriet, wo das Dokument zu finden sei. Um ihren Geliebten zu retten, begab sich das Burgfräulein tief in die Höhle und fand den Vertrag unter einem Tropfstein im Riesensaal. Sie zerriss das Dokument unter den Augen des Teufels und rettete damit ihren Liebhaber.

Zum letzten Landwirt im Klumpertal Wir folgen dem Talgrund weiter bis zur

Schüttersmühle, die leider geschlossen ist. Hier biegen wir nach rechts ab, genießen die eindrucksvolle Felsenkulisse und wandern in das Klumpertal, ein landschaftliches Kleinod. Während ein Teil als Trockental nur während der Schneeschmelze und nach starken Regengüssen Wasser führt, sorgen im anderen Teil Karstquellen für reichlich Wasser. Damit konnten einst drei Mühlen betrieben werden, zu denen auch die Schüttersmühle gehörte. An Felsen vorbei führt unser Weg zur Mittelmühle, wo der letzte Landwirt im Klumpertal wohnt.

Auf die Höhe Beim Wegweiser »Kirchenbirkig/Weidenloh« (grünes Kreuz) wenden wir uns nach rechts und steigen aufwärts durch Wald. ❷ **Kirchenbirkig** empfängt uns mit der spätgotischen Kirche, wo in der Nähe der Gasthof Bauernschmitt mit Terrasse zur Rast einlädt. Den Ort verlassen wir in Richtung Pottenstein. Mit der Markierung »blauer Punkt« erreichen wir Weidenloh, gehen in der Ortsmitte an der Wandertafel nach links und folgen der Markierung »grünes Kreuz« zum Deinzer Kreuz. Hier erwartet uns ein gemütlicher Sitzplatz mit Tisch und Bank am Gedenkkreuz zwischen drei Bäumen, bevor wir den Weg mit der Markierung »blaues Kreuz« nach Pottenstein fortsetzen. Zwischen Waldrand und Wiese, dann im Wald, wandern wir leicht ansteigend und kommen an einem Golfplatz vorbei zu einer Straßenkreuzung. Nachdem wir sie überquert haben, gehen wir ein kurzes Stück auf einer Asphaltstraße und wandern dann auf einem Wiesenweg. Bald sehen wir Pottenstein vor uns und immer auf die Markierung blaues Kreuz achtend, steigen wir bald zwischen bizarrem Kalkstein steil nach Ⓔ **Pottenstein** hinab.

Die Teufelshöhle in Pottenstein ist ein beliebtes Ausflugsziel.

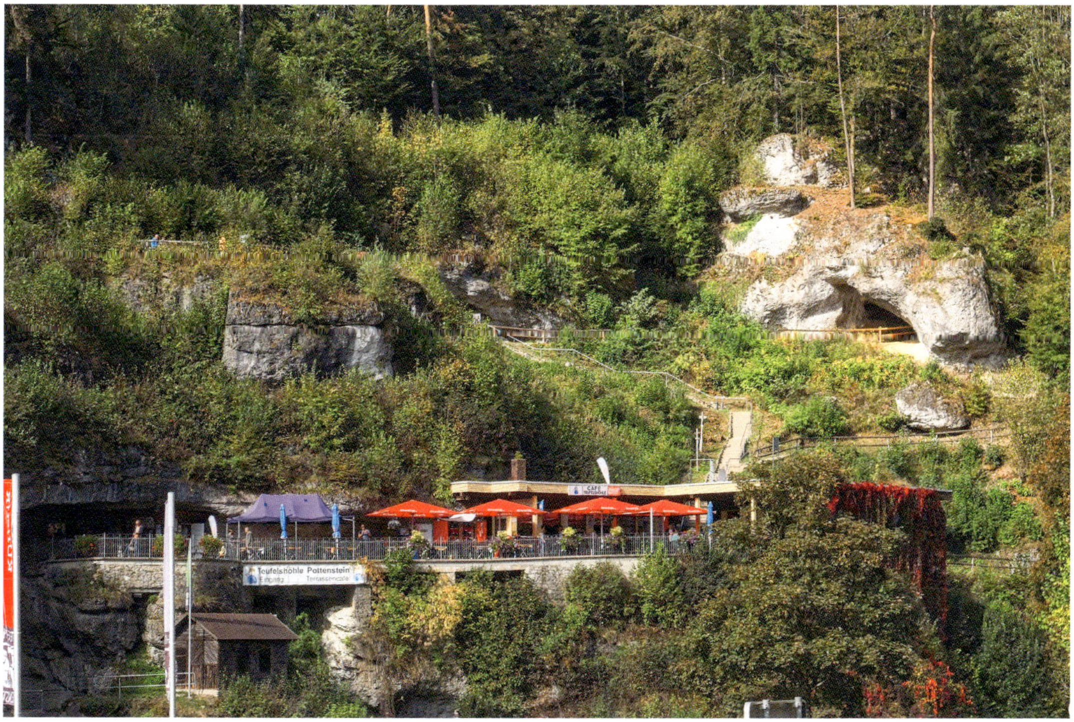

Zur Ruine Leienfels

Falschmünzernest und Aussichtspunkt

Leicht 4 Std. 156 Hm 14 km

Tourencharakter
Wechsel von gut begehbaren breiten Waldwegen und gelegentlichen Wiesenwegen; An- und Abstiege verlaufen allmählich.

Ausgangs-/Endpunkt
Bärnfels, Gebäude der Freiwilligen Feuerwehr

Anfahrt
Auto: A 9 bis Anschlussstelle Pegnitz/Grafenwöhr, dann B 2/B 470 Richtung Forchheim und vor Gößweinstein in Richtung Gräfenberg nach Bärnfels abbiegen. **Bahn/Bus:** mit der Bahn nach Forchheim und Pegnitz und weiter mit dem Bus bis Bärnfels

Gehzeiten
Bärnfels – Obertrubach 0:45 Std. – Leienfels 2:15 Std. – Soranger 3:00 Std. – Bärnfels 4:00 Std.

Beste Jahreszeit
Frühjahr bis Herbst

Einkehr
Gaststätte Zur Burgruine mit Biergarten in Leienfels

Karte
Fritsch Wanderkarte, Nr. 53, Naturpark Fränkische Schweiz, Veldensteiner Forst – Hersbrucker Alb, Blatt Süd, Maßstab 1:50 000

Information
Touristinformation Obertrubach, Teichstraße 5, 91286 Obertrubach, Tel. 09245/988 13, www.trubachtal.com

Ein Besuch der Burgruine Leienfels bietet nicht nur zauberhafte Aussichten bis ins Fichtelgebirge, sondern lässt sich auch mit einem recht angenehmen Wanderweg durch das schöne Gründleinstal nach Obertrubach verbinden.

Nach Obertrubach Unsere Wanderung beginnt in Ⓐ **Bärnfels** beim Gebäude der freiwilligen Feuerwehr; hier folgen wir dem Wegweiser ins Gründleinstal (gelbes Dreieck) und gehen zunächst zwischen zwei Gebäuden zu einem schmalen Weg am Holzgeländer. Er führt in den Wald, an bizarren Felsen vorbei, und öffnet sich bald im Gründleinstal, einem breiten Wiesental.

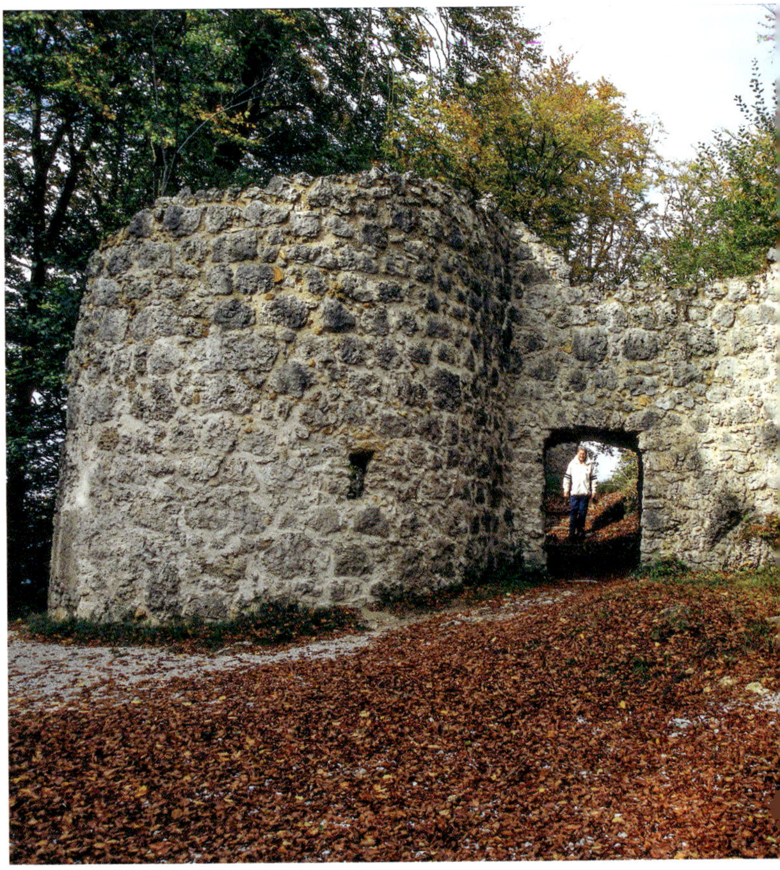

Der Zugang zur ehemaligen Kernburg der Ruine Leienfels

Wir befinden uns nun auf einem Lehrpfad und wandern durch einen Hohlweg. Es ist ein alter Fuhrweg, in dem die Reifen der Kutschen ihre Spuren hinterlassen haben. Im Lauf der Zeit haben auch Regen und Schneeschmelze ihren Beitrag zur Erosion geleistet. Unser Weg mündet in eine Schotterstraße. Hier schwenken wir nach rechts und folgen dem Wegweiser bis nach ❶ Obertrubach.

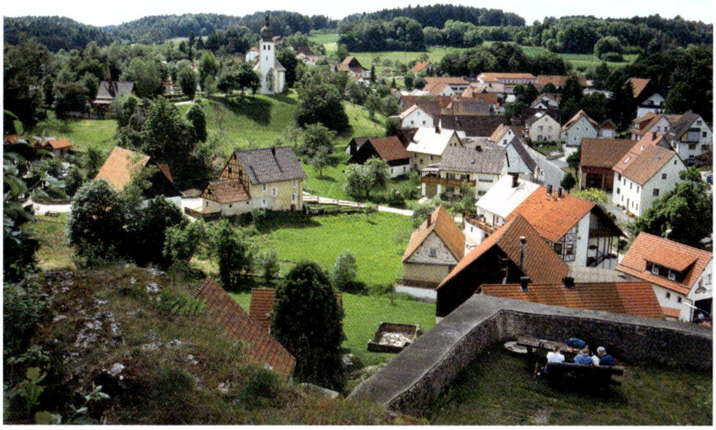

Malerisch liegt der kleine Ort Bärnfels.

Zur Burg Leienfels Den Ort erreichen wir auf der Teichstraße, gehen zur Kirche in der Ortsmitte, wenden uns dort nach links und folgen dem Wegweiser zur Burg Leienfels. Der Weg führt an der Ketteler-Siedlung vorbei durch den Wald. An der folgenden Gabelung finden wir wieder den Wegweiser Richtung Leienfels.

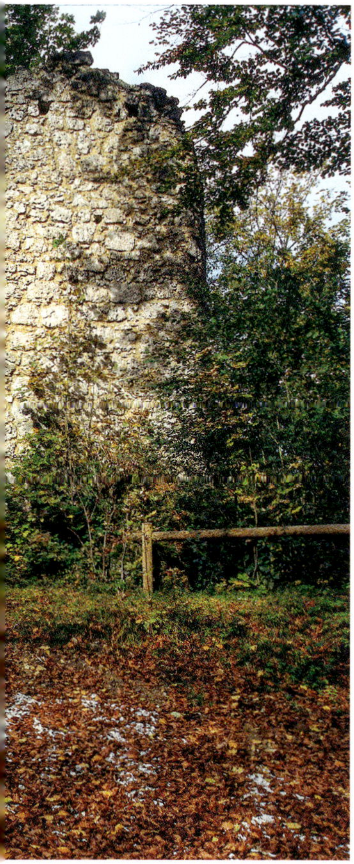

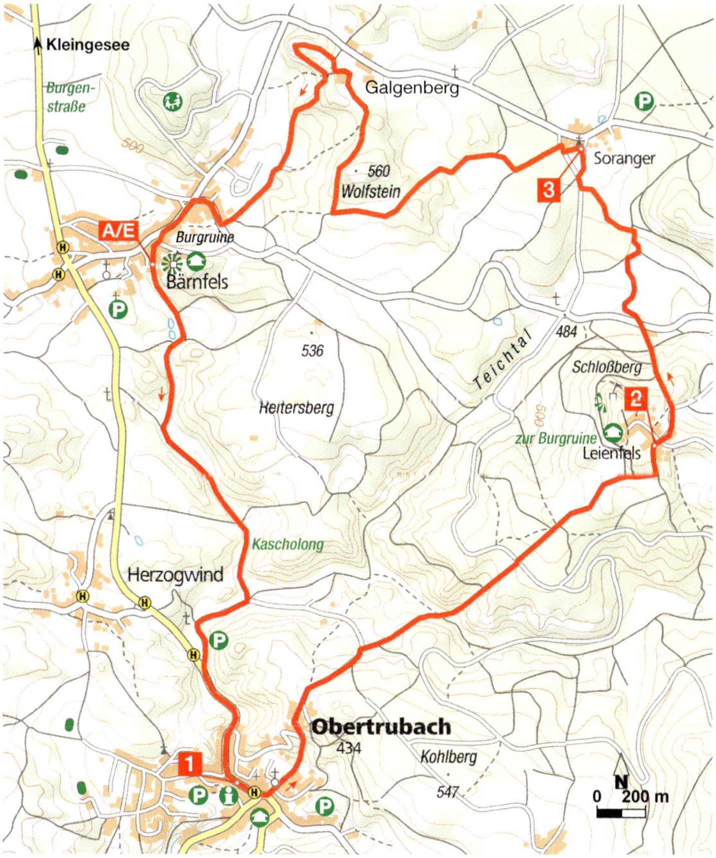

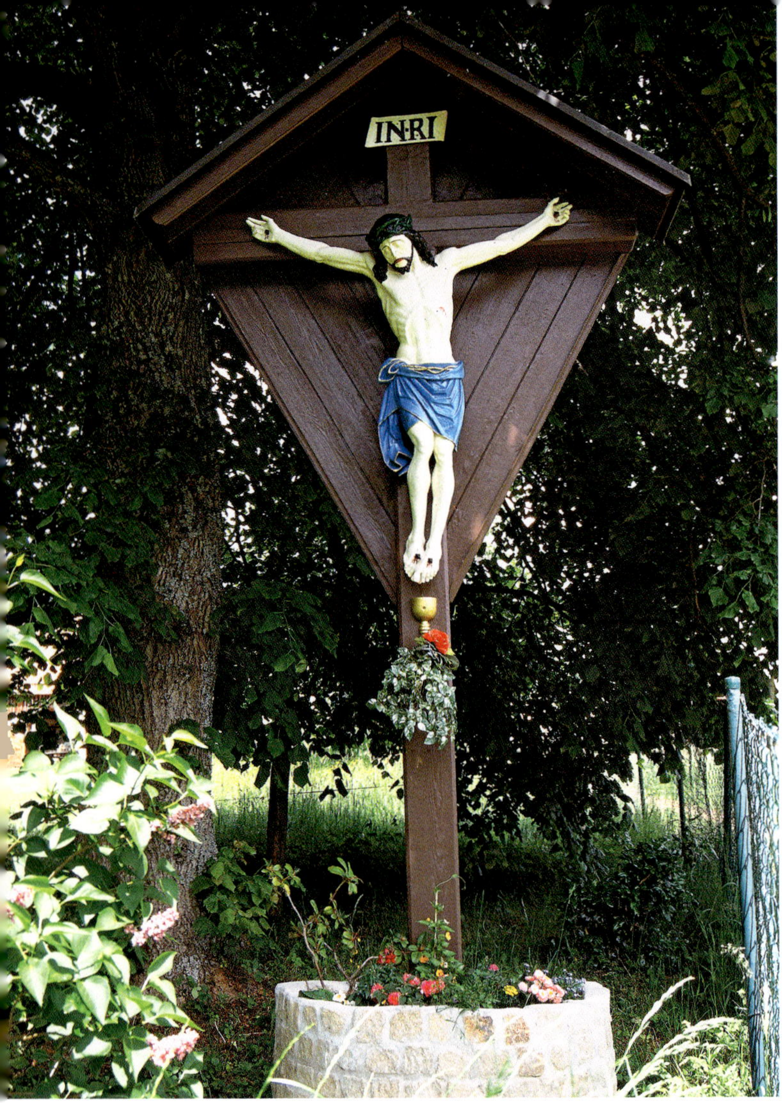

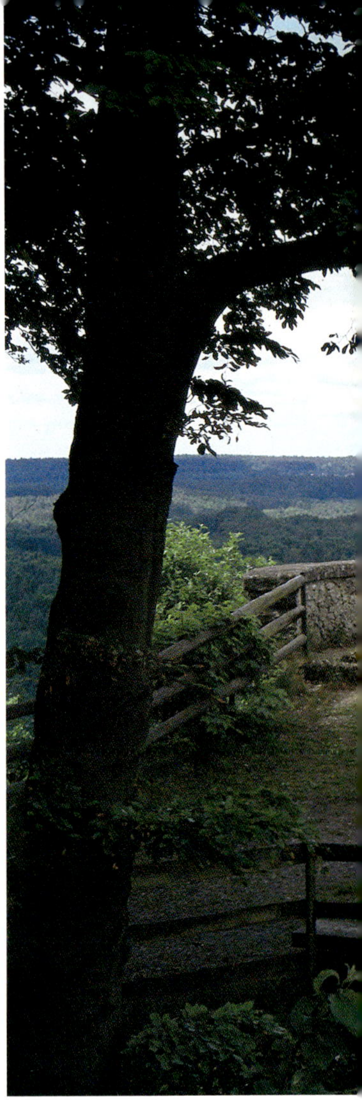

Dieses Kruzifix steht am Wanderweg bei Soranger.

Bei der nächsten Gabelung orientieren wir uns an der Markierung »gelbes Kreuz« und wandern auf einem breiten Waldweg bis zu einer Bank; dort biegen wir nach links und gelangen auf einem Pfad aufwärts zu einer Kreuzung mit Schutzhütte. Von hier sind es nur noch etwa 500 Meter, bis wir mit der Markierung »blaues Kreuz« nach Leienfels gelangen.

Unser Wanderweg führt durch den Wald, dann am Wiesenrand entlang zu einem Querweg. Dort richten wir uns links und können nach wenigen Metern in ❷ **Leienfels** bei der Gaststätte »Zur Burgruine« im Biergarten verschnaufen.

Burgruine Leienfels

Sie zählt zu den schönsten Aussichtspunkten der Fränkischen Schweiz – bei guter Sicht reicht der Blick vom 590 Meter hohen Burgberg mehr als 30 Kilometer weit. Eine beschriftete Metallplatte erklärt in der waldreichen Umgebung viele interessante Orte. Die heutige Beschaulichkeit der Ruine täuscht allerdings: Die Burg, erstmals 1222 beurkundet, ging als Falschmünzernest in die Annalen ein. Es war Götz von Egloffstein, der, häufig in Geldnöten, der Einfachheit halber seine Münzen selbst prägte, bis der Nürnberger Burggraf Friedrich dem Treiben ein Ende setzte.

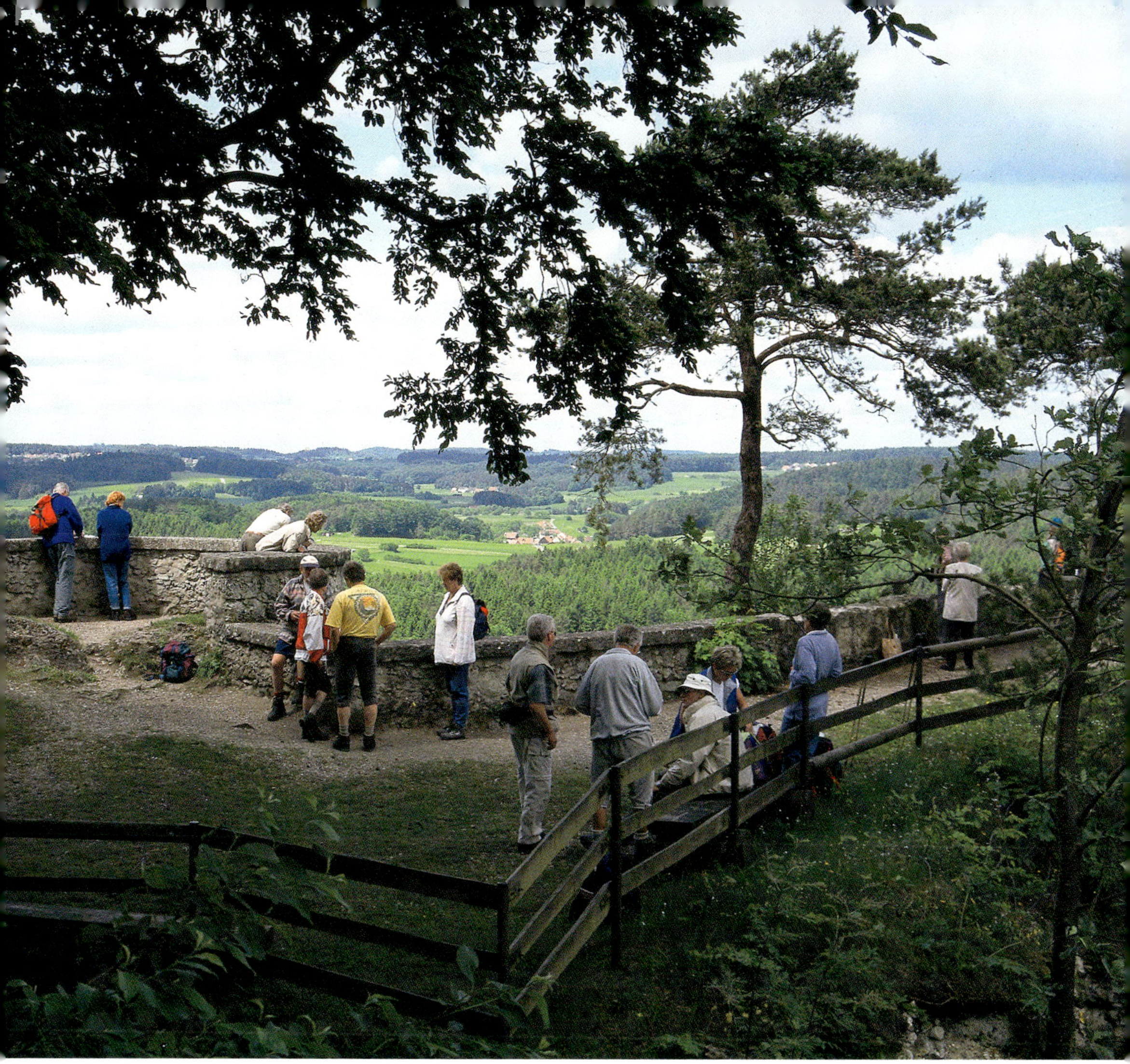

Von der Burgruine Leienfels bietet sich eine schöne Aussicht.

Vorher lohnt sich noch der kurze Weg (Wegweiser) hinauf zur Burgruine, die auf einem Felsvorsprung liegt. Sie gehört zu den schönsten Aussichtspunkten in der Fränkischen Schweiz, denn die Sicht von hier aus reicht an klaren Tagen bis zum Fichtelgebirge. Nach diesem Genuss geht es zurück zur Gaststätte in Leienfels, wo wir riesige »Schäuferla« oder andere deftige Gerichte genießen können.

Über Soranger nach Bärnfels Von der Gaststätte folgen wir dem Wegweiser zunächst in Richtung Pottenstein (blaues Kreuz), gehen aber nur 100 Meter auf der Straße hinab, biegen dann nach links und folgen der Markierung abwärts durch den Wald. Bald erreichen wir das hübsche Dorf ❸ Soranger. Unser Weg führt am Kruzifix vorbei zum Ortsende. Dort biegen wir bei der Schutzhütte nach links und folgen der Markierung »blaues Kreuz« zwischen Feld und Wiese in den Wald. Auf dem breiten Weg gehen wir bis zu einer Kreuzung, wo uns die Markierung »blauer Punkt« auf einen breiten Waldweg nach links leitet. Unser Weg mündet in eine Asphaltstraße, die wir überqueren, um geradewegs nach Ⓔ Bärnfels zu gelangen.

Zur Ruine Stierberg

Schöne Aussichten nach Betzenstein

9

Mittel 2:30 Std. 85 Hm 10 km

Tourencharakter
Bequeme Wanderung auf breiten Wegen, teilweise grasreiche Wiesenwege, nur geringe Steigung zur Ruine Stierberg; kaum Sitzplätze am Wanderweg

Ausgangs-/Endpunkt
Parkplatz am Freibad Betzenstein

Anfahrt
Auto: A 9 bis Anschlussstelle Plech und über Ottenhof nach Betzenstein. **Bahn/Bus:** mit der Bahn nach Pegnitz und weiter mit dem Bus nach Betzenstein

Gehzeiten
Betzenstein – Neudorf 0:45 Std. – Stierberg 1:30 Std. – Burgruine Stierberg 1:45 Std. – Betzenstein 2:30 Std.

Beste Jahreszeit
Sommer

Einkehr
Gasthof und Metzgerei Burghardt in Betzenstein

Karte
Fritsch Wanderkarte, Nr. 53, Naturpark Fränkische Schweiz, Veldensteiner Forst – Hersbrucker Alb, Blatt Süd, Maßstab 1:50 000

Information
Verkehrsamt Betzenstein, Bayreuther Straße 1, 91282 Betzenstein, Tel. 09244/264, www.betzenstein.de

Die Wald- und Wiesenlandschaft im östlichen Zipfel der Fränkischen Schweiz lockt mit ihren stillen Reizen, die sich auf einer gemütlichen Wanderung genießen lassen, und Betzenstein selbst hat mit seinem mittelalterlichen Ortsbild ebenfalls viel zu bieten.

Von der Steinzeit bis heute Die Geschichte von Betzenstein ist eng mit seiner Burg verbunden, die erstmals 1187 als die »Veste des F. von Petzensteyn« erwähnt wurde. Später waren das Bamberger Bistum, die Schlüsselberger und die Leuchtenberger unter der Lehensherrschaft der böhmischen Krone die Besitzer. Wichtig für den Ort Betzenstein war das Jahr 1359, als ihm der böhmische Kaiser Karl IV. das Marktrecht verlieh und erlaubte, Betzenstein mit Mauern, Toren, Türmen und Gräben zu umgeben.

Nach der Eroberung durch die Freie Reichsstadt Nürnberg im Jahr 1505 blieb Betzenstein 300 Jahre in deren Besitz, bis Nürnberg – und damit auch Betzenstein – 1806 schließlich zum Königreich Bayern kam. Während der Nürnberger Zeit blühte Betzenstein auf, und 1543 wurde der 92 Meter tiefe Brunnen am Unteren Tor gegraben, der heute noch wegen

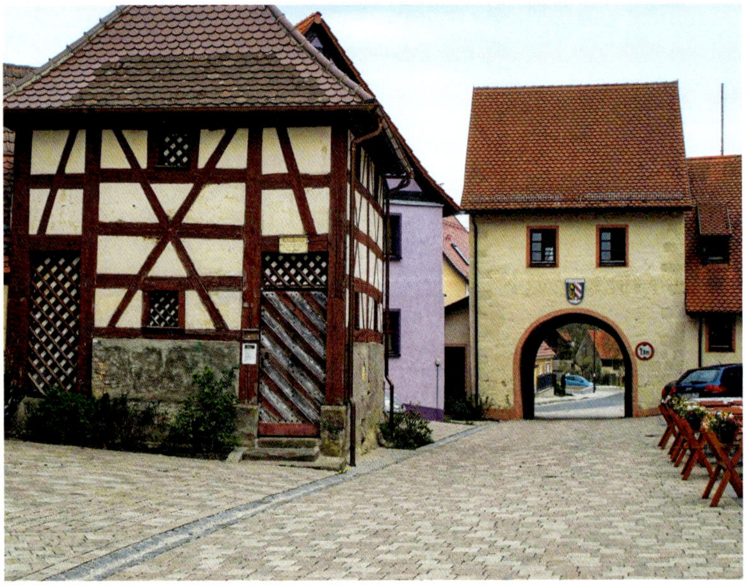

Das Untere Tor in Betzenstein

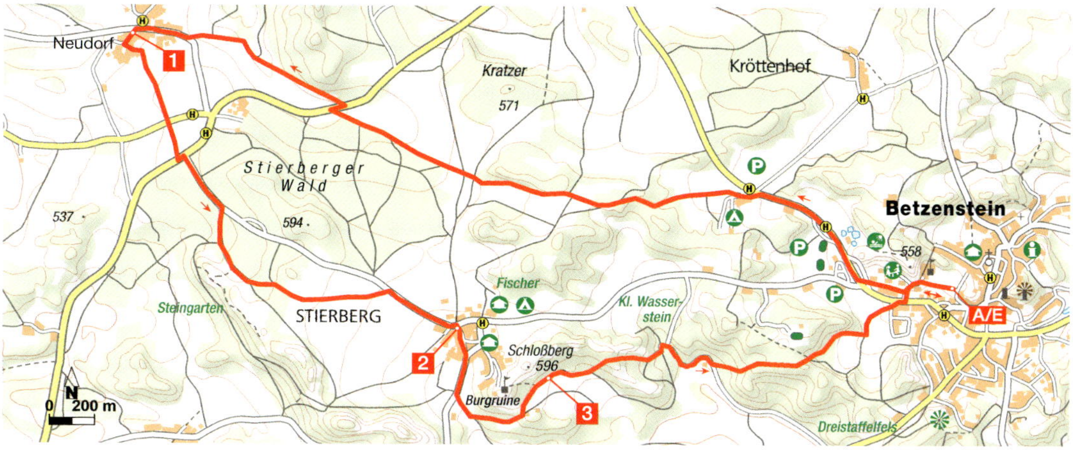

seiner Schönheit ins Auge fällt. Mit diesem Ziehbrunnen konnte das Problem der Wasserversorgung gelöst werden, bis Betzenstein 1902 an die Jurawasserversorgung angeschlossen wurde.

In den Jahren 1732 bis 1736 erfolgte der Bau der Stadtkirche mit beachtenswerten Deckengemälden, Orgelgehäuse (1680), Kronleuchter (1734) und Taufstein (1736). Besonders sehenswert ist das Anton-Buchner-Heimatmuseum im Hinteren Tor, einem Stadttor aus dem 16. Jahrhundert in einer Seitengasse des Unteren Marktes. Interessant sind vor allem Mineralien und Fossilien, aber auch alte Bücher und Kupferstiche sowie die reichhaltige Ausstellung, die vom Steinbeil bis zum Meteoriten reicht. Seltenheitswert hat die »Hakenbüchse«, eine Feuerwaffe, die um 1530 in Nürnberg aus Bronze gegossen wurde und die 46 Kilogramm wiegt. Aufgebaut hat das Museum der Betzensteiner Ehrenbürger Anton Buchner (gest. 1994), der in 70 Jahren die zahlreichen Exponate zusammentrug.

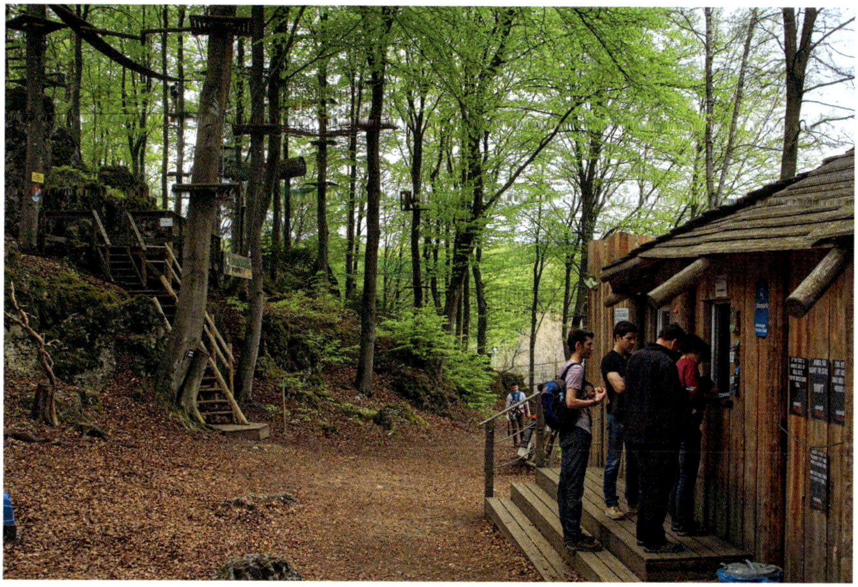

Der Abenteuerpark in Betzenstein ist sehr beliebt.

Klauskirche und Abenteuerpark Wir starten am **A** **Wanderparkplatz** gegenüber dem Freibad in Betzenstein. Bei schönem Wetter ist hier immer Betrieb, denn ein großes Sportbecken, ein Fünf-Meter-Turm mit Sprungbecken, Nichtschwimmer- und Planschbecken, aber auch Rutschen, Sandkasten und ein Volleyballplatz gehören neben der großen Liegewiese ebenso zur Ausstattung wie das Restaurant.

Vom Parkplatz bietet sich ein Abstecher zur Klauskirche und zum Abenteuerpark Betzenstein an, einem Naturhochseilgarten. Auf Brücken, Netzen und Baumstämmen klettern die Besucher in einem schönen felsigen Gelände und haben elf Parcours unterschiedlicher Schwierigkeit zur Auswahl. Der Weg dorthin führt durch die Klauskirche, die der Rest einer 600 000 Jahre alten Meeresstrandhöhle von 30 Metern Länge, drei Metern Breite und vier Metern Höhe ist.

Die Burgruine erhebt sich hoch über dem Dorf Stierberg bei Betzenstein.

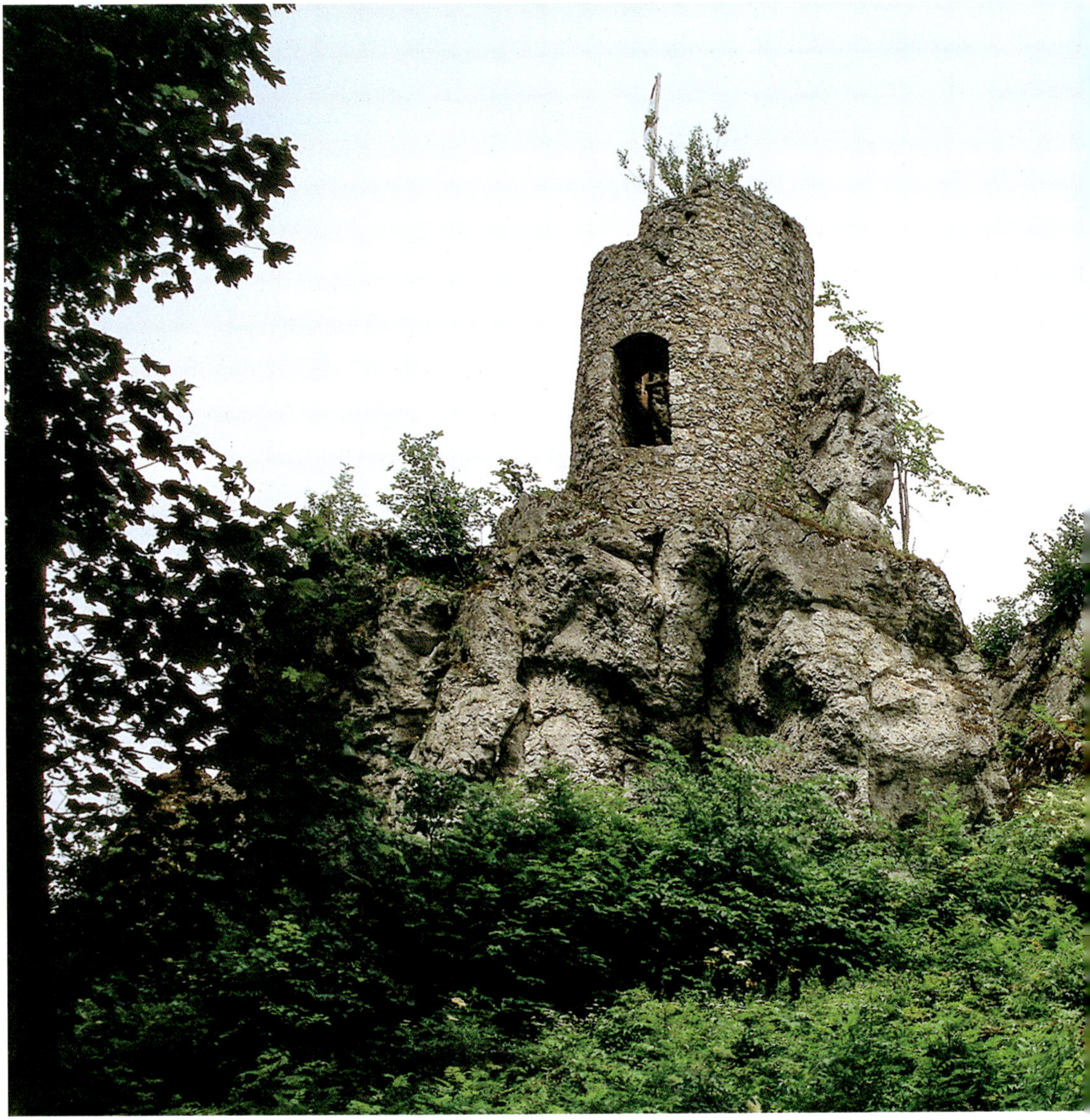

Über Neudorf nach Stierberg Nach diesem Ausflug gehen wir auf der Straße in Richtung Leupoldstein bis zum Campingplatz. Dort finden wir den Wegweiser »Obertrubach« (blauer Punkt) und folgen ihm zunächst auf einem Feldweg. Dann geht es in den Wald, und dort müssen wir auf den Abzweig nach links achten, wo der Wanderweg aus dem Wald auf einen Wiesenweg führt. Wir überqueren bald eine Straße und wandern nun zwischen Wiese und Feldrand bis nach ❶ **Neudorf**.

Streuobstwiesen bei Stierberg

Streuobstwiesen sind eine alte Form des bäuerlichen Obstbaus und eine Schatzkammer alter Obstsorten. Auch als Refugium für verschiedene Tiere und Pflanzen haben diese Wiesen Bedeutung. Ein Streuobstwanderweg führt auf einer Länge von sechs Kilometern vom Landgasthof Fischer in Stierberg durch Streuobstwiesen zu Wildobstarten wie Pogauer Zwetschge und Wildkirschen. Markiert ist der Wanderweg mit einem Apfel mit Raupe.

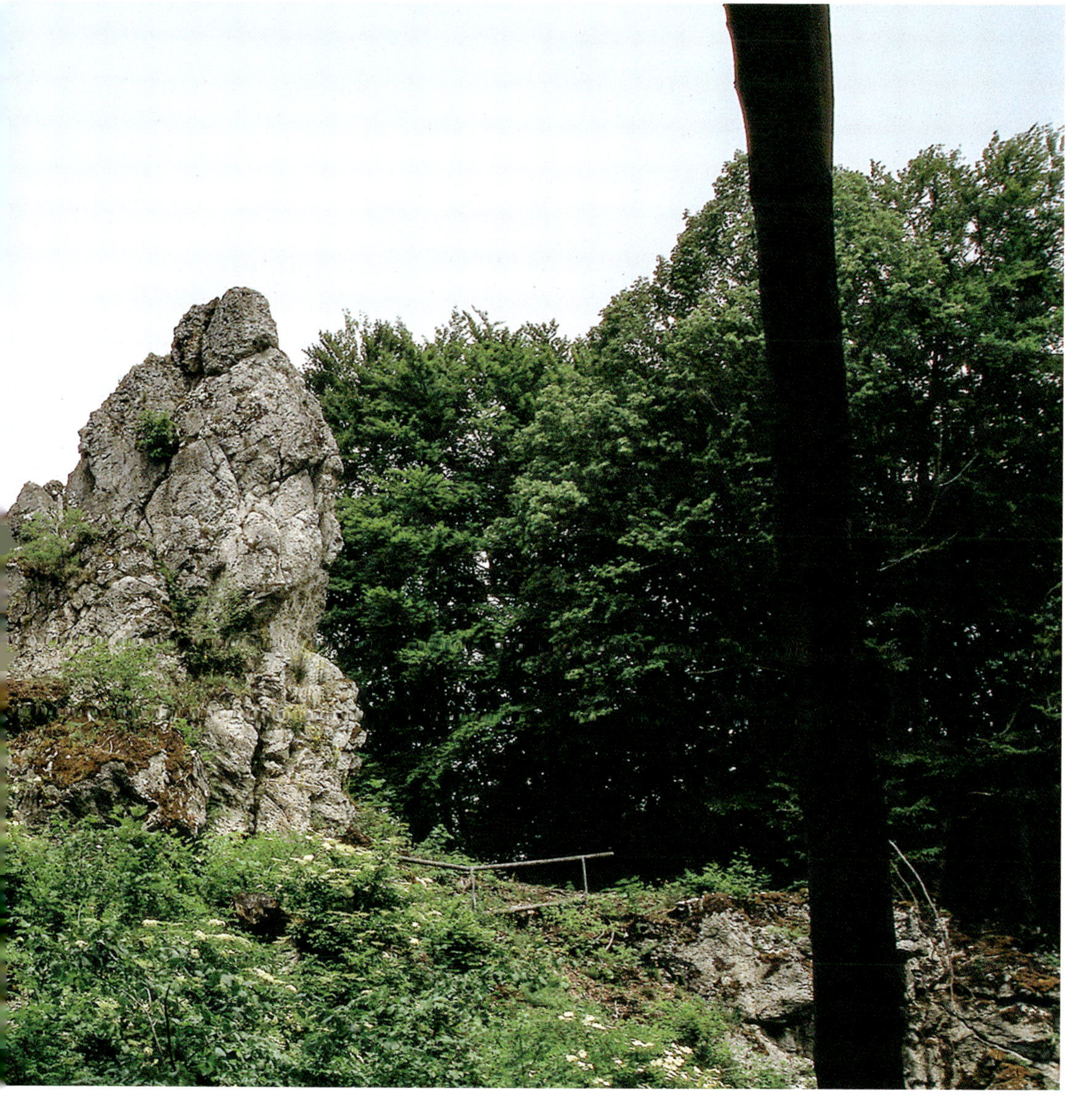

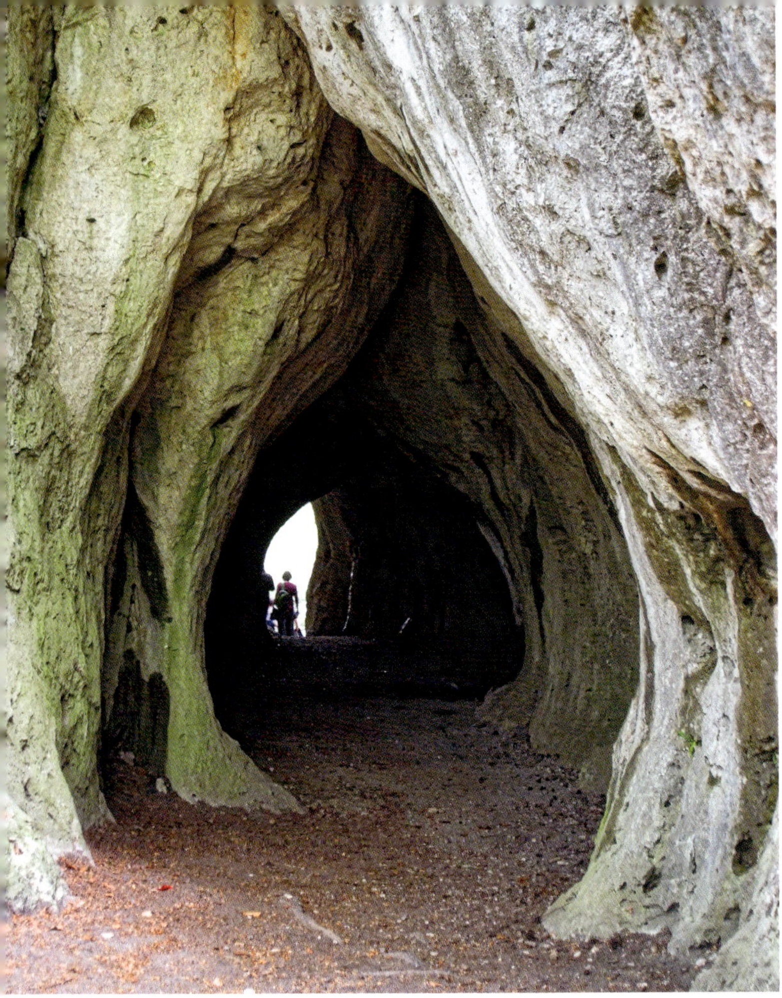
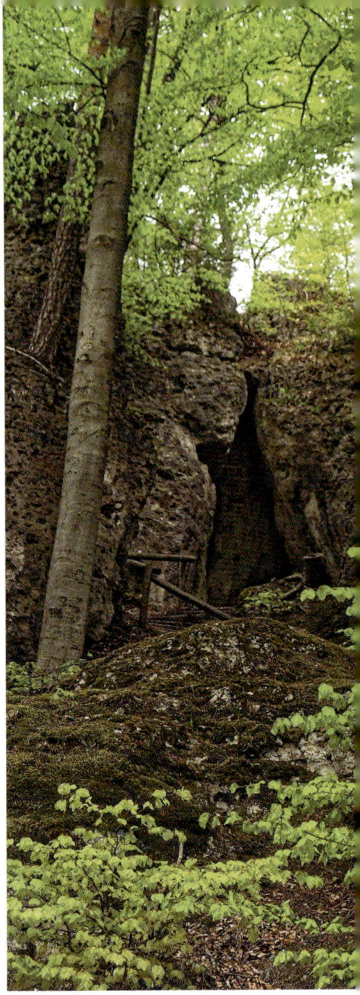

Links/Mitte: Die Klauskirche ist eine Durchgangshöhle bei Betzenstein, durch sie gelangt man in den Hochseilgarten im Abenteuerpark.

Rechts: Der Eingang zur Klauskirche

Im Ort gehen wir bis zum Sitzplatz bei der Bushaltestelle in der Ortsmitte und wenden uns dort nach links (Markierungen »grüner Punkt« und »grünes Blatt«). Wir laufen auf der Asphaltstraße bis zu einer Kreuzung, gehen dann nach links und gelangen beim letzten Haus des Ortes auf einen Wiesenweg. Wir überqueren die B 2 und gehen auf der Asphaltstraße in den Wald.

Beim ersten Abzweig folgen wir der Markierung »grünes Blatt« nach rechts und wandern an der folgenden Gabelung geradeaus weiter (Wegweiser »Fuchsweg«). Es folgt ein schöner Wanderweg zwischen Buchen, teilweise mit Fichten durchmischt, bis zu einer Gabelung. Hier wählen wir den linken Weg, auf dem wir in einem leichten Bogen auf die Asphaltstraße am Ortseingang von ❷ **Stierberg** kommen.

Wechselvolle Burggeschichte Wir biegen dort nach rechts ab und gehen durch den Ort, bis wir zu einer Wanderwegtafel kommen. Dort sehen wir auch den Wegweiser »Reipertgesee« (blauer Ring), dem wir bis kurz nach dem Ortsausgang folgen, um uns dann nach links zu wenden (Wegweiser »Betzenstein«, Markierung »gelbe Raute«). Anschließend geht es auf einem Schotterweg zwischen Wiesen weiter, an der folgenden Gabelung halten wir uns links und an der nächsten Gabelung wieder links. Nun steigt unser Wanderweg im Wald leicht an und führt zum Abzweig, der uns zur

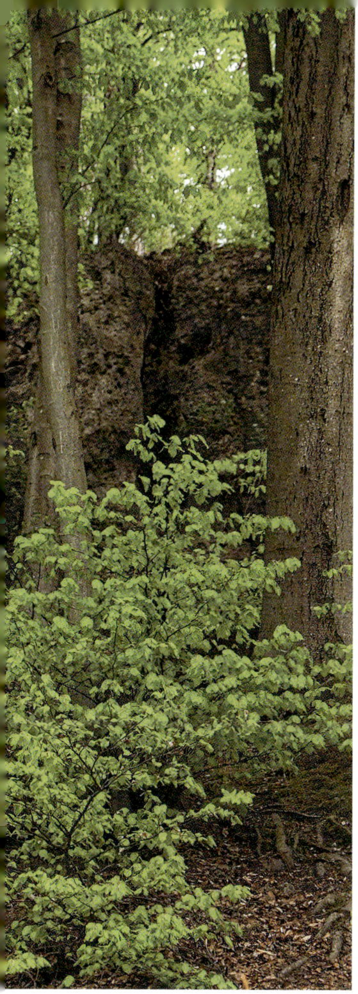 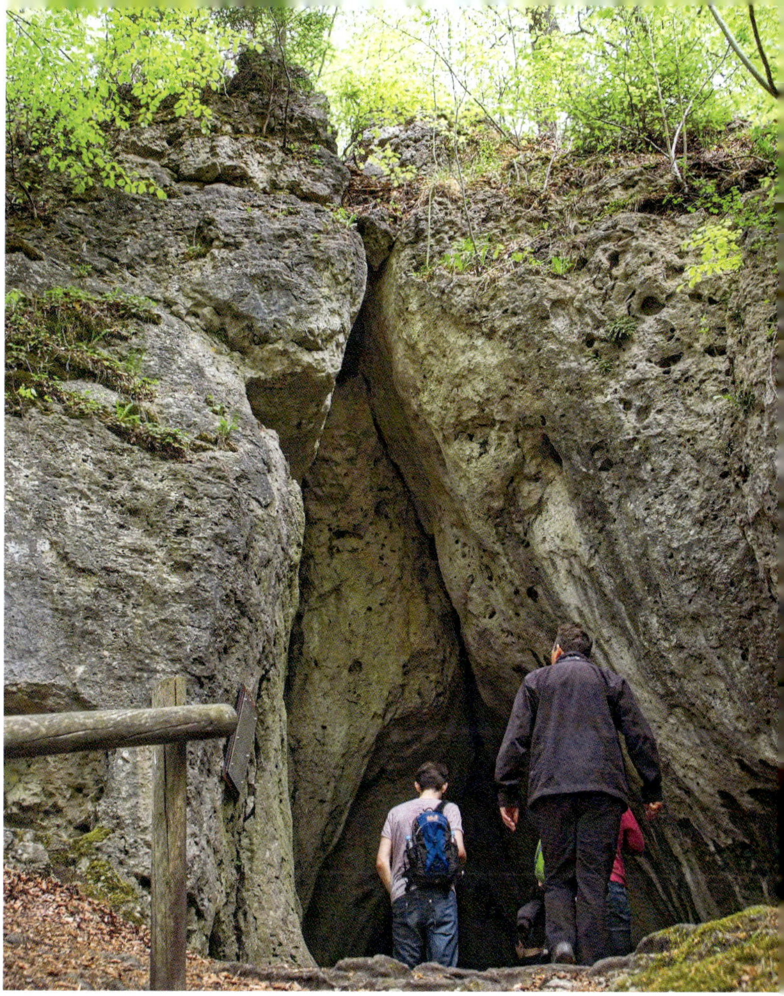

❸ **Burgruine Stierberg** hinaufbringt. Von dort genießen wir die schöne Aussicht auf Stierberg und die Umgebung.
Die Anfänge der Burg Stierberg reichen bis ins 12. Jahrhundert zurück. Damals, 1187, tauchte mit der Nennung von Otnand de Stierberc, einem Bamberger Domkanoniker, der Name erstmals auf. In der ersten Hälfte des 14. Jahrhunderts waren die Leuchtenberger und die Schlüsselberger Herren der Burg, bis sie 1356 an den böhmischen Kaiser Karl IV. verkauft wurde. Nach mehreren Besitzerwechseln wurde die Burg schließlich im Zweiten Markgrafenkrieg 1525 zerstört. Geblieben ist nur ein offener Torbogen sowie Reste vom Turm und der Umfassungsmauer.

Märchenhafte Felsgebilde Zurück am Wanderweg folgen wir weiter der Markierung »gelbe Raute« durch herrlichen Buchenwald, schwenken an einer Kreuzung nach rechts und gehen auf einem Schotterweg abwärts.
Nach einer Rechtskurve am Wiesenrand verlassen wir den Schotterweg und folgen einem links abzweigenden Pfad in den Wald. Ein leicht ansteigender Weg führt zwischen imposanten, stark bemoosten Felsgebilden durch den Wald und mündet als Wiesenweg in die Landstraße am Ortseingang von Betzenstein. Links gelangen wir wieder zum Ⓔ **Ausgangspunkt am Wanderparkplatz** beim Freibad.

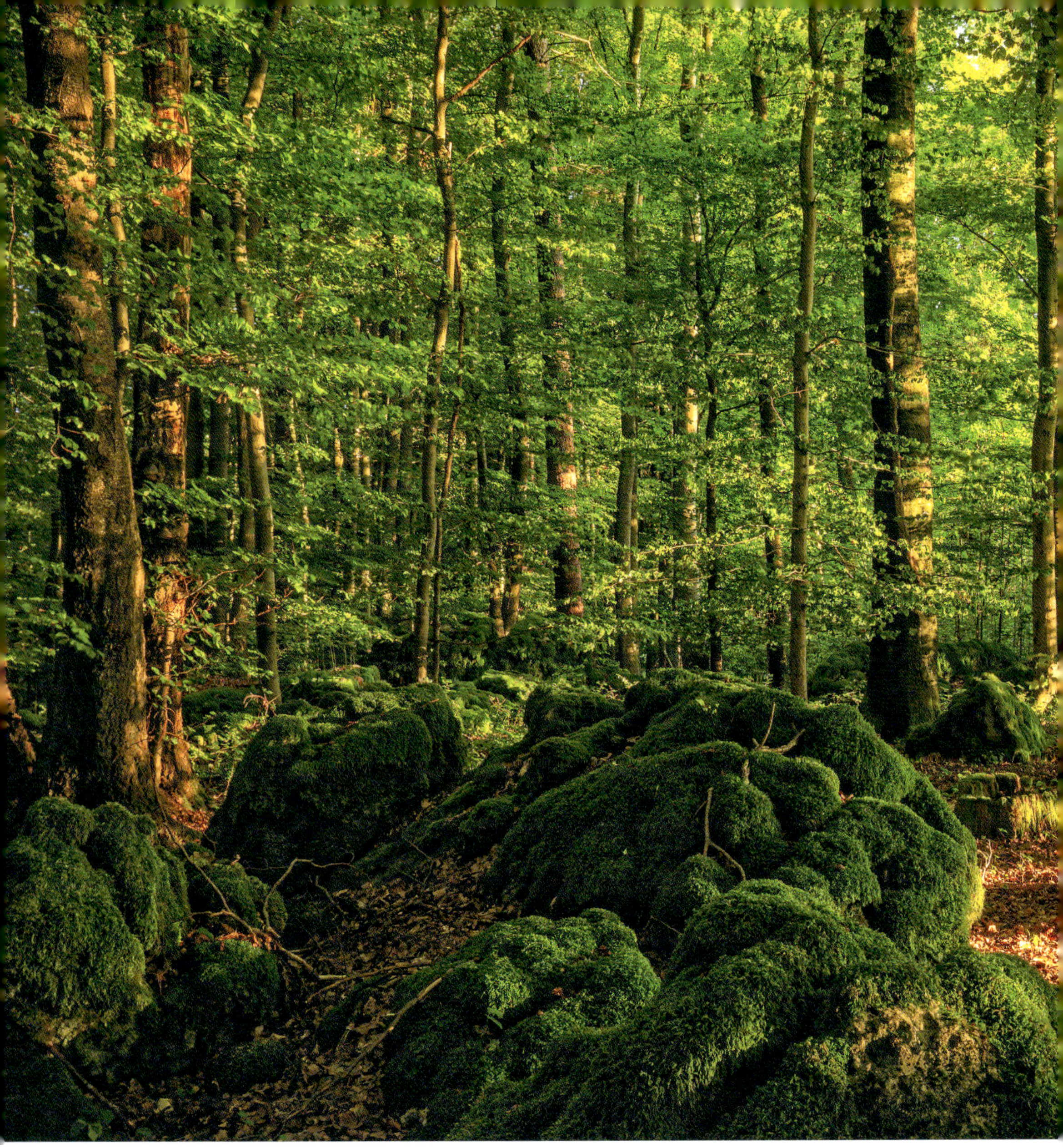

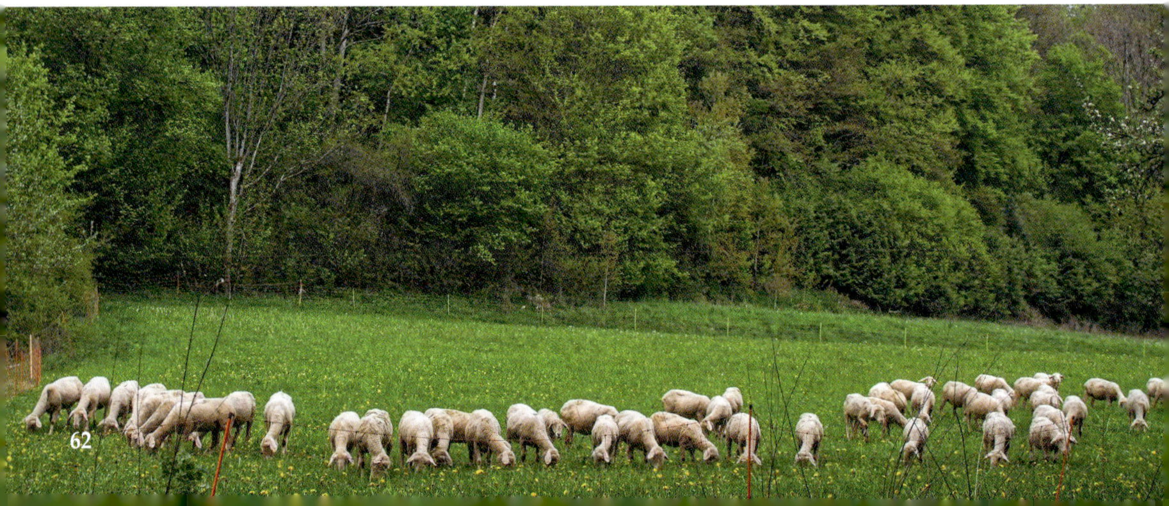

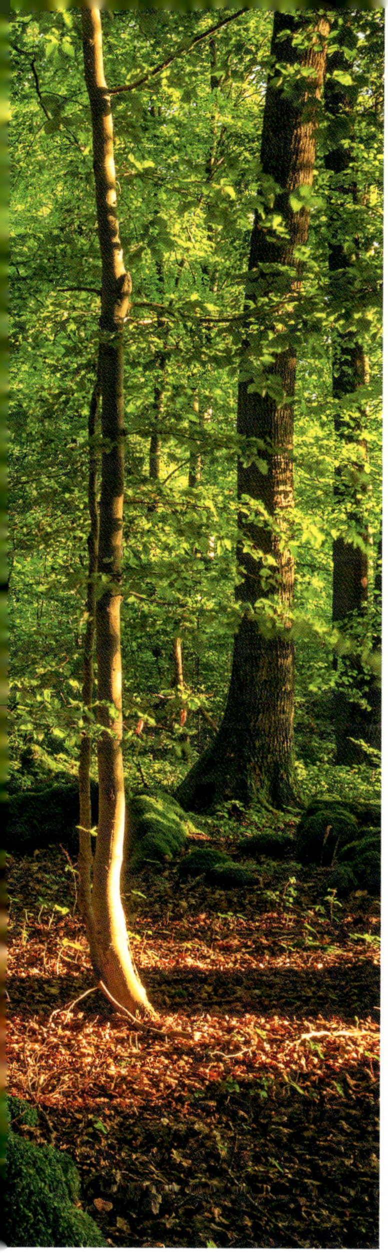

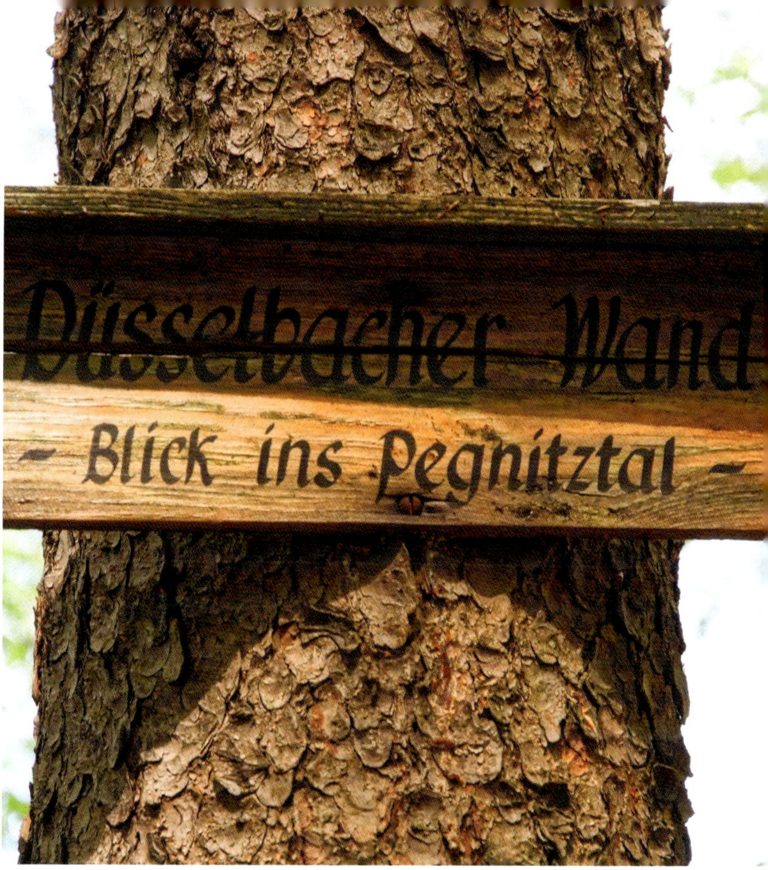

Frankenalb und Nürnberger Land

Bemooste Steine am Plecher Höhlenweg (o. li.); am Wanderweg bei Vorra (o. re.); der Sprungstein am Bruckberger Weg (u. re.); Weidewirtschaft bei Förrenbach (u. li.).

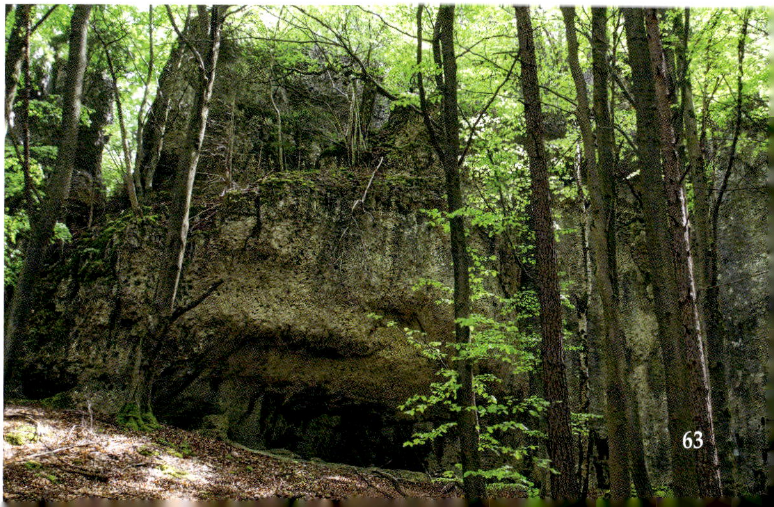

10

Von Bernheck zum Wildgehege

Genusstour durch Mischwald

Leicht | 3 Std. | gering | 11 km

Tourencharakter
Wanderung vorwiegend auf bequemen Waldpfaden und Forstwegen, geringe Steigungen

Ausgangs-/Endpunkt
Bernheck, Gasthof Seitz

Anfahrt
Auto: A 9 bis Anschlussstelle Plech und weiter nach Bernheck. **Bahn/Bus:** mit der Bahn nach Pegnitz und weiter mit dem Bus nach Bernheck

Gehzeiten
Bernheck – Wildgehege 1:15 Std. – Buchgraben/Steierfels 2:00 Std. – Bernheck 3:00 Std.

Beste Jahreszeit
Ganzjährig

Einkehr
Im Wildgehege Veldensteiner Forst

Karte
Fritsch-Wanderkarte, Naturpark Fränkische Schweiz, Veldensteiner Forst/Hersbrucker Alb, Blatt Süd, Maßstab 1:50 000

Information
Verkehrsamt Betzenstein, Bayreuther Straße 1, 91282 Betzenstein, Tel. 09244/264, www.betzenstein.de

Das Wildgehege Hufeisen im Veldensteiner Forst lockt jedes Jahr zahlreiche Besucher an, denn es ist ein Wildgehege der besonderen Art mit Waldspielplatz für Kinder und mehreren Picknickplätzen. Dorthin führt ein reizvoller Waldwanderweg mit Möglichkeiten zum Innehalten.

Begegnung mit Tieren heimischer Wälder Wir beginnen unsere Wanderung in Ⓐ **Bernheck**, einem Kirchdorf auf der verkarsteten nördlichen Frankenalb. Hier finden wir beim Gasthof Seitz auch ein Schild, das uns die Richtung weist (roter Punkt und Hufeisen/Wildgehege). Wir verlassen den Ort auf einem Asphaltweg zwischen Wiesen. An Schlehenhecken vorbei, die im Frühjahr mit ihren weißen Blüten die Blicke auf sich ziehen und sich im Spätsommer mit vielen blauen Früchten schmücken. Er-

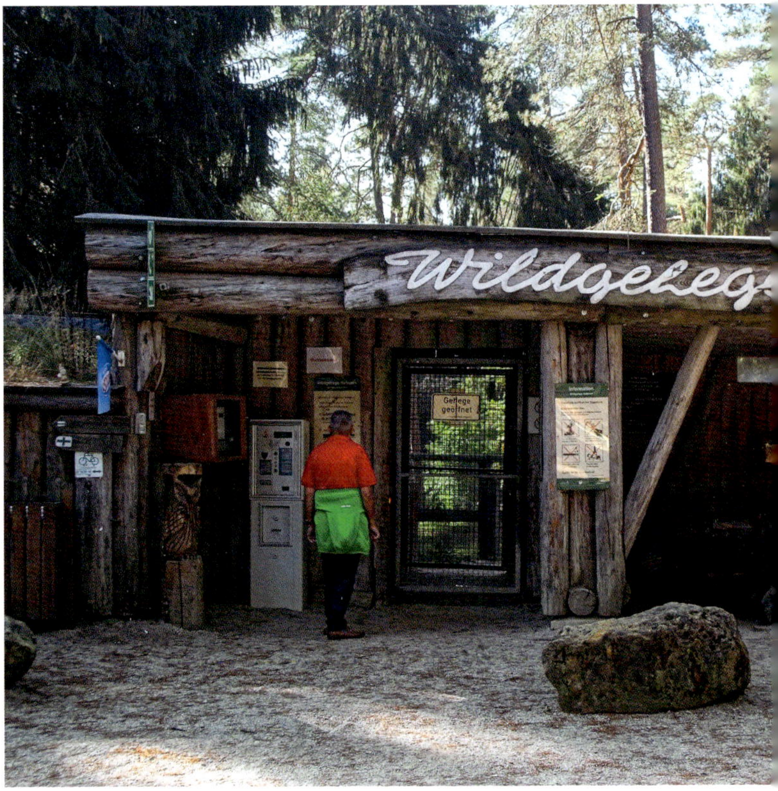

Der Eingang zum Wildgehege Hufeisen

freuen können sich die Wanderer auch an rosarot blühenden Steinnelken, die noch im Oktober in voller Blüte stehen.

Wir erreichen schnell eine Bank und können den schönen Blick zum Ort genießen. Nach der Pause führt der Weg in einen Mischwald, wo Kiefern und Fichten dominieren, die von Buchen und Ahornen begleitet werden. Den Boden bedecken zartgrüne Moospolster, aus denen im Spätsommer verschiedene Pilze lugen und zarte Düfte verbreiten. Wir erreichen eine Weggabelung, halten uns links und erreichen auf einem Rasenweg eine weitere Gabelung, wo wir der Markierung »roter Punkt« – gemeinsam mit »blauem Ring« – nach links folgen. Unser Weg führt durch den Hochwald mit

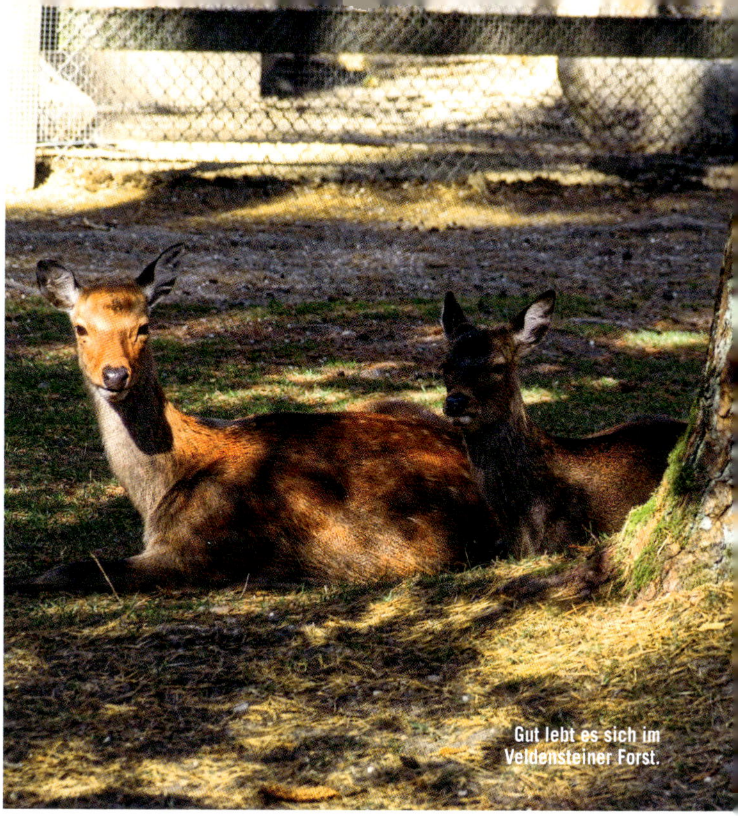

Gut lebt es sich im Veldensteiner Forst.

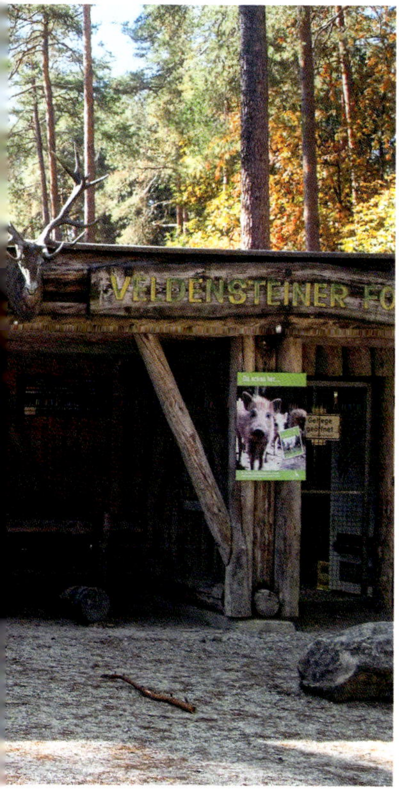

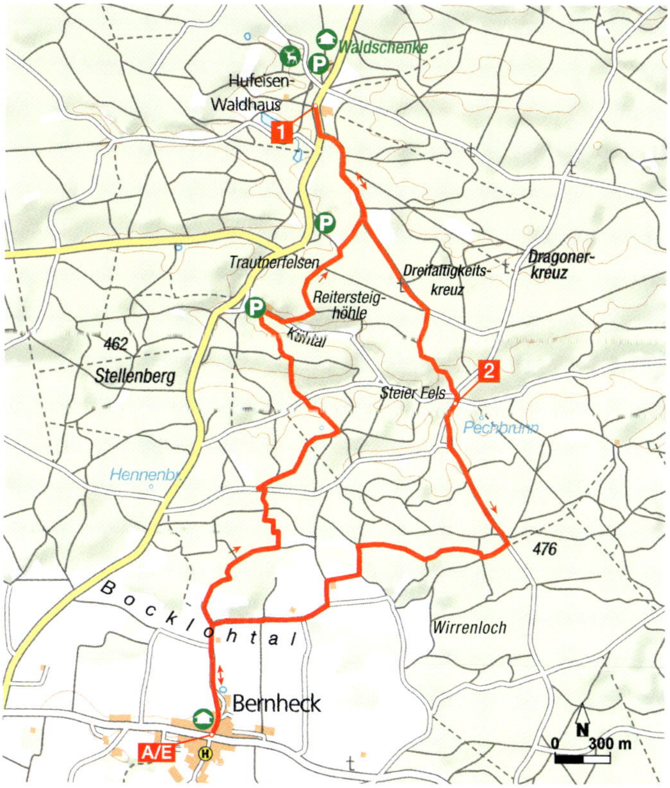

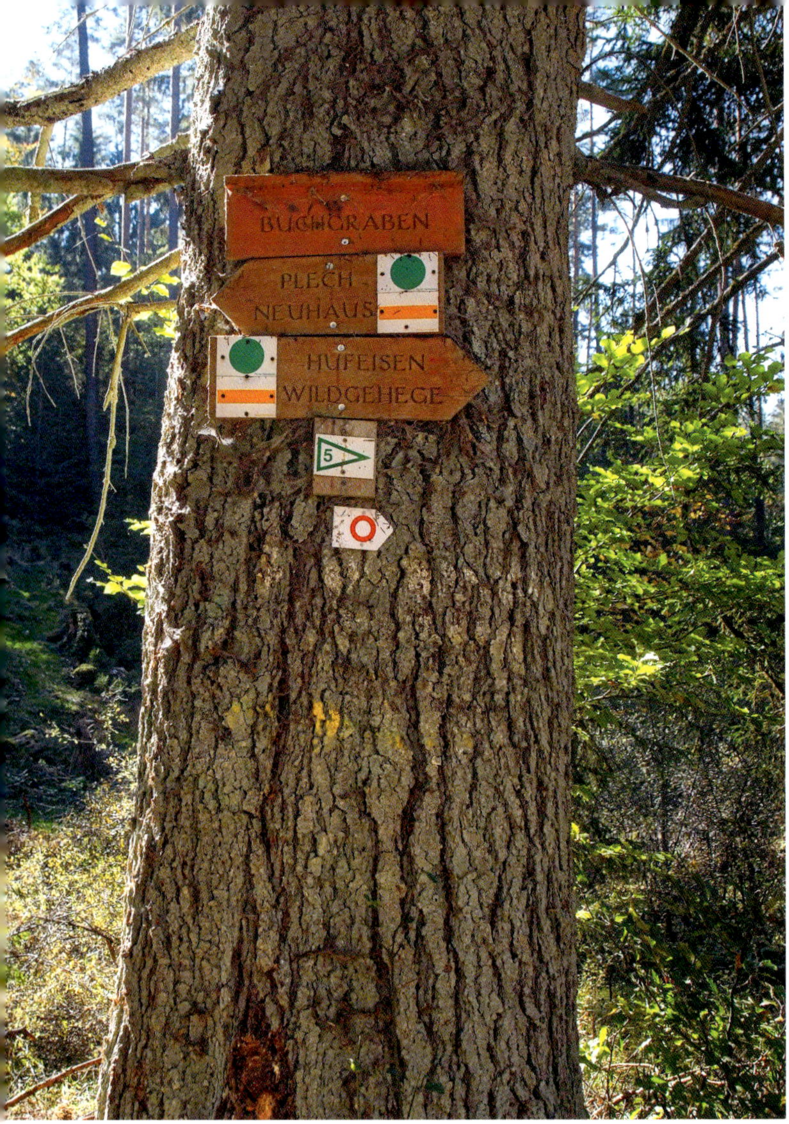

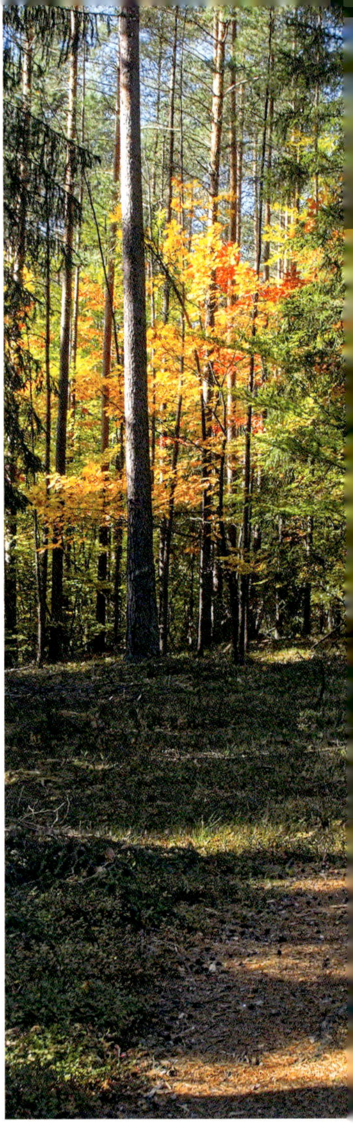

großen Heidelbeerflächen, die im Spätsommer zum Anhalten und Naschen verführen. Nach einem leichten Anstieg geht es abwärts zu einem Wirtschaftsweg, wo wir nach rechts schwenken. Nach etwa 200 Metern biegen wir nach links und wandern auf einem Waldpfad aufwärts. Wir treffen auf einen Forstweg und folgen der Markierung weiter. An verschiedenen Insektenkästen vorbei, treffen wir auf die Straße Pegnitz–Plech und halten uns rechts und sind schon am ❶ **Wildgehege Hufeisen** angekommen.

Am Eingang laden neben drei Informationstafeln auch Sitzgelegenheiten zum Verschnaufen ein, bevor wir das 40 Hektar große Gelände be-

Veldensteiner Forst

Dieses Waldgebiet der mittleren Frankenalb erhielt seinen Namen durch die Burg Veldenstein oberhalb von Neuhaus an der Pegnitz. Hier findet man zahlreiche Felsformationen und Höhlen, die teilweise als Naturdenkmal ausgewiesen sind. Beispiele sind die Saalburghöhle nordöstlich von Viehofen, oder der große Lochstein südlich von Horlach. Mit einer Fläche von 70 Quadratkilometern ist der Veldensteiner Forst eines der größten zusammenhängenden Waldgebiete Bayerns. Neben dominierendem Kiefern- und Fichtenwald gibt es auch Mischwaldgebiete mit reicher Flora und Fauna.

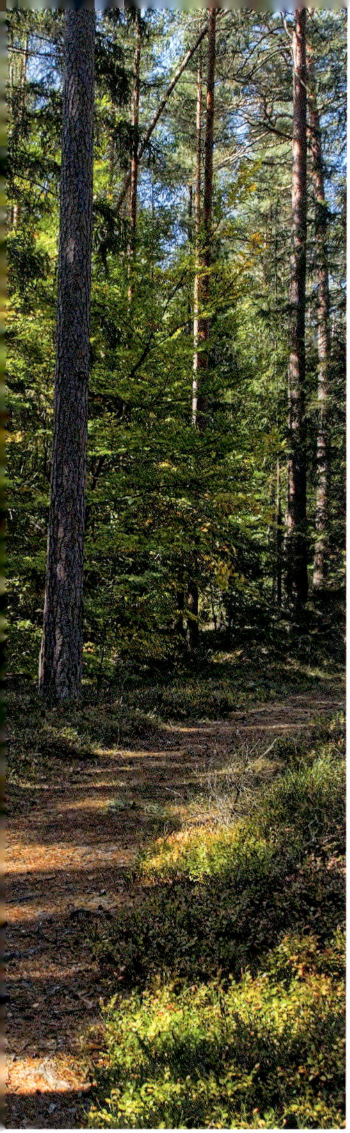

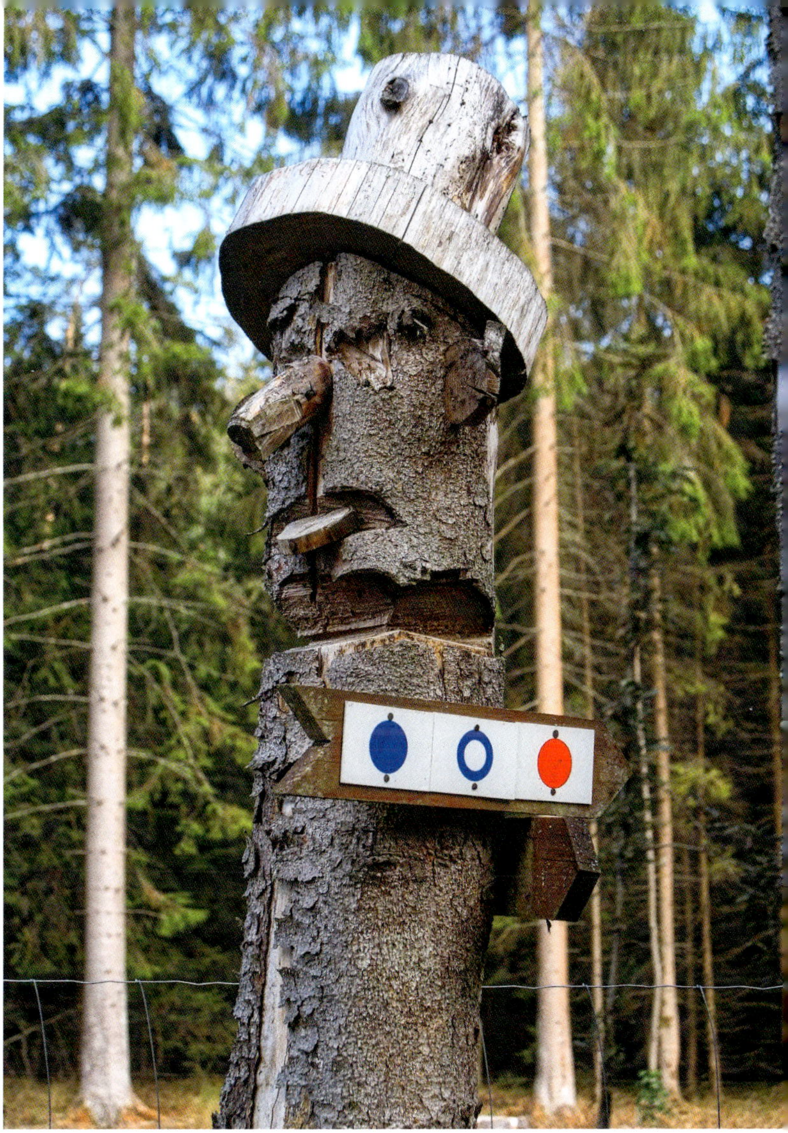

treten. Auf einem 1,5 Kilometer langen barrierefreien Rundweg können Damwild, Rotwild, Schwarzwild, Muffelwild, Rehwild und Sikawild beobachtet werden. Vor allem im Frühjahr und Frühsommer präsentieren sich zahlreiche Jungtiere.

Buchengraben und Steierfels Nach diesem eindrucksvollen Besuch treten wir den Rückweg an und folgen der Markierung grüner Punkt. Unser Weg führt am Dreifaltigkeitskreuz vorbei und erreicht schließlich die Kreuzung Buchgraben. Immer weiter geradeaus auf breitem Forstweg wandernd kommen wir zum ❷ Steierfels, einem hoch aufragenden Kalkfelsen am Weg. Schließlich treffen wir auf die Markierung blauer Punkt und folgen dieser nach rechts. Auf schönem Waldweg gelangen wir wieder zur Markierung roter Punkt kurz vor Bernheck. Hier schwenken wir nach links und erreichen auf bekanntem Weg wieder unseren Ausgangspunkt in Ⓔ Bernheck.

Links: Im Veldensteiner Forst gibt es eine reiche Auswahl an Wanderwegen.

Mitte: Schön ist der Wanderweg auch im Herbst.

Rechts: Lustiges Wegzeichen im Veldensteiner Forst

11

Auf dem Plecher Höhlenweg

Höhlen und Dolomitfelsen

Mittel 3:45 Std. 410 Hm 13,5 km

Tourencharakter
Abwechslungsreiche Wanderung, vorwiegend durch Wald

Ausgangs-/Endpunkt
Plech, Kirchplatz

Anfahrt
Auto: A 9 bis Anschlussstelle Plech, über Schönthal nach Plech.
Bahn/Bus: mit der Bahn nach Pegnitz und weiter mit dem Bus nach Plech

Gehzeiten
Plech – Fleischhöhle 0:30 Std. – Saalburggrotte 1:00 Std. – Raumhöhle 1:15 Std. – Geißlochhöhle 2:30 Std – Viehhofen 3:00 Std. – Plech 3:45 Std.

Beste Jahreszeit
Frühsommer bis Herbst

Einkehr
Plech

Karte
Fritsch Wanderkarte, Frankenalb im Nürnberger Land, Maßstab 1:50 000

Information
Touristinformation Markt Plech, Hauptstraße 15, 91287 Plech, Tel. 09244/98 52 11, www.plech.de

Der Höhlenweg bei Plech ist einer der beliebten Wanderwege in der Fränkischen Schweiz. Auf einem schönen Waldweg können mehrere Höhlen erkundet werden. Besonders für Kinder stellen diese Höhlen ein aufregendes Wanderziel dar, für das eine Taschenlampe sinnvoll ist.

Wo Klettern Spaß macht Am Kirchplatz in Ⓐ **Plech** folgen wir der Markierung »gelbe Spitze« über die Hauptstraße und durch die Schulstraße zum Spielplatz. Dort halten wir uns links und biegen nach etwa 120 Metern rechts ab und gehen bis zur nächsten Querstraße. Hier biegen wir links ab, kommen an der Kläranlage vorbei und wandern bergauf in den

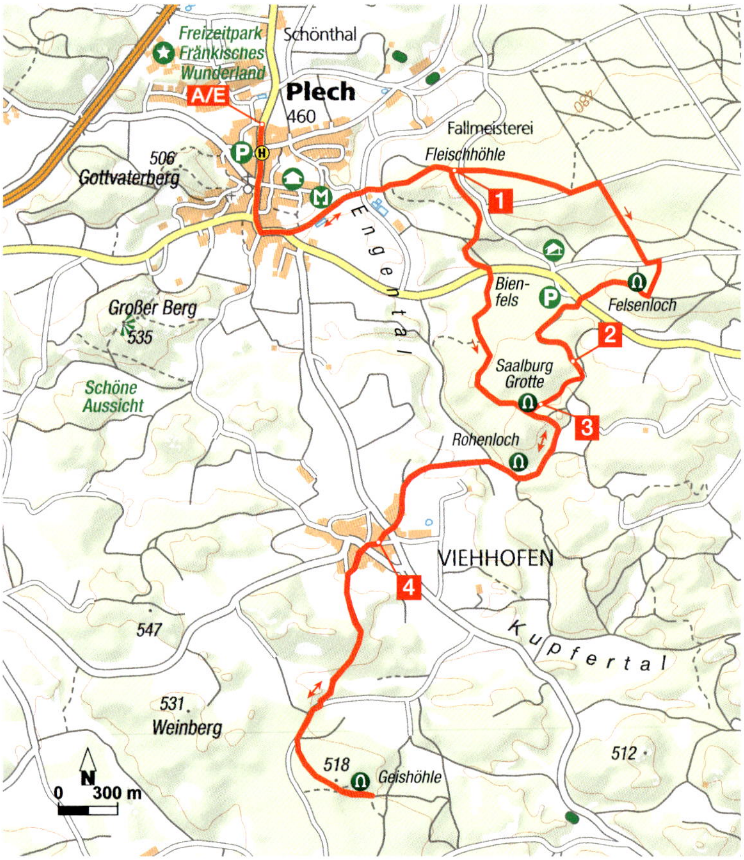

Die Saalburggrotte auf dem Plecher Höhlenweg

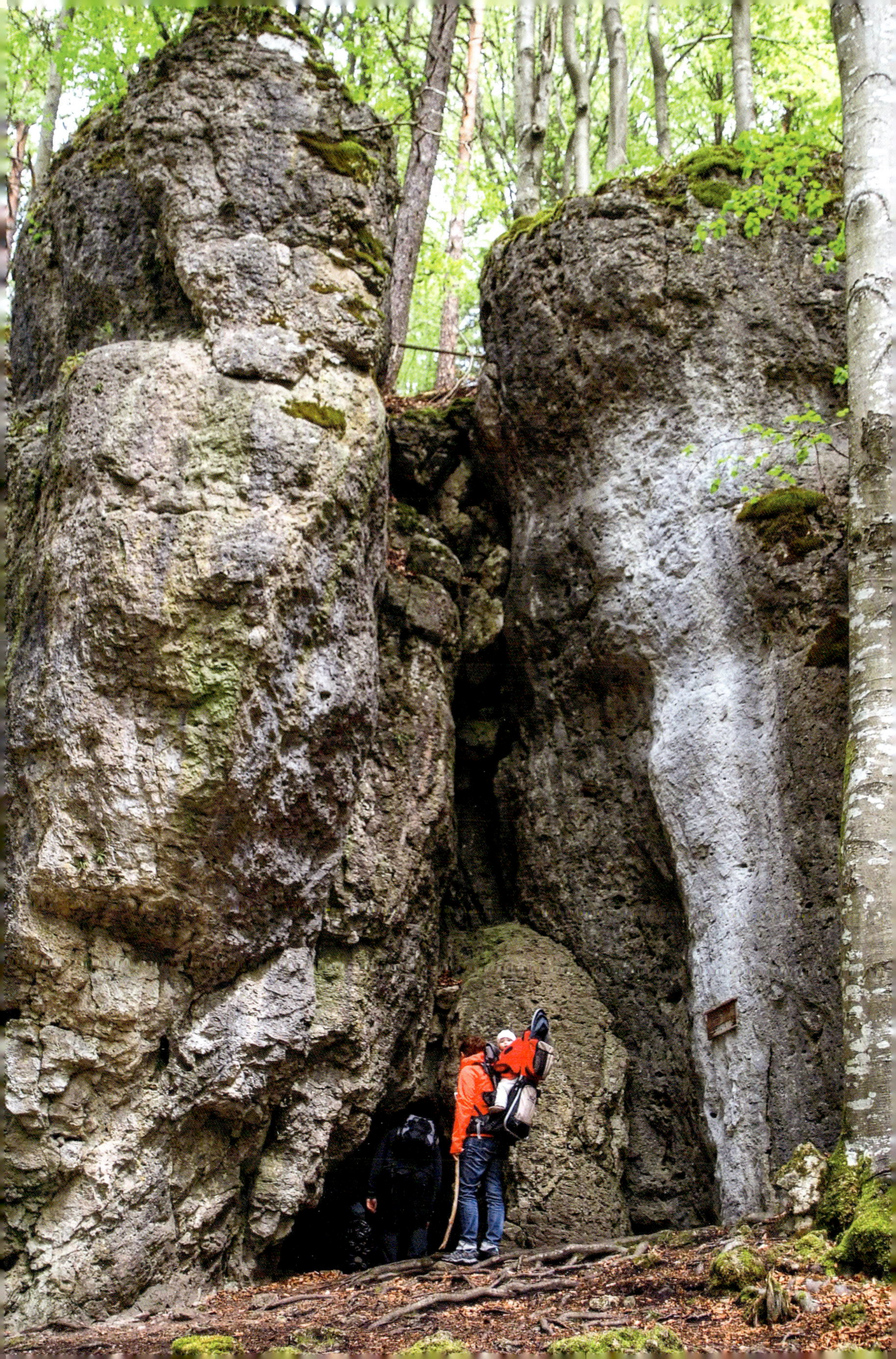

Wald. Ein Pfad führt uns durch das Felsmassiv »Am Lieger Berg« zum ❶ **Naturdenkmal Fleischhöhle**. Während des Ersten Weltkriegs soll ein Dieb hier Fleischstücke versteckt haben, die er bei Bauern erbeutet hatte. Wir wandern weiter im Mischwald aufwärts, kommen an Kletterfelsen vorbei zu Hüllweihern, die aus Dolinen entstanden sind. Im Frühjahr kann man hier Maiglöckchen und Buschwindröschen, aber auch blühende Waldveilchen sehen. Der Wanderweg führt nun zum Waldrand und über die Verbindungsstraße Plech–Neuhaus erneut in den Wald. Nach ungefähr 600 Metern schwenken wir nach rechts und kommen am eindrucksvollen Dolomitfelsmassiv der Saalburg (Vogelschutzgebiet) zu einem Wiesengrund.

Im Reich der Grottenolme Zunächst dem Waldrand folgend, führt die Route etwa 400 Meter weiter nach links durch lichten Wald zur ❷ **Saalburggrotte** hinauf. Sie ist zwar eine kleine, aber dennoch sehr attraktive Höhle. Dank einiger Kamine, die ins Freie führen, entsteht keine Nässe und die Temperaturen bleiben konstant. Wer hier genau hinschaut, kann an den oberen Wänden sogar Ansätze von Tropfsteingebilden erkennen.

Anschließend wandern wir auf einem Wiesenweg zurück und am Waldrand weiter bis zur schmalen Straße. Die Markierung »gelbe Spitze« führt uns, links abbiegend, zur Rohenlochhöhle. Diese besteht aus einer rund 50 Quadratmeter großen Halle mit einem etwa 20 Meter langen Seitengang. Weiter der Markierung »gelbe Spitze« folgend, wandern wir nach etwa 200 Metern die Wiese hinauf. Dort treffen wir oben rechts, etwas höher gelegen, auf die ❸ **Raumhöhle**. Sie ist eine mittelgroße Höhle mit nur etwa 30 Quadratmetern Fläche, aber mit einer sehenswerten Deckenstruktur. Von der Raumhöhle kehrt man auf den Weg zurück. Nun führt uns der Höhlenweg

Bei der Kirche von Plech beginnt der Wanderweg.

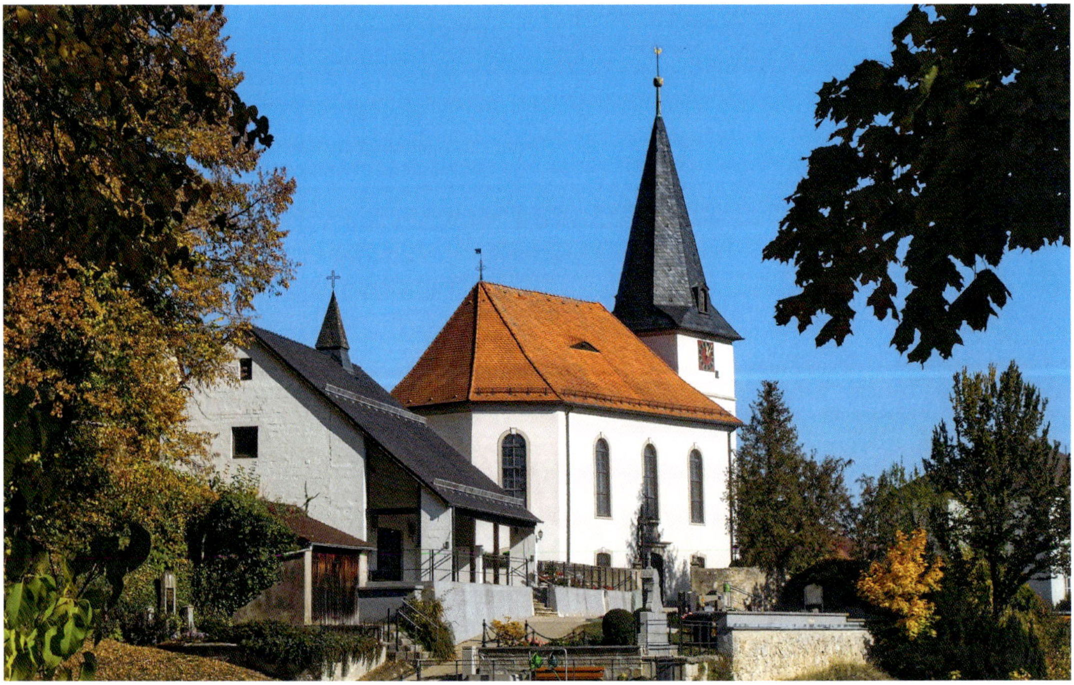

leicht links am Waldrand entlang. Nach wenigen Metern biegen wir wieder links in den Wald ein. Sobald wir auf den Forstweg treffen, können wir entweder geradewegs nach Plech zurückkehren (gelbe Spitze) oder wir wenden uns nach rechts und folgen dem etwas längeren Weg zur Schachthöhle Felsenloch. Der Höhlenweg führt zunächst zur Verbindungsstraße Plech–Neuhaus, die wir überqueren, und wir folgen der Markierung durch den Wald. Bald haben wir die Felsenloch-Höhle erreicht. Bedeutende archäologische Funde aus dieser Höhle, die wahrscheinlich als Bestattungsort der Kelten gedient hat, sind im Pfalzmuseum in Forchheim ausgestellt. Vom Felsenloch führt der Weg durch den Wald den Hang hinab und auf die Forststraße. Dann geht es links, der Nordic-Walking-Route folgend. Etwa 300 Meter hinter dem Parkplatz mit Schutzhütte wenden wir uns nach links und treffen wieder auf den Höhlenweg. An der Kreuzung, an der es rechts zur Fleischhöhle geht, gehen wir geradeaus weiter und kommen so zurück nach E **Plech**.

Wer einen Abstecher zur Geißlochhöhle (hin und zurück fünf Kilometer) unternehmen will, biegt nach der Saalburggrotte rechts ab und folgt der Markierung »gelbe Spitze«. Auf der Asphaltstraße erreichen wir die Ortsmitte von 4 **Viehhofen**. Von dort ist der Weg zur Geißlochhöhle mit dem roten Ring markiert. Die Geißlochhöhle ist 145 Meter lang und relativ gefahrlos zu begehen. Taschenlampen oder Kerzen sind hier jedoch sehr hilfreich. Nach der Höhlenbesichtigung geht es auf dem bereits bekannten Weg zurück zur Rohenlochhöhle, wo wir wieder der Markierung »gelbe Spitze« folgen und zur Raumhöhle gelangen.

Spaß für Kinder und Erwachsene Wer nach dem Höhlenrundweg noch Lust zum Wandern hat, kann auf dem Aktiv- und Entdeckerpfad um den Gottvaterberg an

Die Raumhöhle liegt wenige Meter abseits vom Weg.

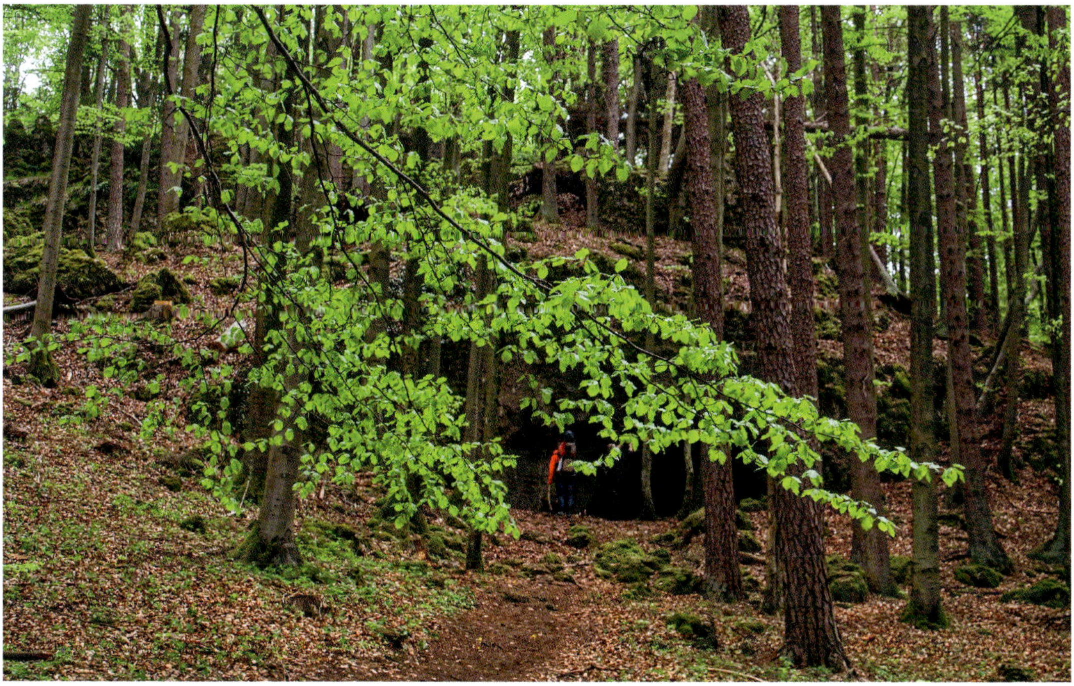

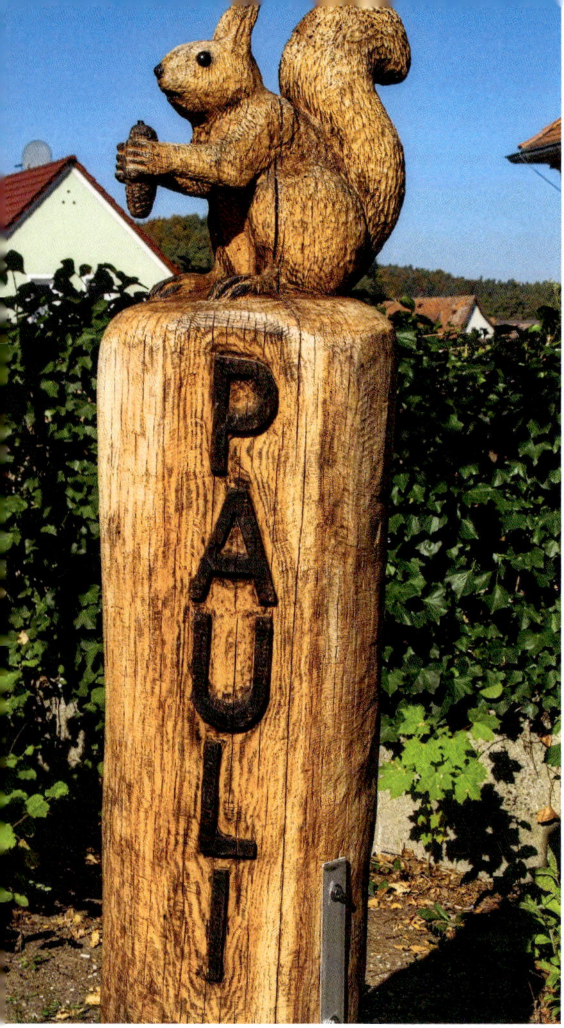

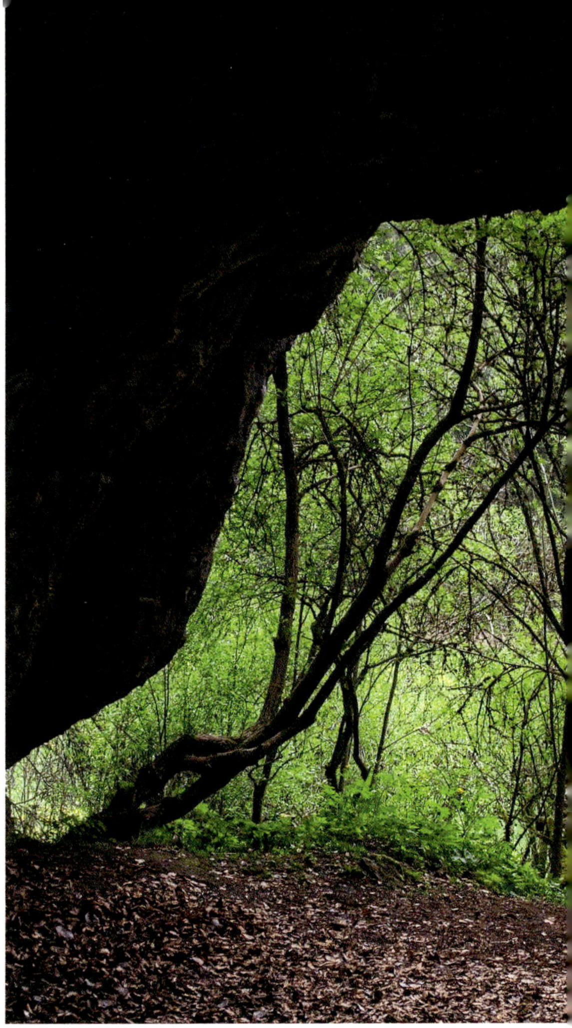

Links: PAULI ist das Maskottchen des Aktiv-und Entdecker-pfads.

Mitte: Beeindruckend ist der Ausblick aus der Raumhöhle.

Rechts: Die bizarren Felsen sind häufig von Flechten überzogen.

verschiedenen Geräten seine Kräfte messen und an verschiedenen Lehrtafeln sein Wissen erweitern. Der Weg ist teilweise barrierefrei und kann auch mit Kinderwagen befahren werden. Ein fester, breiter und überwiegend ebener Waldweg führt auf rund 1,5 Kilometern an 14 Stationen vorbei. Wir beginnen die Wanderung bei der Kirche in Plech, wo wir auch das Maskottchen für den Rundweg kennenlernen. Es heißt »Pauli«, ist ein holzgeschnitztes Eichhörnchen und leitet uns sicher auf dem Pfad. Der Weg ist gut ausgeschildert und zeigt ein braunes Eichhörnchen auf weißem Grund. Spaß wird vor allem jüngeren Kindern auf dem Weg von Station zu Station die Suche nach dem nächsten Eichhörnchen machen. An jeder Station sind Informationstafeln angebracht.

Wir folgen oberhalb der Kirche zunächst der Straße Am Gottvaterberg an den Felsenkellern vorbei. Dann biegen wir nach rechts in den Waldweg ein und kommen schnell zur ersten Station. Es ist ein Reck mit Sprossenwand, wo Kraft und Ausdauer getestet werden können. Anschließend bietet sich bei der Station »Totholz« eine Pause mit Bildung an. Schon an der nächsten Station heißt es wieder aktiv werden und eine Wippe im Gleichgewicht zu halten. Geschicklichkeit und Konzentration sind am Balancierbalken gefragt, bevor die folgende Netzanlage wieder zum

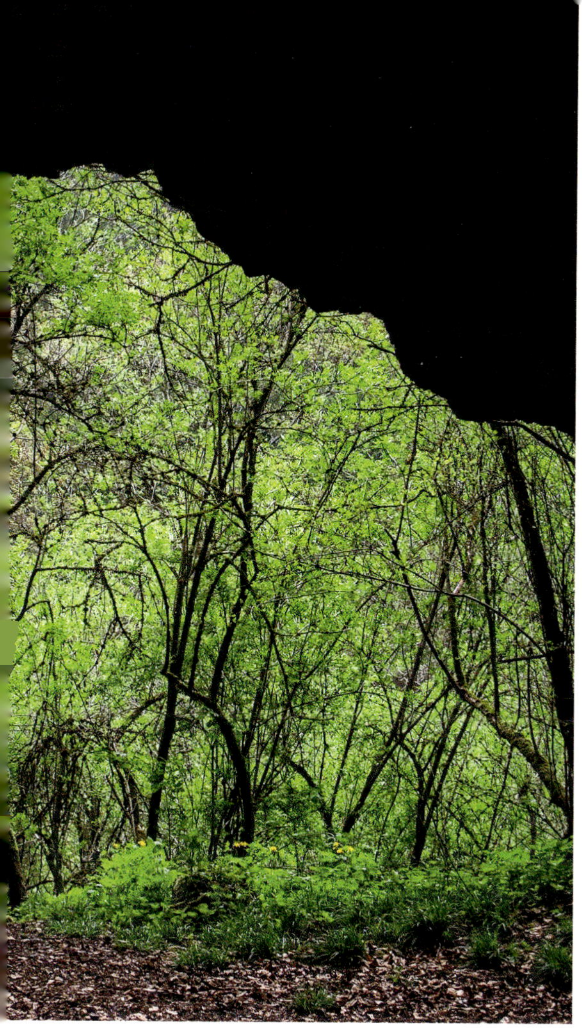

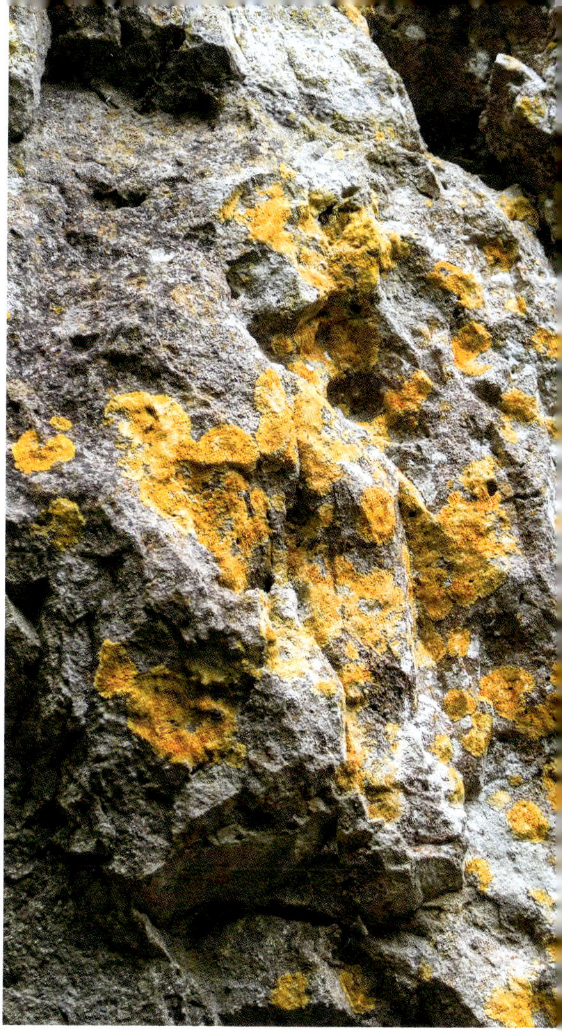

Entspannen einlädt. Eine ganz besondere Station ist der Rastplatz mit seiner einladenden Stein-Sitzgruppe. Sehr interessant ist auch die Vogeluhr, die uns nach dem Drehen verrät, zu welcher Uhrzeit die heimischen Vögel singen.

Einen Anstieg verlangt dann der rechts abzweigende Aktiv-Pfad, der auf die »Platt'n«, den Wiesenfestplatz, führt, wo Rutsche und Kletternest warten. Hier heißt es, wie ein Eichhörnchen zu klettern, um in das Kletternest zu gelangen. Nach dem Genuss der Aussicht bietet die Rutsche eine schnelle »Abfahrt«. An der nächsten Station mit Fernrohr können wir bei gutem Wetter bis zum Fichtelgebirge sehen. An einem überdachten Sitzplatz vorbei gelangen wir zu einer Rotbuche, wo wir Wissenswertes über diese schöne und wertvolle Baumart erfahren. Nachdem wir an einem Hochbehälter, der Plech mit Wasser versorgt, vorbeigegangen sind, erreichen wir die letzte Station. Es ist ein Labyrinth, aber kein Irrgarten, denn ein einziger Weg führt in die Mitte. Das Labyrinth ist als meditative Station gedacht, um noch einmal die Ruhe und den herrlichen Ausblick zu genießen, bevor wir auf Stufen zum Ausgangspunkt zurückkehren.

Wer mit Kinderwagen oder Rollstuhl unterwegs ist, kann dem ausgeschilderten Rundweg »barrierefrei« folgen, um über die Badstraße zum Ausgangspunkt zurückzukehren.

Im Karst bei Neuhaus an der Pegnitz

Auf den Spuren der Geologie

Mittel | 4 Std. | 80 Hm | 14 km

Tourencharakter
Abwechslungsreiche Wanderung auf breiten Waldwegen und -pfaden, Wechsel von Auf und Ab

Ausgangs-/Endpunkt
Bahnhof in Neuhaus an der Pegnitz

Anfahrt
Auto: A 9 bis Anschlussstelle Plech und über Plech nach Neuhaus an der Pegnitz; **Bahn/Bus:** Neuhaus ist Bahnstation an der Strecke Bayreuth–Nürnberg

Gehzeiten
Neuhaus – Mysteriengrotte 1:15 Std. – Schlieraukapelle 1:30 Std. – Maximiliansgrotte 1:45 Std. – Krottensee 3:15 Std. – Neuhaus 4 Std.

Beste Jahreszeit
Frühjahr bis Herbst

Einkehr
Burg Veldenstein, Gasthof Grottenhof bei der Maximiliansgrotte

Karte
Fritsch Wanderkarte, Nr. 53, Naturpark Fränkische Schweiz, Veldensteiner Forst – Hersbrucker Alb, Blatt Süd, Maßstab 1:50 000

Information
Verkehrsamt Neuhaus an der Pegnitz, Unterer Markt 9, 91284 Neuhaus an der Pegnitz, Tel. 09156/92 91 10, www.neuhaus-pegnitz.de

Die Landschaft der oberen Pegnitz ist malerisch und abwechslungsreich. Für Wanderfreunde ist besonders die bizarre Felsenwelt östlich von Neuhaus an der Pegnitz ein Eldorado, wo auf dem Karstkundlichen Pfad Höhlen, Dolinen und skurrile Felsgebilde im Wald beeindrucken.

Wo die »Weiße Frau« umgeht Wir starten am Bahnhof in Ⓐ **Neuhaus an der Pegnitz**, gehen die Bahnhofstraße nach rechts und folgen der Markierung »grüner Punkt« zur Pegnitz. Nachdem wir den Fluss überquert haben, wenden wir uns nach rechts und folgen dem Wegweiser »Karstkundlicher Rundweg«, der uns an der Pegnitz entlangführt. Wir überqueren

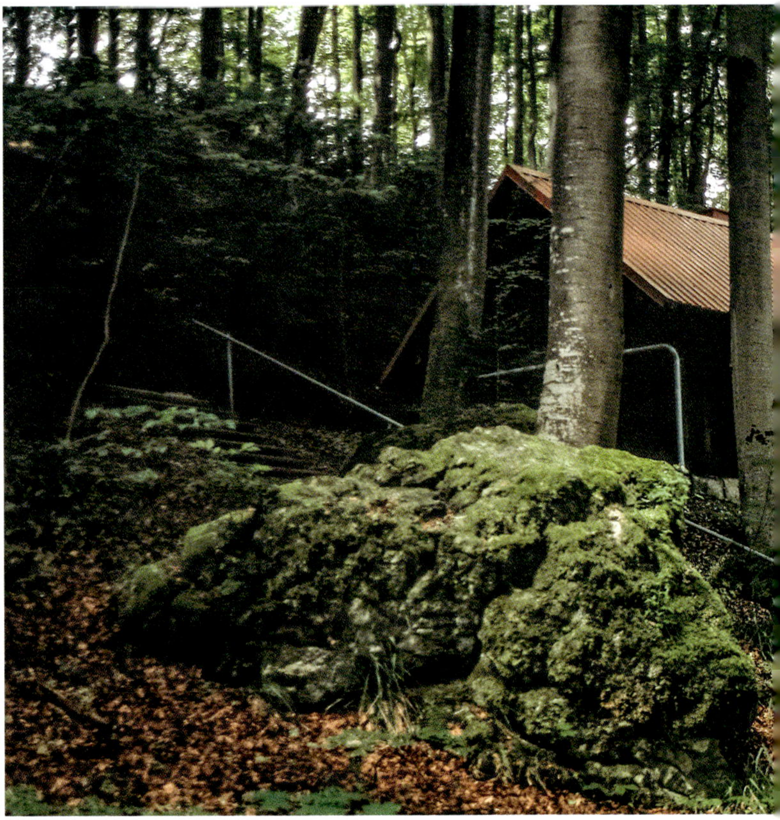

Der Eingang zur Maximiliansgrotte

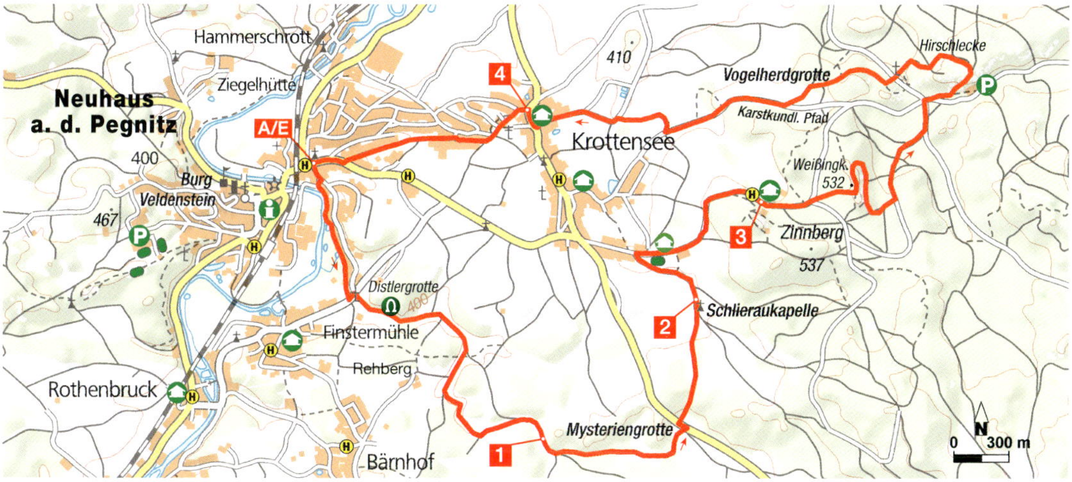

eine Straße und wandern auf dem festen Sandweg an bizarren Felsgebilden vorbei zur ❶ Mysteriengrotte.

Durch den zwei Meter breiten Höhleneingang gelangt man leicht in die 15 Meter lange und neun Meter breite Felshalle. Der Name der Grotte geht auf die Sage von der Weißen Frau zurück, die hier gelegentlich erschienen sein soll. Dabei handelt es

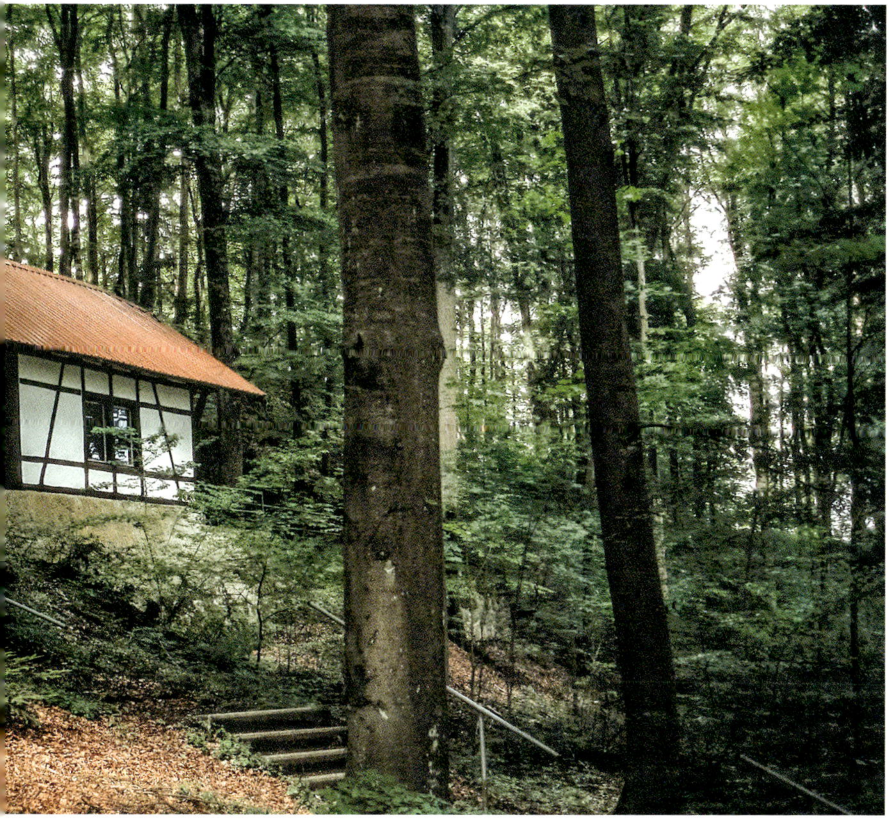

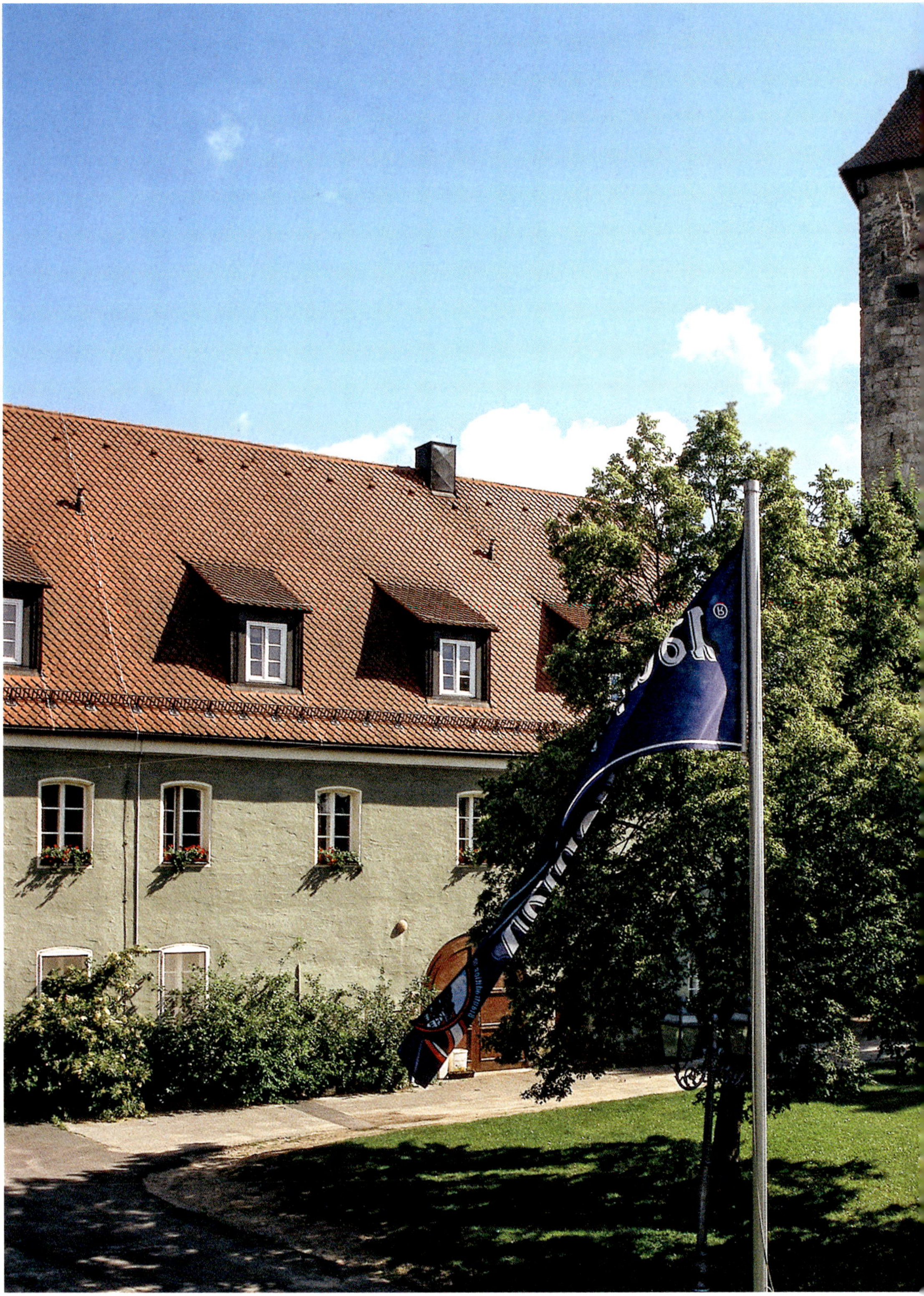

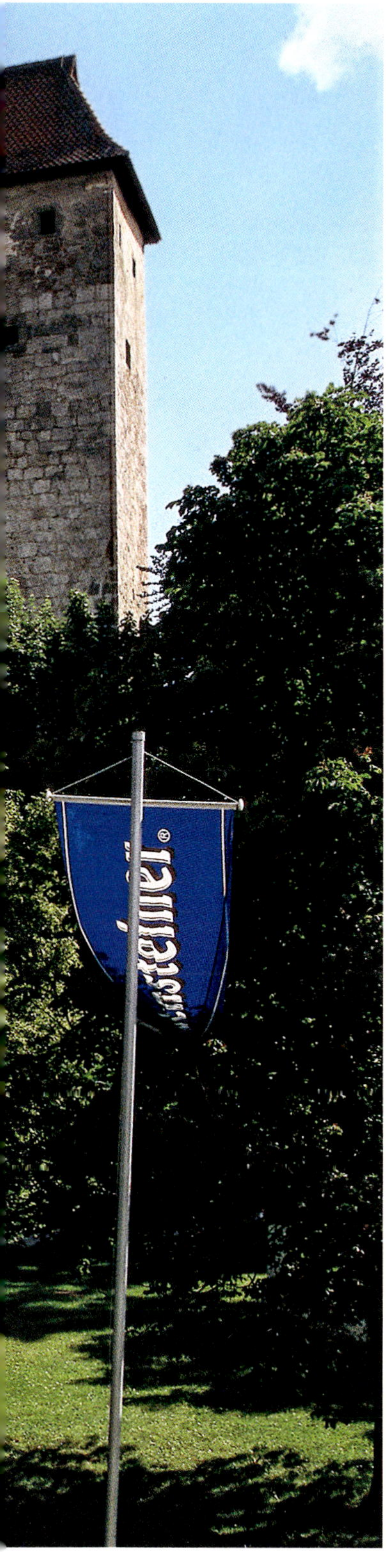

sich um die Orlamünder Gräfin Kunigunde von Leuchtenburg, die im 13. Jahrhundert am Fuß der Plassenburg lebte. Nachdem sie ihre beiden Kinder getötet hatte, weil sie annahm, die Säuglinge stünden der Wiederverheiratung mit dem Nürnberger Burggrafen Albrecht dem Schönen im Weg, kam sie nicht zur Ruhe. Trotz Gründung eines Klosters soll ihr unruhiger Geist nach ihrem Tod auch in der Mysteriengrotte umgehen.

Große Schätze und »schreckbare Geister«

Von der Grotte führt unser Wanderweg über einen schönen Wiesenweg zur ❷ **Schlieraukapelle**, einer einsam stehenden Feldkapelle. Mit der Markierung »grüner Punkt« gelangen wir zu einem Fahrweg, überqueren eine Wiese und dann die Asphaltstraße. Nach links bietet sich ein schöner Blick Richtung Krottensee.

Unsere Markierung führt uns nun zur ❸ **Maximiliansgrotte**, die von Ostern bis Ende Oktober besichtigt werden kann. Ihre Existenz wurde im Jahr 1596 dokumentiert, als Kurfürst Friedrich IV. von der Pfalz anlässlich eines Jagdaufenthalts in Auerbach von der Höhle hörte. Wundersame Geschichten von einem geheimnisvollen Schacht im Krottenseer Wald drangen an sein Ohr – so sollten Irrgänge und enge Schlupflöcher zu einem prächtigen Palast führen. Darin, so berichtete man, befänden sich neben »seltsamem

Auf der Burg Veldenstein

Burg Veldenstein

Der Ort Neuhaus an der Pegnitz wird von der eindrucksvollen Burg Veldenstein überragt. Sie thront majestätisch auf einem Felsen hoch über dem Pegnitztal und ist zweifellos eine der schönsten Burgen am Rand der Fränkischen Schweiz. Sie wurde wahrscheinlich schon um 1000 als Grenzbefestigung von den Eichstätter Bischöfen erbaut und diente im 14./15. Jahrhundert als bischöfliche Residenz. Heute gehört sie dem Freistaat Bayern, der sie an die Brauerei Kaiserbräu verpachtet. Der Besuch der Burg ist ein besonderes Erlebnis, denn die Wehrmauern und der mächtige Bergfried sind begehbar und die Burggebäude und Wehrtürme gut erhalten.

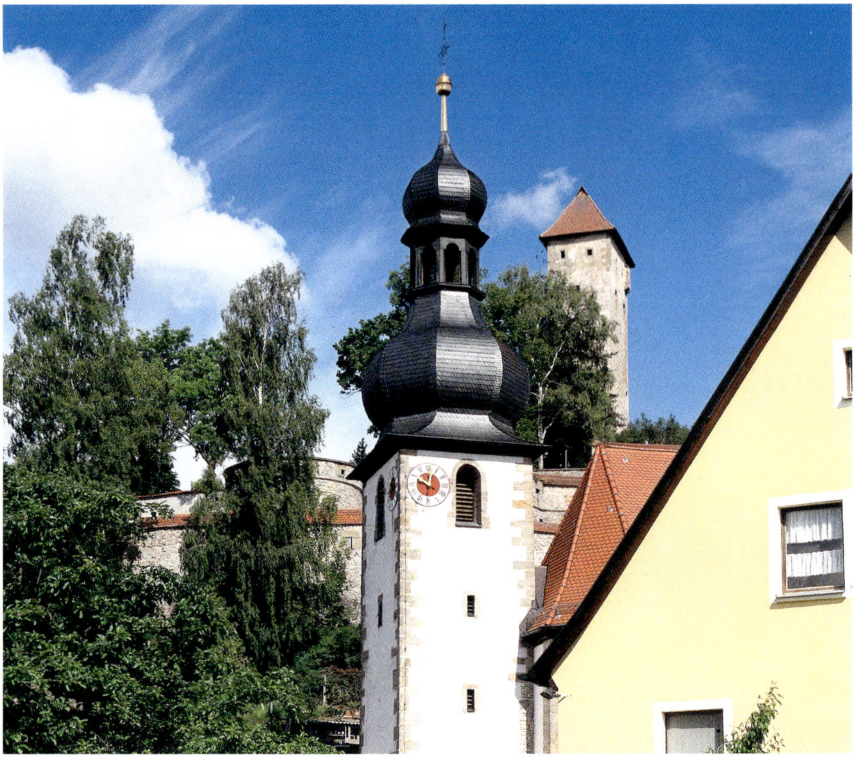

Burg und Kirche in Neuhaus an der Pegnitz

Bildwerk und quellenden Brunnen« auch große Schätze und »schreckbare Geister«. Zur Erinnerung an den bayerischen König Maximilian II. erhielt die Höhle 1854 den Namen Maximiliansgrotte. Sie bietet ein Höhlensystem von 1200 Metern Länge mit zahlreichen Tropfsteingebilden und einem kleinen unterirdischen See. Die Besichtigung ist allerdings nur im Rahmen einer Führung möglich (geöffnet 1. April bis Ende Okt. Di–So; Führungen um 10, 11, 12, 14, 15, 16 und 17 Uhr).

Beeindruckende Felsen In der Nähe der Maximiliansgrotte lädt der Gasthof Grottenhof zur Rast, bevor wir oberhalb des Grotteneingangs dem Wegweiser »Karstkundlicher Pfad« weiter folgen. Wir steigen eine Treppe nach oben und kommen an eng stehenden, mit Moos bewachsenen, teilweise stark durchlöcherten Felsen vorbei und biegen dann auf einen Fahrweg mit Schotter ein. Geradeaus weiter folgen wir dem Wegweiser »Zwei Brüder, Steinerne Stadt«. Dort angekommen, bietet sich uns eine Anhäufung bizarrer Felsen.

Durch lichten Wald mit dichten Hochstauden gelangen wir abwärts auf einen breiten Fahrweg. Hier schwenken wir nach rechts, wenden uns dann nach links und steigen aufwärts. Wir durchqueren eine Höhle und kommen zu einer Wiese am Wald. Hier halten wir uns links, schwenken auf einer Asphaltstraße nach rechts und gelangen nach ❹ Krottensee, einem Straßendorf.

Über Krottensee nach Neuhaus In einer Steuerliste aus dem 15. Jahrhundert findet sich folgende Bemerkung über das Dorf: »Im Krötensee beim Neuenhaus ein neu

Dorf aufgerichtet, genannt zu Newenreuth«. Wegen der Grenzlage litt das Dorf sehr unter kriegerischen Auseinandersetzungen. So fand 1703 eine Schlacht zwischen bayerischen und auf österreichischer Seite kämpfenden fränkischen Truppen statt, bei der das ganze Dorf niedergebrannt wurde. Unser Weg durchquert den Ort; auf der Hauptstraße halten wir uns rechts und folgen vor dem Gasthof Zur Linde dem Schotterweg. Über die Straßen Am Wiesengrund und Krottenseer Weg kommen wir zur Königsteiner Straße in Neuhaus, schwenken nach rechts und gehen nach der Unterführung links zum E **Bahnhof in Neuhaus** an der Pegnitz.

Erste Siedlungsspuren in der Gegend um Neuhaus an der Pegnitz reichen bis in die Altsteinzeit zurück und wurden in der Petershöhle gefunden. Sie befindet sich am Nordosthang des Kreitsbergs, etwa einen Kilometer nördlich von Hartenstein und hat ein 70 Meter langes, verzweigtes Gangsystem. Bei der Erforschung der Höhle fand man heraus, dass vor rund 90 000 Jahren bereits Menschen dort gelebt haben. Steinwerkzeuge bezeugen die Anwesenheit des Neandertalers in der Höhle, und auch zahlreiche Knochenreste verschiedener Tiere wurden gefunden. Neuhaus wurde erstmals im Jahr 1269 als *novum castrum* erwähnt; gemeint ist die Burg, die damals im Besitz des Bamberger Bischofs Berthold war. Der Name von Burg und Ort wurde im Bamberger Urbar, das zwischen 1323 und 1327 entstanden ist, erstmals erwähnt und unter Bischof Weigand von Bamberg (1522–1556) erhielt Neuhaus das Marktrecht. Sehenswert ist vor allem die Rokokokirche St. Peter und Paul mit einer spätgotischen Marienfigur aus dem 15. Jahrhundert sowie eine ca. 450 Jahre alte Madonnenfigur mit Rosenkranz.

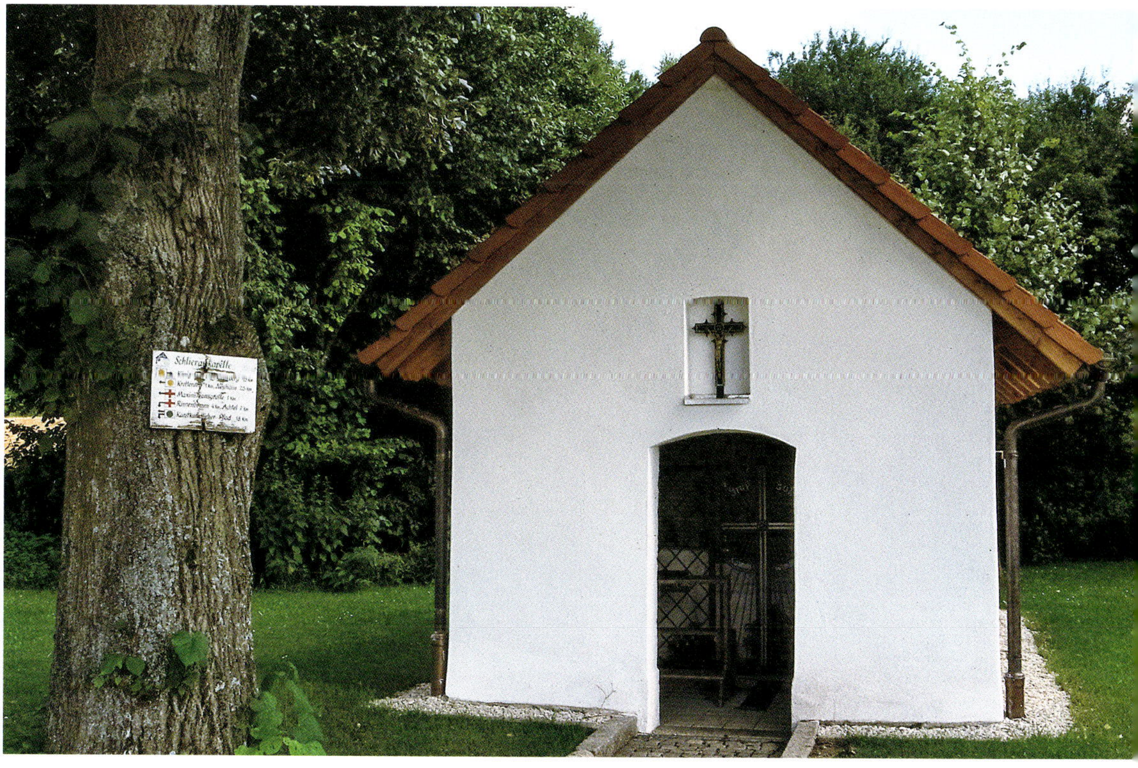

Schlieraukapelle am Wanderweg

13

Höhlenwanderung bei Rupprechtstegen

Im Bann der Geißlochhöhle

Mittel | 4 Std. | 240 Hm | 14 km

Tourencharakter
Abwechslungsreiche Wanderung, Wechsel von Waldpfaden und Wiesenwegen

Ausgangspunkt
Bahnhof Rupprechtstegen

Endpunkt
Bahnhof Neuhaus an der Pegnitz

Anfahrt
Auto: A 9 bis Anschlussstelle Hormersdorf, über Hormersdorf und Wallsdorf nach Rupprechtstegen.
Bahn/Bus: Bahnanschluss, Busverbindung mit Nürnberg

Gehzeiten
Rupprechtstegen – Münzinghof 1:00 Std. – Saalburg 2:00 Std. – Pfaffenhofen 3:00 Std. – Neuhaus an der Pegnitz 4:00 Std.

Beste Jahreszeit
Frühjahr bis Herbst

Einkehr
Burg Veldenstein

Karte
Fritsch Wanderkarte, Nr. 53, Naturpark Fränkische Schweiz, Veldensteiner Forst – Hersbrucker Alb, Blatt Süd, Maßstab 1:50 000

Information
Verkehrsamt, Unterer Markt 9, 91284 Neuhaus an der Pegnitz, Tel. 09156/929 10, www.neuhaus-pegnitz.de

Die »durchlöcherte« Landschaft der Frankenalb ist auch durch zahlreiche Höhlen charakterisiert. Einige davon wurden erschlossen, andere sind auf eigene Faust begehbar. Auf einer reizvollen Wanderung kann man einige der Höhlen besuchen.

Zur Geißlochhöhle Vom Bahnhof in Ⓐ **Rupprechtstegen** gehen wir abwärts zur Pegnitz. Nun wandern wir im Pegnitztal einen knappen Kilometer flussaufwärts, bis wir den Fluss auf einer Holzbrücke überqueren können. Die Markierung »gelbes Kreuz« leitet uns an reizvollen Kletterfelsen vorbei in das enge Ankatal, ein reizvolles Trockental mit einer inte-

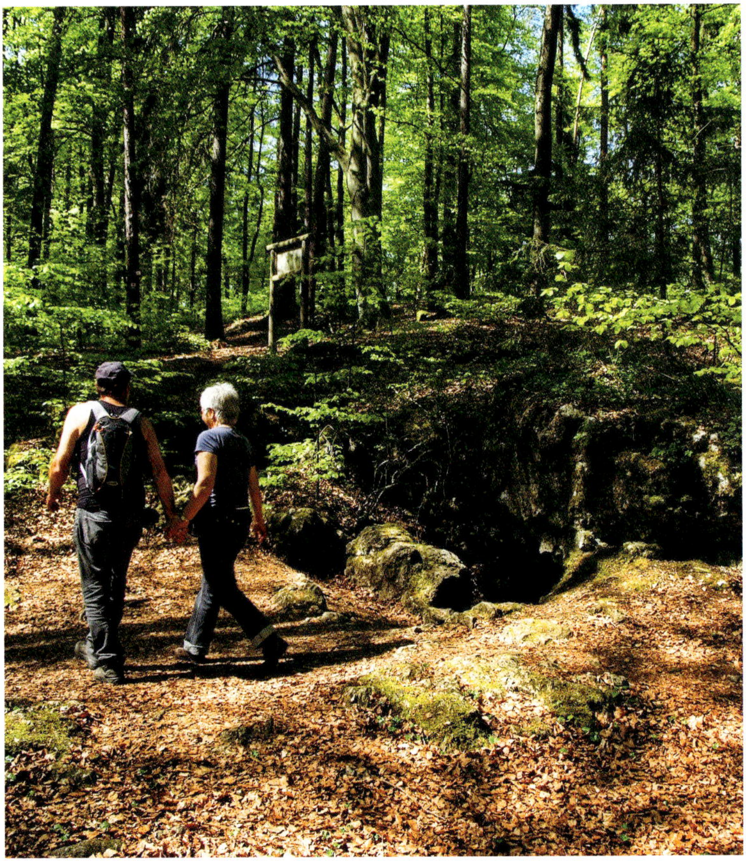

Rechte Seite: Weg zur Andreaskirche im Ankatal

Die Geißlochhöhle ist eine der interessantesten Höhlen der Frankenalb.Der Sauerklee bevorzugt sauren Waldboden

ressanten Schluchtwaldvegetation. An den steilen Hängen wachsen Laubholzarten wie Berg- und Spitzahorn, Esche, Sommer- und Winterlinde und Bergulme. Die Bäume sind über tiefe Pfahlwurzeln fest im Boden verankert, Steinschlag gleichen sie durch Bogenwuchs und nachwachsende Triebe aus. Obwohl die Feinerdeschicht der Böden dünn ist, enthält sie doch einen hohen Nährstoffanteil, sodass die Böden der Schluchtwälder dicht mit Kräutern, Farnen und Moosen bewachsen sind. Lohnend ist ein Besuch

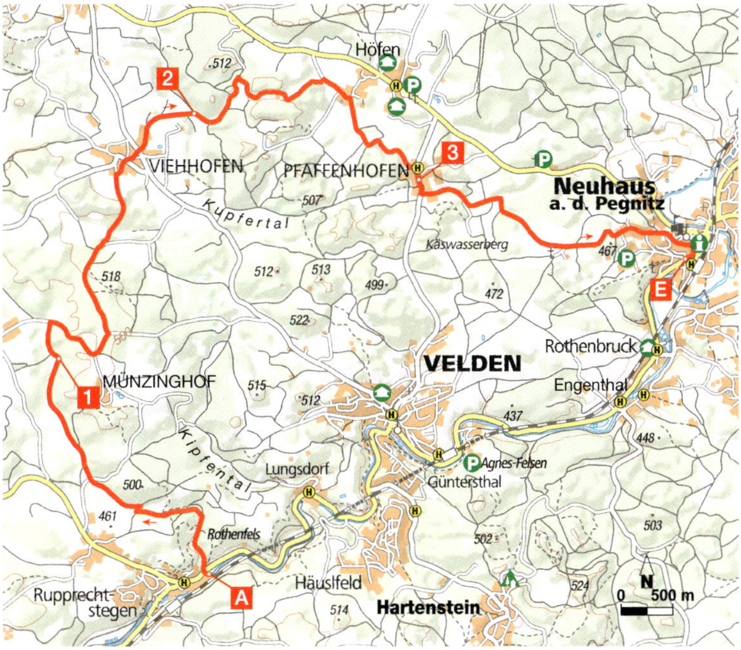

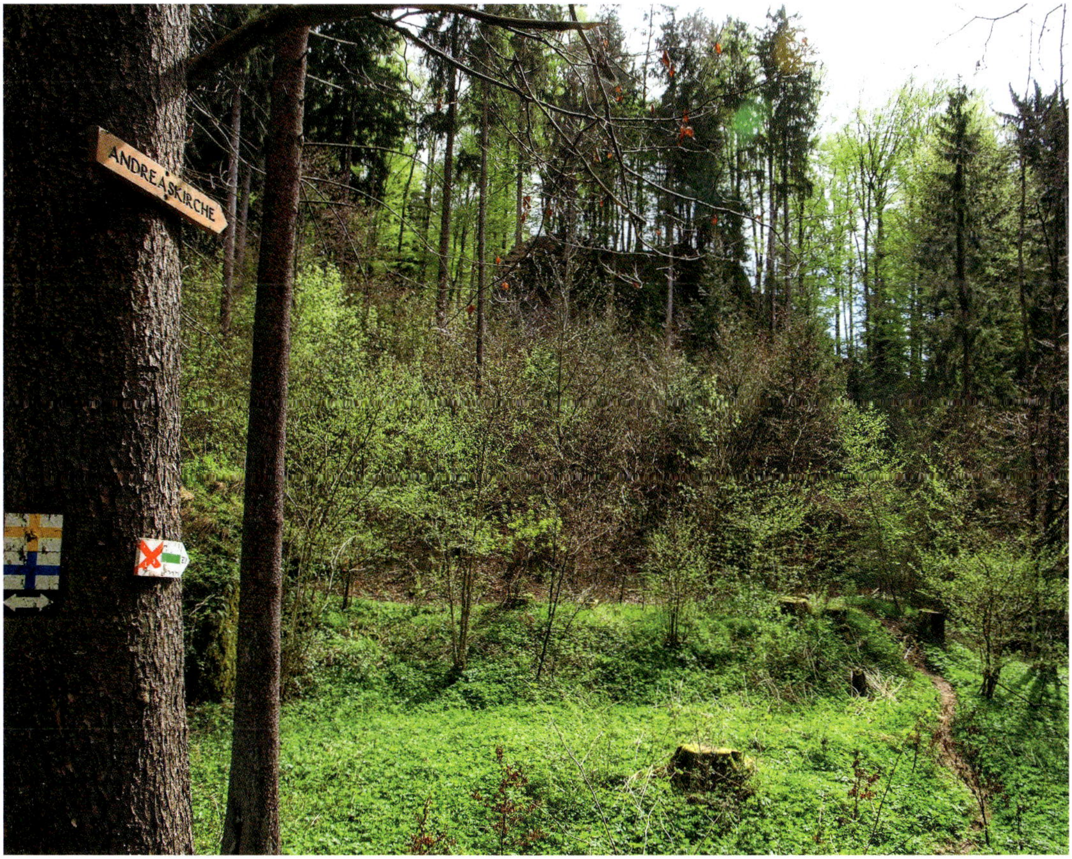

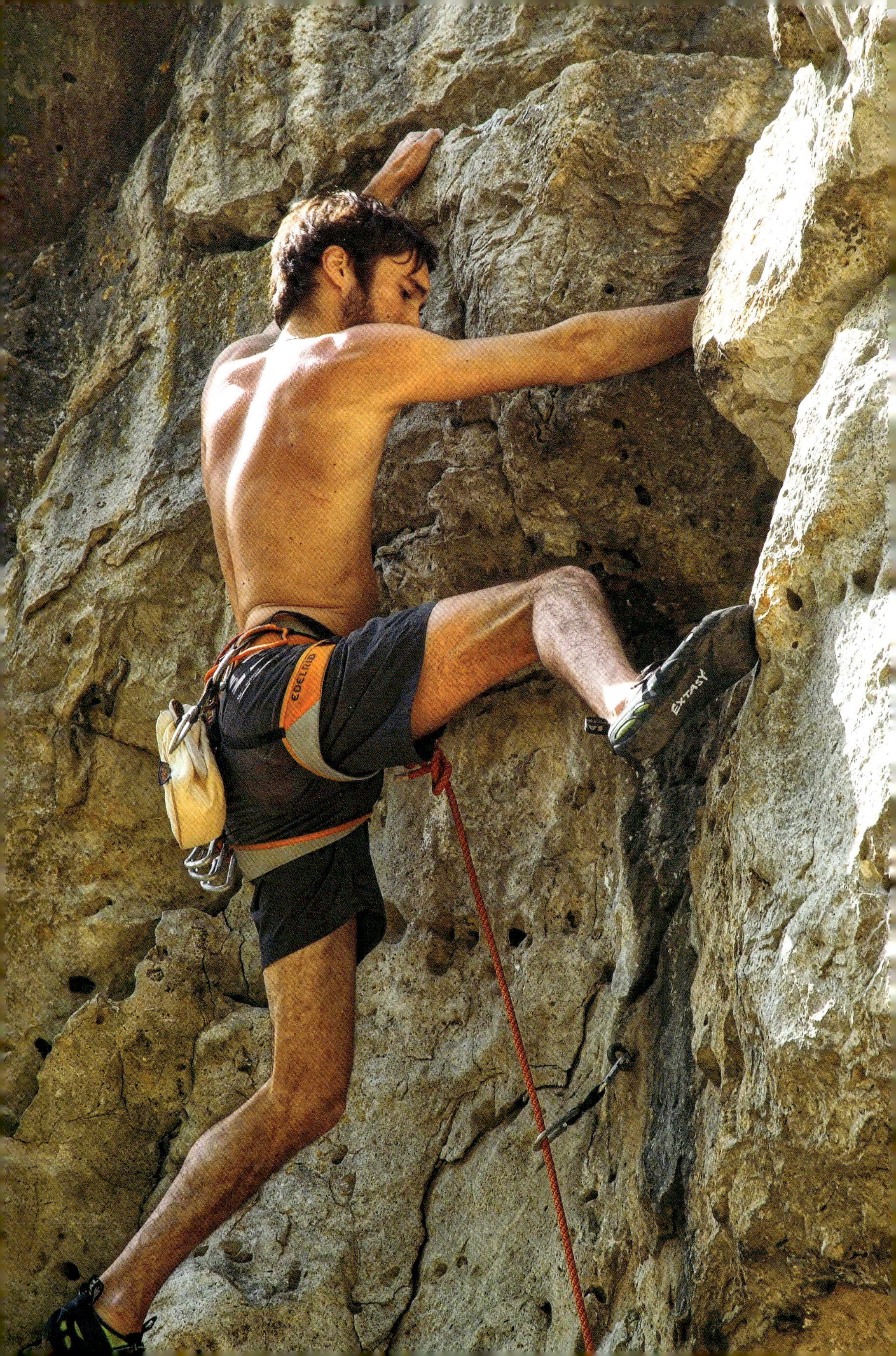
EDELRID
EXTASY

der Ankatalfelshöhle, die durch einen steilen Pfad zu erreichen ist. Auch ein Abstecher zur Andreaskirche (Markierung »Grünstrich«) bietet sich an; eine Höhle, in der sich die ersten Christen zu einer Andacht versammelt haben sollen.

Die Geißlochhöhle

Sie ist eine der ältesten bekannten Höhlen in der Fränkischen Alb und wurde erstmals 1534 als »Geisselloh« erwähnt. Ihren Namen erhielt sie Anfang des 20. Jahrhunderts mit Beginn des Schauhöhlenbetriebs, vorher (im 17. und 18. Jahrhundert) wurde Höhlenlehm abgebaut, um Heilerde zu gewinnen. Von Bedeutung sind vor allem Funde aus der Jungstein-, Bronze-, Hallstatt- und Latène-Zeit. Die Höhle ist vom 1. April bis zum 30. September frei zugänglich und über einen steilen, ca. zwölf Meter tiefen Einsturztrichter mit entsprechender Ausrüstung zu erreichen. Während der anderen Monate ist sie zum Schutz der Fledermäuse geschlossen.

Haben wir ❶ **Münzinghof** erreicht, folgen wir der Markierung »roter Ring« am Waldrand nach rechts. Bald erkennen wir im Wald einige Hügelgräber, die aus der Hallstattzeit stammen und über die wir an der nächsten Kreuzung genauere Informationen erhalten. Weiter mit der Markierung »roter Ring« wandernd, gelangen wir zur Geißlochhöhle, einer der interessantesten frei zugänglichen Höhlen der Frankenalb. Mehrere Kammern, ein zeitweilig vorhandener See und zahlreiche Versinterungen bestimmen den Charakter der 170 Meter langen Höhle. Hier wurde im 17. und 18. Jahrhundert Höhlenlehm abgebaut, der als *terra sigillata* verkauft und zur Herstellung von Keramik verwendet wurde.

Kletterer im Ankatal bei Rupprechtstegen

Eine Höhle nach der anderen Unser Weg führt durch schönen Laubmischwald nach Viehhofen, wo wir nun der Markierung »gelbes Dreieck« folgen. Bei einer Wegkreuzung bietet sich ein Abstecher von einem halben Kilometer zur ❷ **Saalburggrotte** an. Zurück zur Kreuzung, wandern wir weiter zum Rohenloch und zur schön gelegenen Raumhöhle. Wir folgen der Markierung in Richtung Felsenloch und überqueren dabei die Straße zwischen Neuhaus und Plech. Das Felsenloch ist eine Schachthöhle, die nur mit Ausrüstung begehbar ist. In dieser Höhle wurden Skelette, aber auch Bronzeschmuck sowie Keramikgeschirr und Kultgegenstände der Kelten gefunden.

Der Sauerklee bevorzugt sauren Waldboden

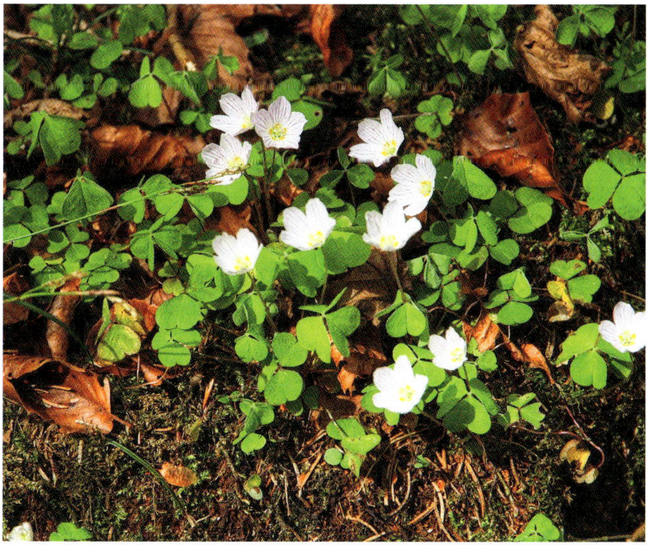

Mit der Markierung »gelbes Dreieck« wandern wir zu einem breiten Forstweg, biegen dort rechts ab und gehen ohne Markierung zu einer großen Kreuzung von Forstwegen. Hier treffen wir auf die Markierung »rote 8«, der wir nach Höfen und weiter nach ❸ **Pfaffenhofen** folgen. Kurz nach Pfaffenhofen leitet uns die Markierung »blauer Punkt« über Felder und Wiesen nach Neuhaus an der Pegnitz, wo wir bei der Burg Veldenstein ankommen, die sich eindrucksvoll über dem Ort erhebt. Von der Burg sind es nur wenige Minuten zum Bahnhof in Ⓔ **Neuhaus an der Pegnitz**.

14

Der Ziegenweg im Hirschbachtal

Rund um die Ziege

Leicht 2:45 Std. 90/145 Hm 6 km

Tourencharakter
Abwechslungsreicher Rundweg, der in zwei Teilen begangen werden kann und zwischen Wald und Wiesenwegen wechselt

Ausgangs-/Endpunkt
Hirschbach, Gasthof Goldener Hirsch

Anfahrt
Auto: Von Hersbruck über Eschenbach und Fischbrunn nach Hirschbach. **Bahn/Bus:** Bahn bis Vorra, dann mit Bus nach Hirschbach

Gehzeiten
Hirschbach – Turm 1:00 Std. – Hirschbach 1:15 Std. – Kitzenried 1:45 Std. – Hirschbach 2:45 Std.

Beste Jahreszeit
Frühjahr und Herbst

Einkehr
Gasthof Goldener Hirsch in Hirschbach

Karte
Fritsch Wanderkarte, Nr. 72, Hersbrucker Alb in der Frankenalb, Pegnitz- und Hirschbachtal, Hersbrucker Schweiz, Maßstab 1:35 000

Information
Touristinformation Hersbruck, Schlossplatz 4a, 91217 Hersbruck, Tel. 09151/73 51 50, www.hersbruck.de

Der Ziegenweg im Hirschbachtal ist ein sehr beliebter Wanderweg, der in zwei Teilen begangen wird. Reizvolle Aussichten in das Tal nach Hirschbach bieten sich ebenso wie zahlreiche Thementafeln am Wanderweg, die über die Landschaft und die Bedeutung der Ziege informieren.

Tolle Aussicht auf Hirschbach Wir beginnen unsere Wanderung in **A Hirschbach** am Gasthof Goldener Hirsch und folgen dem Wegweiser »Ziegenweg 1« mit der Markierung »grüner Ring« in das Reichental. Nach der nächsten Linkskurve folgen wir einer wenig befahrenen Asphaltstraße nach rechts aus dem Ort auf die Höhe in Richtung Loch. Nachdem wir die erste Thementafel »Geschichte und Geschichten rund um die Ziege« hinter uns gelassen haben, kommen wir zur Ziegelhütte. Hier wurden wie in zahlreichen anderen Orten der Gegend Ziegel von Hand geformt und gebrannt. Unser Weg führt weiter bergan und trifft auf der Höhe bei einer scharfen Linkskurve auf den von Hirschbach kommenden Locher Kirchenweg. An dieser Stelle schwenken wir nach

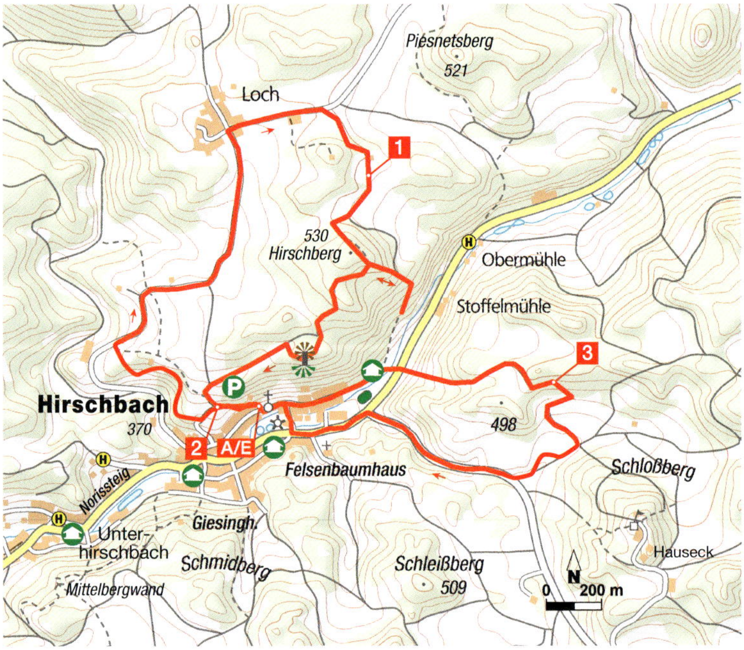

Der Prinzregent-Luitpolt-Turm oberhalb von Hirschbach

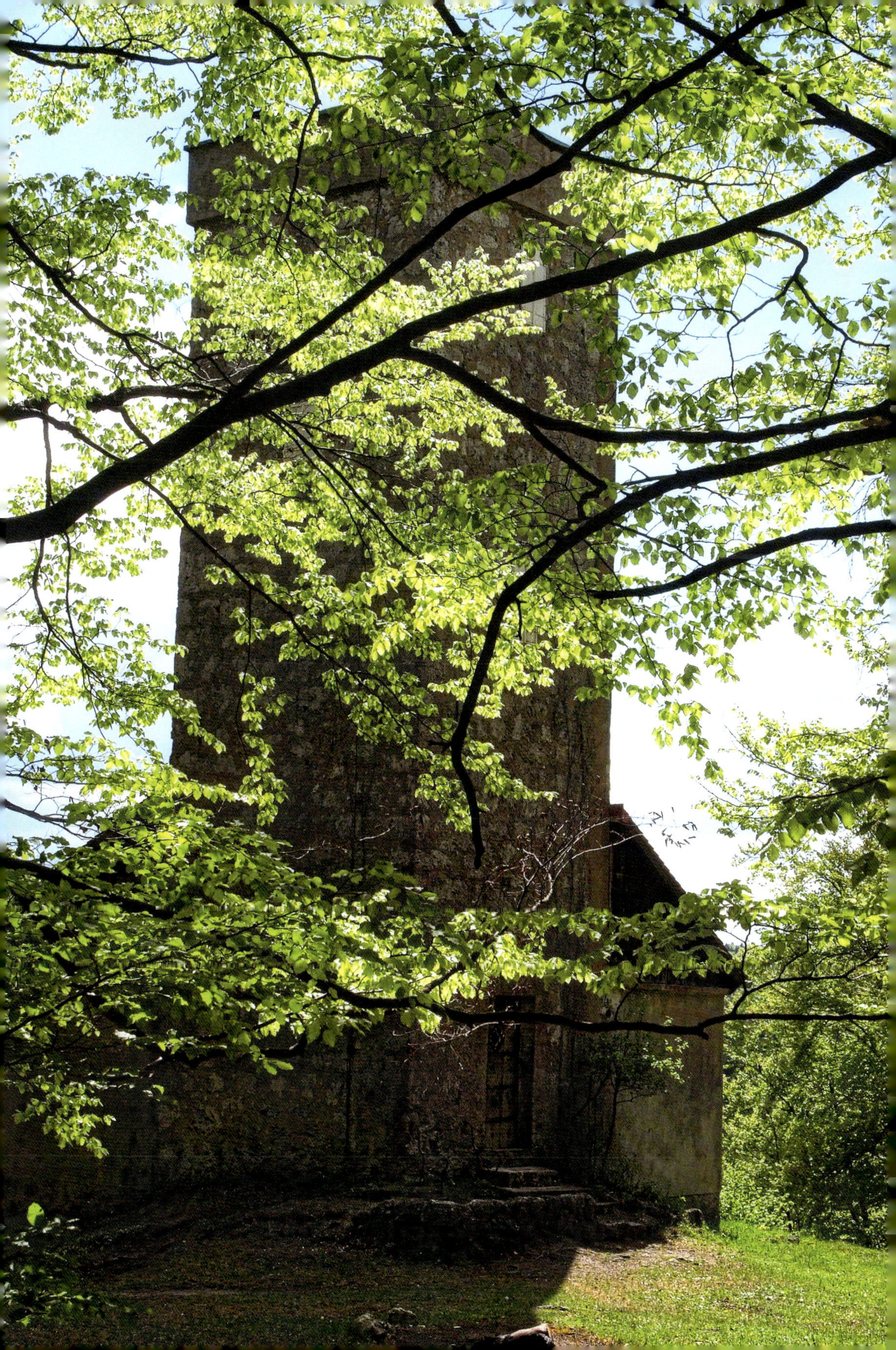

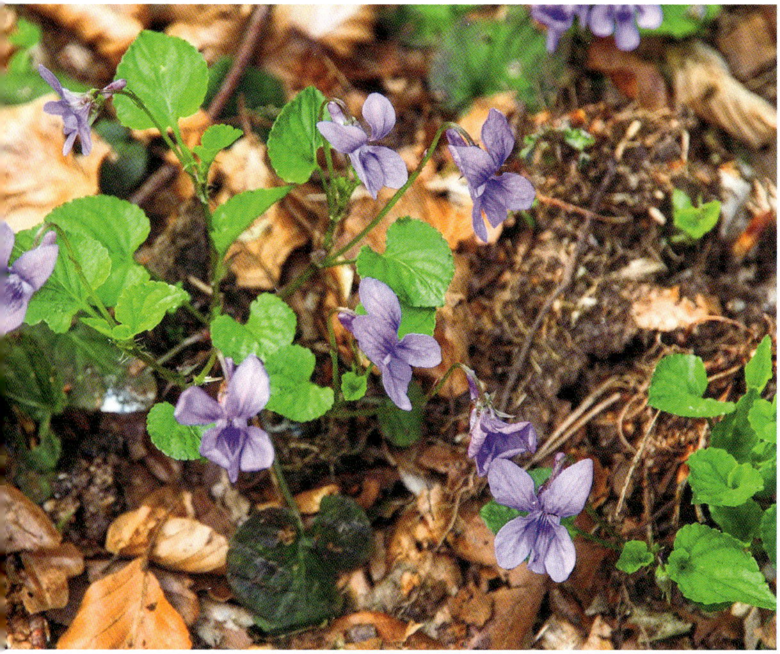

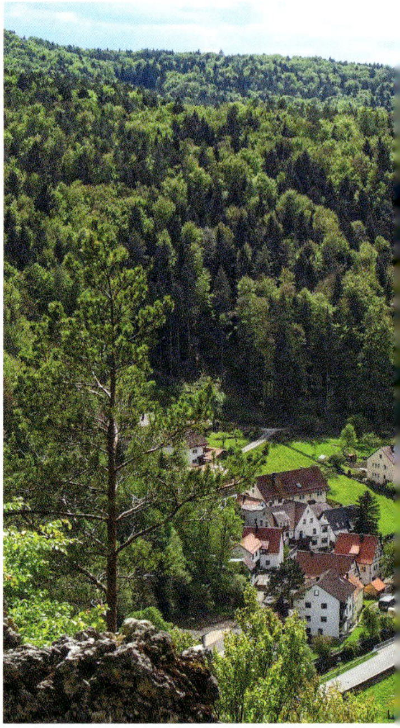

Links: Rast im Schatten der Bäume

Mitte: Blick auf Hirschbach

Rechts: Im Magerrasen gedeihen Anemonen.

rechts und biegen nach ca. 50 Metern nach links und wandern jetzt durch schönen Mischwald. Auf einer Flurstraße gehen wir zunächst zwischen Wald und Wiese ein Stück, kommen zum Rundweg Nr. 1 und erreichen nach einem Rechtsschwenk den ❶ **Prinzregent-Luitpold-Turm**, der unweit einer Felskante steht. Von der Felskante, wo wegen Absturzgefahr Vorsicht geboten ist, bietet sich eine großartige Aussicht in das Hirschbachtal mit Hirschbach. Hier finden wir auch die Thementafel 2, auf der wir über die Besonderheiten der Landschaft informiert werden. Vom Turm gehen wir, dem Weg Nr. 1 folgend, allmählich bergab. An einem Rastplatz mit Bank kommen wir wieder zum Locher Kirchenweg. Neben einer Bank sehen wir die dritte Thementafel, auf der wir Wissenswertes über Magerrasen erfahren. Nun folgen wir dem Weg geradewegs abwärts und erreichen ❷ **Hirschbach** an der Kirche.

Blickpunkt Prellstein und Schwarzer Brand Dort biegen wir nach links und gehen durch das Tor weiter. Unser Weg führt direkt an den Hirschbach, dem wir nun folgen. Das Plätschern des Baches begleitet uns Richtung Stoffelmühle, die als Wasserpumpstation für die Dörfer Grünreuth und Meinfeld dient. Unser Weg führt zur Hauptstraße und wir biegen nach etwa 100 Metern nach links ab. Bei einer Stützmauer verlassen wir die Straße nach rechts und biegen kurz danach noch mal nach rechts, um ein kurzes Stück steil zum Gänseck aufzusteigen, wo wir auf der vierten Thementafel allerlei über Ziegen erfahren. Dort lädt auch eine Bank zur Rast ein, um die Aussicht auf Hirschbach in Ruhe genießen zu können. Nach dieser Rast folgen wir dem Weg zunächst geradeaus, biegen beim nächsten Querweg nach links und gehen aufwärts. Unser Weg führt mäßig ansteigend an der fünften Thementafel vorbei, die über Haustiere informiert. Oben angekommen, treffen wir auf eine Wegekreuzung, halten uns rechts und wandern zwischen den Feldern der ❸ **Kitzenried**.

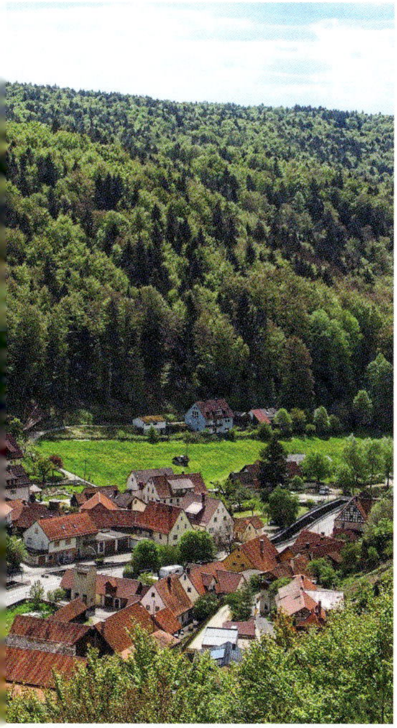

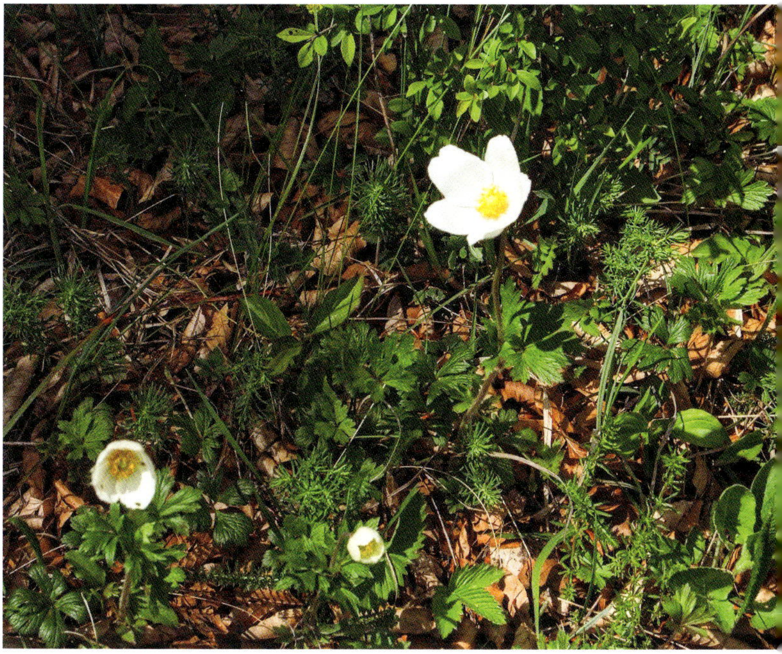

Wir setzen unseren Weg nach rechts fort und können bald die herrlichen Aussichten auf Hauseck, Starrenfels und Prellstein genießen. Nach diesem Genuss gehen wir auf der Flurstraße abwärts in den Lehwinkel.

Unten angekommen, treffen wir auf die Markierungen »grüner Punkt« und »blauer Querstrich«, mit denen wir in Richtung Asphaltstraße gehen. Kurz zuvor biegen wir im spitzen Winkel nach rechts. Auf einer sich hochschlängelnden schmalen Straße gelangen wir zum Ehrling. Im Frühjahr kann man hier Mengen an blühenden Schlüsselblumen und andere Blütenpflanzen bewundern. Dort treffen wir auch auf die Thementafel 6, die uns über die frühere Weidewirtschaft informiert. Von einer Bank aus können wir wieder fantastische Blicke auf Hauseck, Dürrnberg, Starenfels und Bodenberg genießen. Rechts liegt der Schwarze Brand mit dem Höhenglücksteig. Nach diesem Genuss wandern wir abwärts, kommen an beeindruckenden Dolomitmassiven vorbei und gelangen nach der Thementafel 7 (»Die Ziege als Landschaftspfleger«) auf die Straße. Dort biegen wir nach links und folgen auf der gegenüberliegenden Seite mit Markierung »Nr. 3« dem Höhlenrundweg aufwärts. Wir treffen auf ein Flursträßchen, biegen nach rechts und gelangen auf ihm ins Tal und sind beim Friedhof wieder in E Hirschbach.

Magerrasen

Trocken- und Halbtrockenrasen entstanden durch die Nutzung durch den Menschen. Sie werden als Magerrasen bezeichnet und haben sich vor allem auf flachgründigen Böden ausgebreitet. Das Wasser fließt durch das sehr durchlässige Gestein des Untergrundes schnell ab, sodass der flache Boden schnell austrocknet. Vor allem die hohe Sonneneinstrahlung auf südexponierten Hanglagen sorgt dafür, dass sich ein sehr spezieller Lebensraum etablierte. Sonnenliebende Arten besiedeln solche Flächen, zu denen unter anderem Thymian, Sonnenröschen, Kartäusernelken, verschiedene Enzianarten, Silberdistel und Kuhschellen, aber auch Orchideen gehören.

15

Auf dem Bruckberger Weg

Aussichten und Kletterfelsen

Leicht 2 Std. 240 Hm 6,5 km

Tourencharakter
Abwechslungsreiche Wanderung auf bequem zu gehenden Waldwegen, teilweise schöne Aussichten

Ausgangs-/Endpunkt
Gasthof Goldener Hirsch in Hirschbach

Anfahrt
Auto: Von Hersbruck über Eschenbach und Fischbrunn nach Hirschbach. **Bahn/Bus:** Bahn bis Vorra, dann mit Bus nach Hirschbach

Gehzeiten
Hirschbach – Prellstein 0:45 Std. – Noristörle 1:30 Std. – Hirschbach 2:00 Std.

Beste Jahreszeit
Frühjahr bis Herbst

Einkehr
Gasthof Goldener Hirsch in Hirschbach

Karte
Fritsch Wanderkarte, Nr. 72, Hersbrucker Alb in der Frankenalb, Pegnitz- und Hirschbachtal. Hersbrucker Schweiz, Maßstab 1:35 000

Information
Touristinformation Hersbruck, Schlossplatz 4a, 91217 Hersbruck, Tel. 09151/73 51 50, www.hersbruck.de

Diese Wanderung führt an eindrucksvollen Felsformationen vorbei zu den schönsten Aussichtspunkten im Hirschbachtal. Es lohnt sich deshalb, auch Varianten zu gehen oder Gipfelbesteigungen zu unternehmen, um die Schönheit dieser Felsenlandschaft kennenzulernen.

Zum Prellstein Wir gehen vom Gasthof Goldener Hirsch in Ⓐ **Hirschbach** zur Talstraße und folgen der Markierung gelber Ring auf der Alten Dorfstraße in Richtung Friedhof. Kurz davor leitet uns unsere Markierung nach rechts und auf ansteigendem Wiesenweg in den Wald. Im Mai begleiten uns blühende Himmelschlüssel am Weg, bevor wir in einen wunderschönen Buchenwald eintauchen. Wir sind schnell am Sattel, wo eine Bergwachthütte steht. Hier sehen wir auch einen majestätisch aufragen-

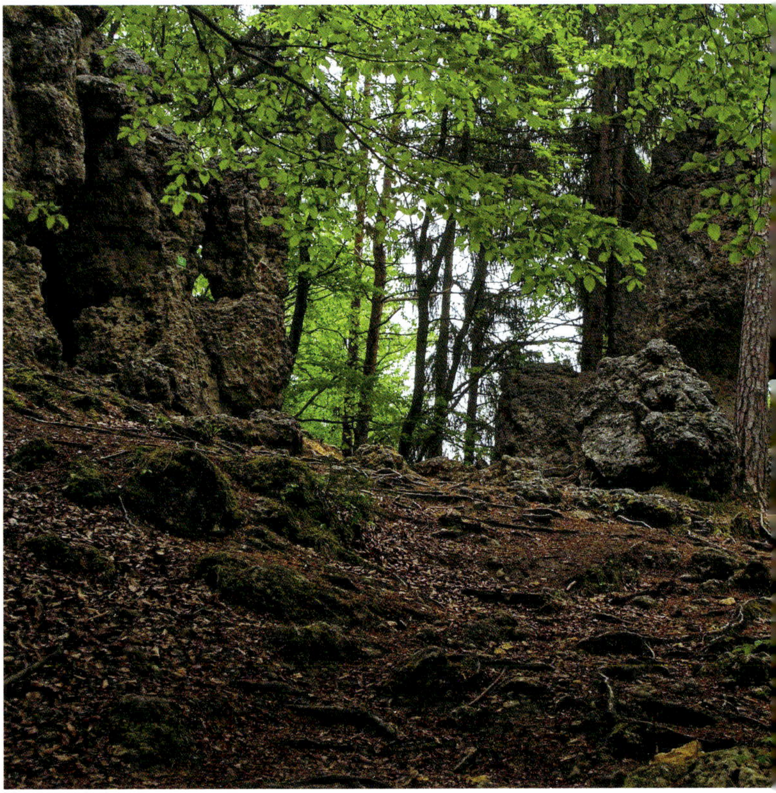

Das durchlöcherte Noristörle ist eine beeindruckende Felsformation.

den Felsen, den ❶ Prellstein, das Wahrzeichen des Fränkischen Albvereins und ein beliebter Kletterfels. Vom Sattel folgen wir dem Wanderweg weiter.

Abstecher: Vom Sattel am Prellstein bietet sich ein Abstecher zum »Himmel« an, der in ca. 15 Minuten erreicht ist. Als Markierung dienen »Nr. 2« und »grüner Querstrich«. Am Felsturm Petrus vorbei überqueren wir den Höhenglücksteig. Am Sattel folgen wir »Nr. 2« nach links und erreichen einen Felsen mit schönem Blick zum Fichtelgebirge. Zurück zum Sattel gehen wir mit der Markierung »Nr. 2« weiter nach oben und erreichen den Rücken des »Himmels« mit Bank und schöner Aussicht über die Frankenalb und bis nach Nürnberg. Von hier gehen wir den gleichen Weg zurück zum Sattel am Prellstein.

Wegkreuz am Azelstein Am Prellstein folgen wir der Markierung »gelber Ring« und »roter Punkt« auf breitem Waldweg weiter bergan. Auf einem Wurzelpfad gehen wir im Linksbogen um den Kreuzfelsen

Orchideen-Wanderung

Die Dolomitformation des Weißen Juras bietet zahlreichen Orchideenarten einen Lebensraum. Im Hirschbachtal gibt es etwa 35 Orchideenarten, von denen man zwischen Mitte Mai und Anfang Juni einige erleben kann. Waldvöglein, Fliegenorchis, Frauenschuh und andere stehen dann in Blüte. Besonders der Frauenschuh ist hier in beeindruckender Pracht und Menge zu finden. Gelegenheit bietet eine von Hirschbach aus geführte Rundwanderung, die zwei bis drei Stunden dauert und zu ausgewählten Standorten führt (Anmeldung unter Tel. 09665/954 48 30 oder per E-Mail: info@dienaturfuehrerin.de).

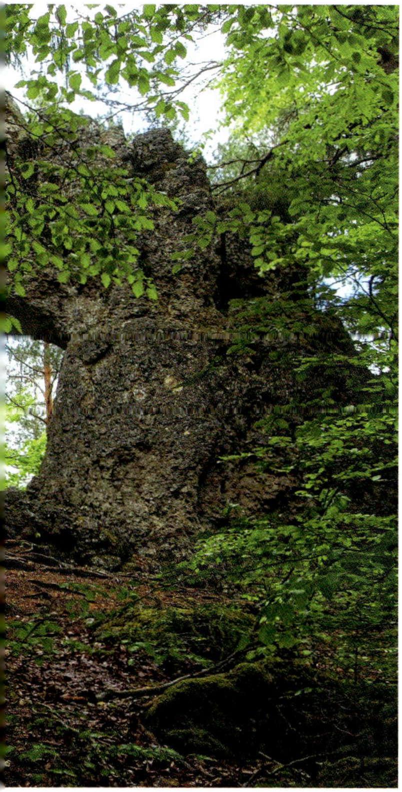

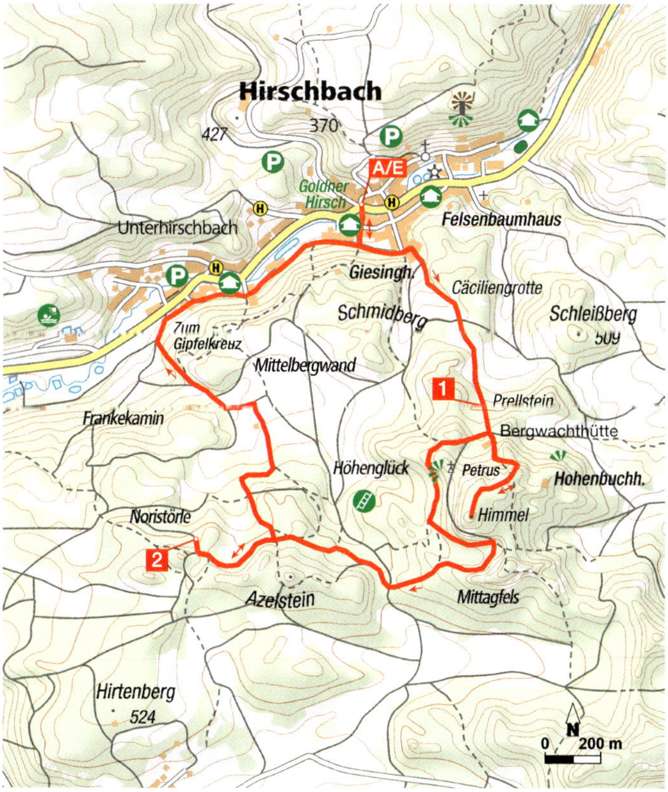

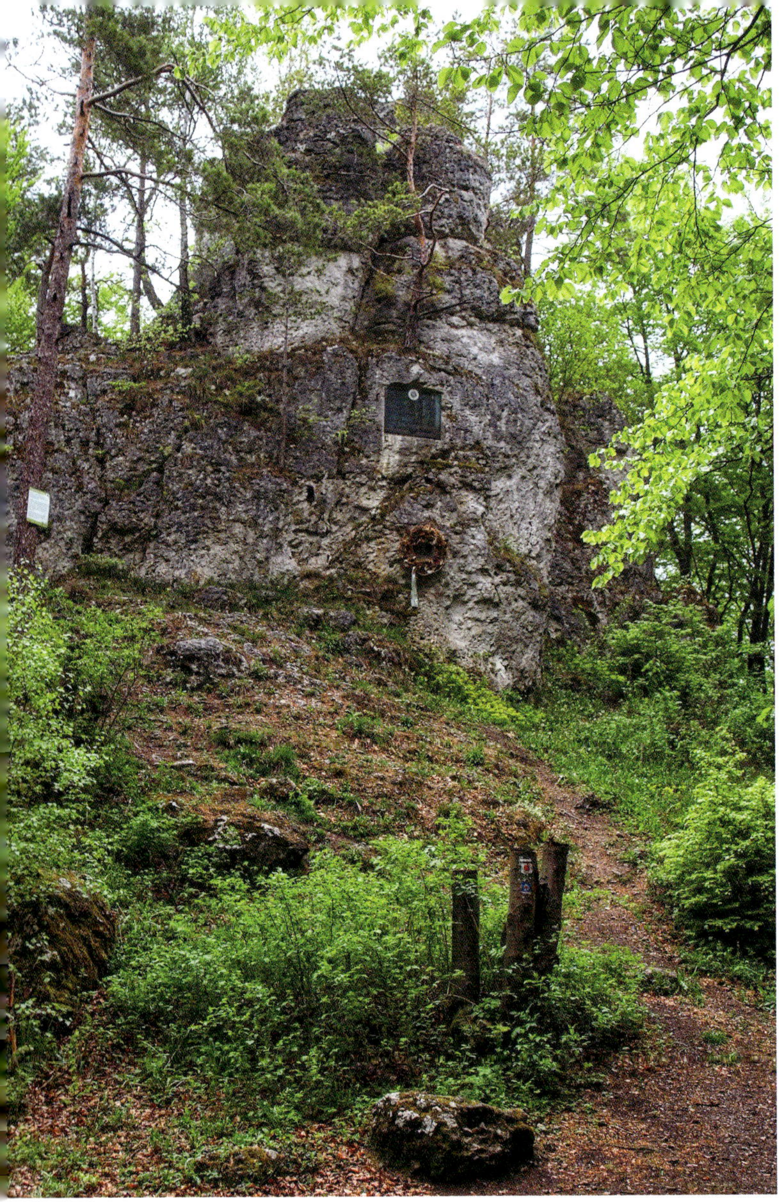

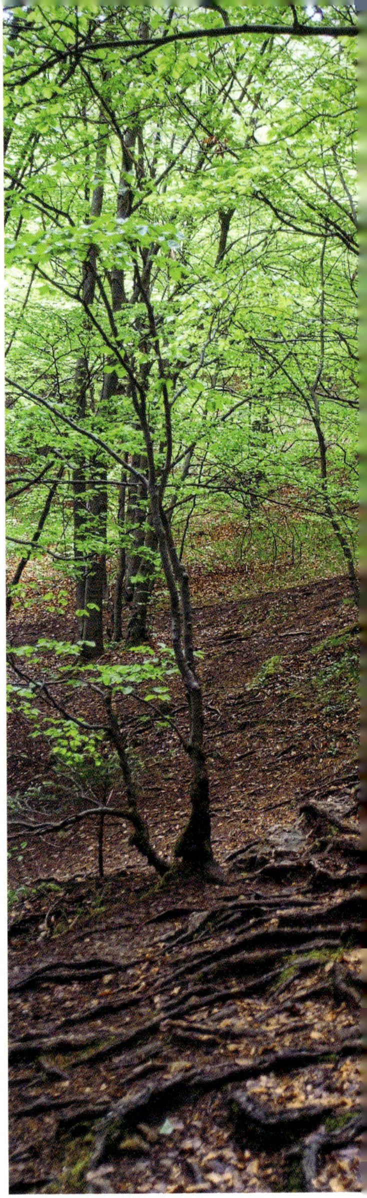

Links: Der Prellstein ist ein beliebter Kletterfelsen.

Mitte: Streckenweise ist der Wanderweg recht wurzelreich.

Rechts: Viele Wege führen durch das Hirschbachtal.

und kommen, uns immer links haltend, zum Talschluss. Die Markierung »gelber Ring« (auch »roter Punkt«) führt uns am Felsmassiv des Schwarzen Brand mit der Weißen Wand vorbei und abwärts zum Hegendorfer Sattel. Dort folgen wir der Markierung »gelber Ring« nach rechts talwärts, schwenken dann aber gleich wieder nach links, gehen steil auf die Höhe und nach rechts abwärts zum Azelstein. Dort unternehmen wir einen kurzen Abstecher und folgen dem »gelben Ring« zum Noristörle.

Links sehen wir die Kletterwand des Brettlfelsen mit dem Norissteig sowie einige Höhlen und im Rechtsbogen gelangen wir zum ❷ **Noristörle**, einem beeindruckenden Felsentor. Dieses imposante Felsgebilde hat eine Spannweite von 2,25 Metern und eine lichte Höhe von 2,60 Metern. Nach einer kurzen Verschnaufpause gehen wir zurück zum Wegweiser am Azelstein und wenden uns dann mit der Markie-

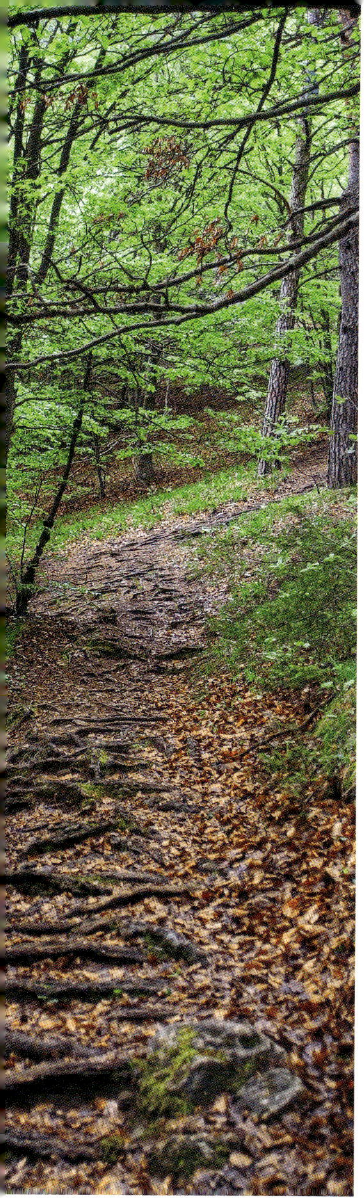

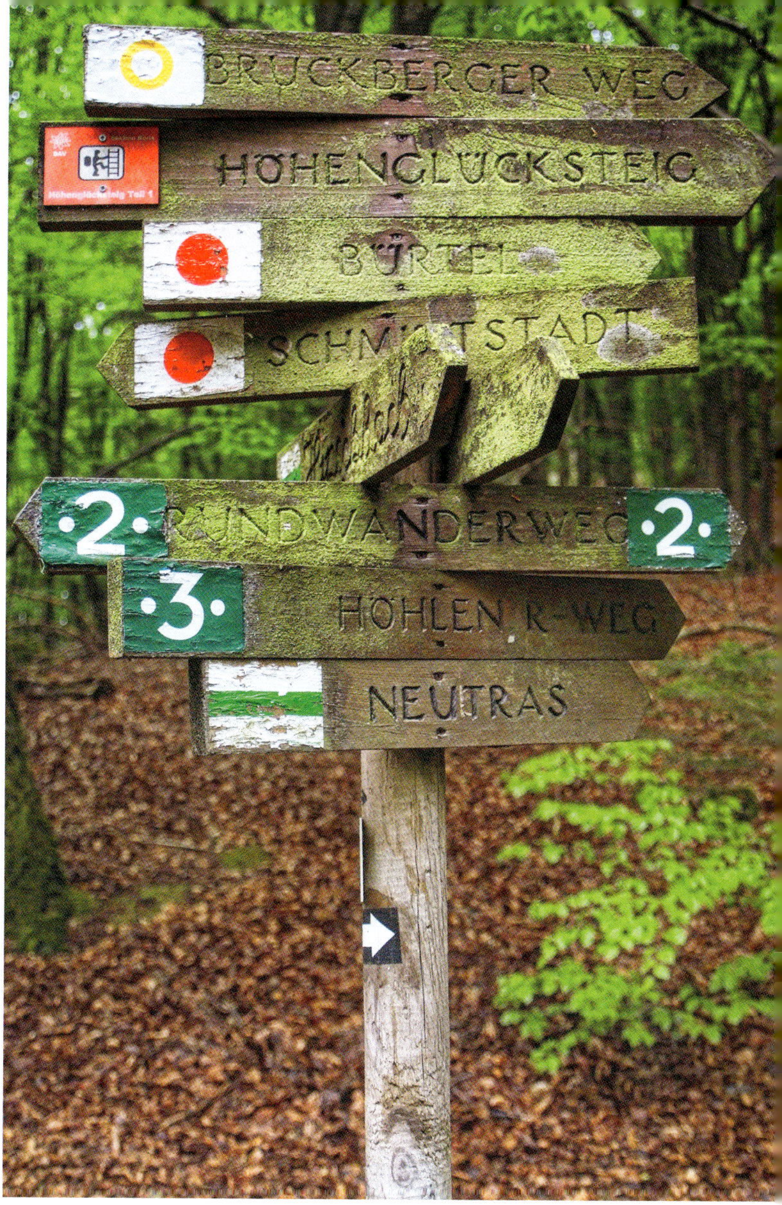

rung »gelber Ring« (und »blauer Punkt«) nach links abwärts. An einem Wegweiser treffen wir auf eine Flurstraße, wo sich ein Abstecher zum Gipfel der Mittelbergwand anbietet.

Zum Gipfel der Mittelbergwand Wir folgen der Markierung »Höhlenweg Nr. 3« von der Flurstraße aufwärts. Oben wenden wir uns links und gelangen auf den Gipfel der Mittelbergwand. Dort können wir vom seilgesicherten Platz am Kreuz die schöne Aussicht ins Hirschbachtal genießen. Nach diesem Abstecher wandern wir zurück und mit der Markierung »gelber Ring« auf einem schmalen Weg unterhalb der Mittelbergwand entlang nach Unterhirschbach. Hier leitet uns der »gelbe Ring« am Forellenweiher vorbei nach E **Hirschbach**, unserem Ausgangspunkt am Gasthof Goldener Hirsch.

Wandern bei Fischbrunn

Über den Hirtenberg

Leicht · 2 Std. · 147 Hm · 7 km

Tourencharakter
Abwechslungsreiche Waldwanderung auf bequemen Wegen

Ausgangs-/Endpunkt
Fischbrunn

Anfahrt
Auto: Von Hersbruck über Eschenbach nach Fischbrunn. **Bahn/Bus:** Bahn bis Vorra, dann mit Bus nach Fischbrunn

Gehzeiten
Fischbrunn – Mittelhirschbach 0:45 Std. – Fischbrunn 2:00 Std.

Beste Jahreszeit
Frühjahr bis Herbst

Einkehr
Gasthaus Goldener Hirsch in Hirschbach (Mo, Di Ruhetag)

Karte
Fritsch Wanderkarte, Nr. 72, Hersbrucker Alb in der Frankenalb, Pegnitz- und Hirschbachtal, Hersbrucker Schweiz, Maßstab 1:35 000

Information
Touristinformation Hersbruck, Schlossplatz 4a, 91217 Hersbruck, Tel. 09151/73 51 50, www.hersbruck.de

Romantisch ist der Wanderweg am Hirtenberg.

Das Hirschbachtal wartet mit ungeahnten Wandermöglichkeiten von anspruchslos bis anspruchsvoll auf. Ein sehr bequemer und trotzdem abwechslungsreicher Rundwanderweg ist die Tour von Fischbrunn auf den Hirtenberg, der schöne Aussichten in das Hirschbachtal bietet.

Über den Hirtenberg Wir beginnen unsere Wanderung in Ⓐ **Fischbrunn** beim Gasthaus Schartl, wo auch das Feuerwehrhaus steht. Dort finden wir einen Wegweiser nach Hirschbach und die Markierung »gelber Querstrich«. Sie leitet uns auf einem Waldweg leicht ansteigend bis zu einer Gabelung. Während die Markierung »roter Punkt« zum Norissteig nach rechts aufwärtsführt, gehen wir geradeaus weiter und verlieren allmählich an Höhe. Wir nähern uns dem Hirschbach und wandern auf einem schönen Waldweg immer in der Nähe des Baches. Bald kommen wir an Forellenteichen vorbei und verlassen schließlich nach den letzten Weihern den Wald. Nach kurzer Zeit können wir eine schöne Aussicht

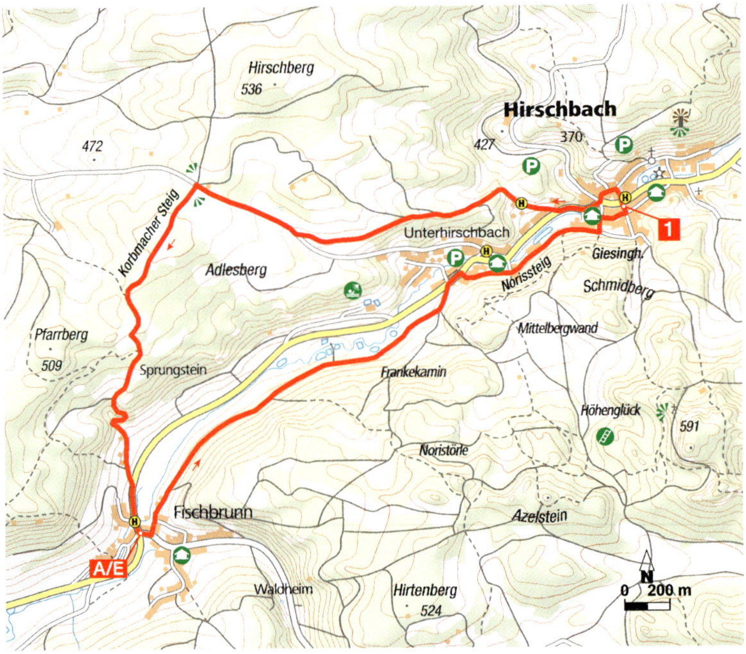

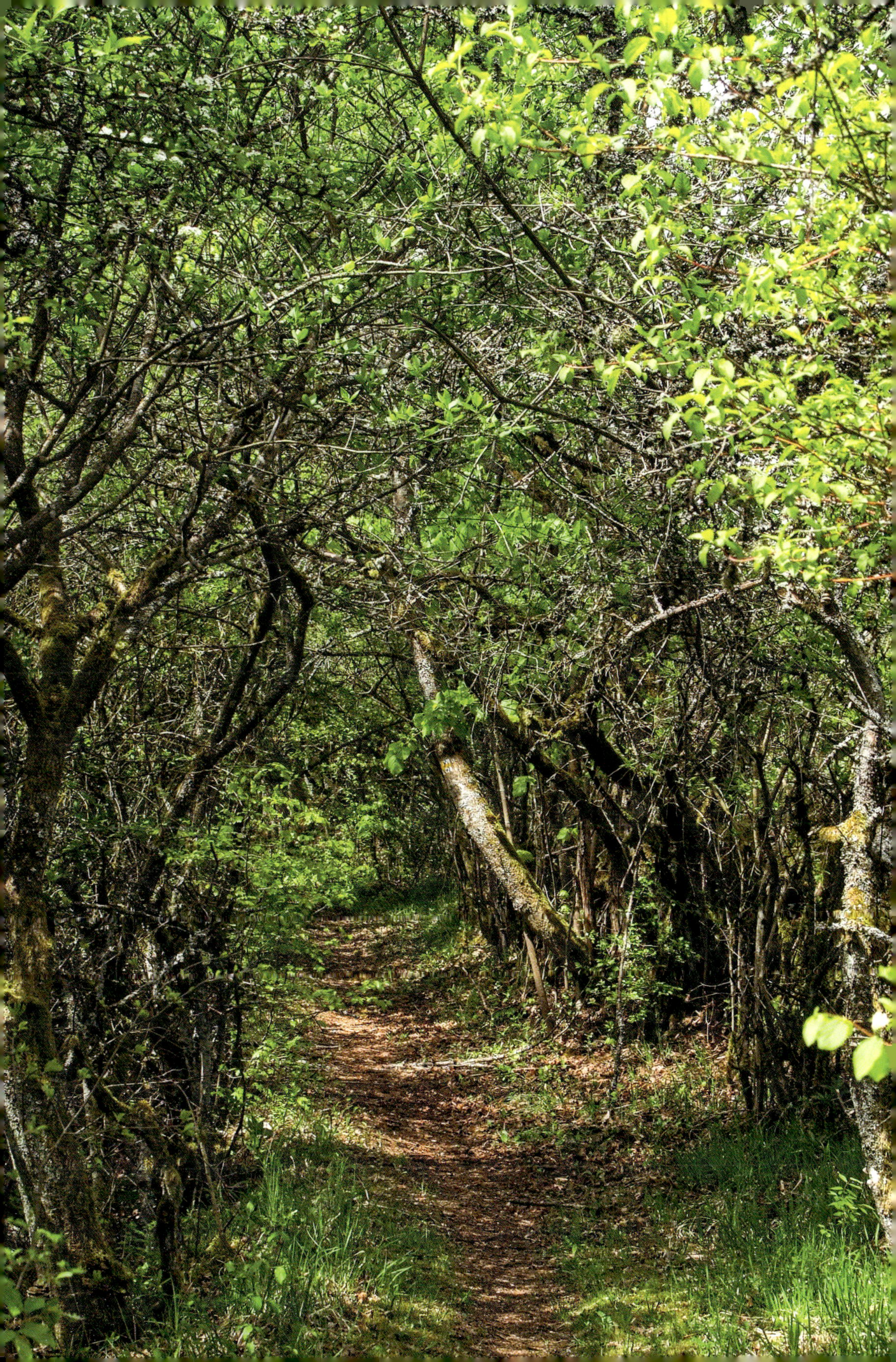

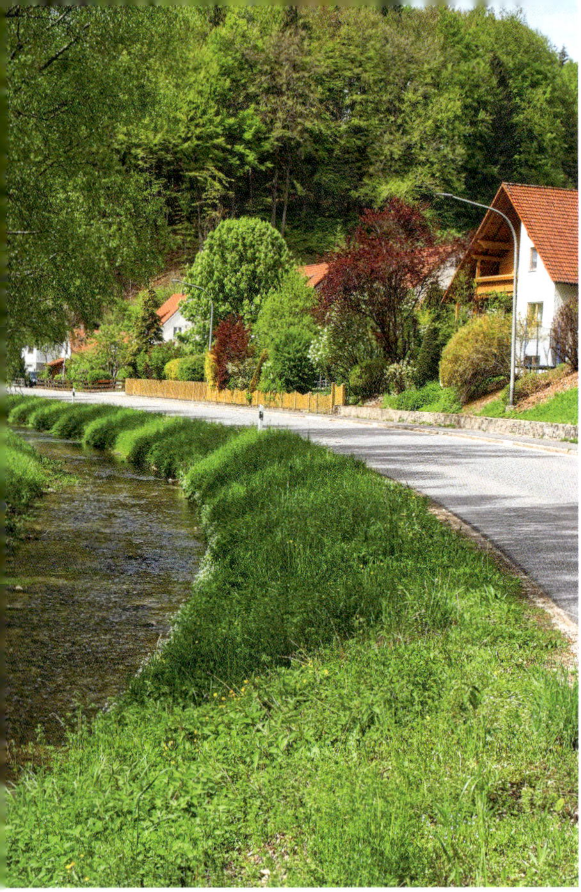

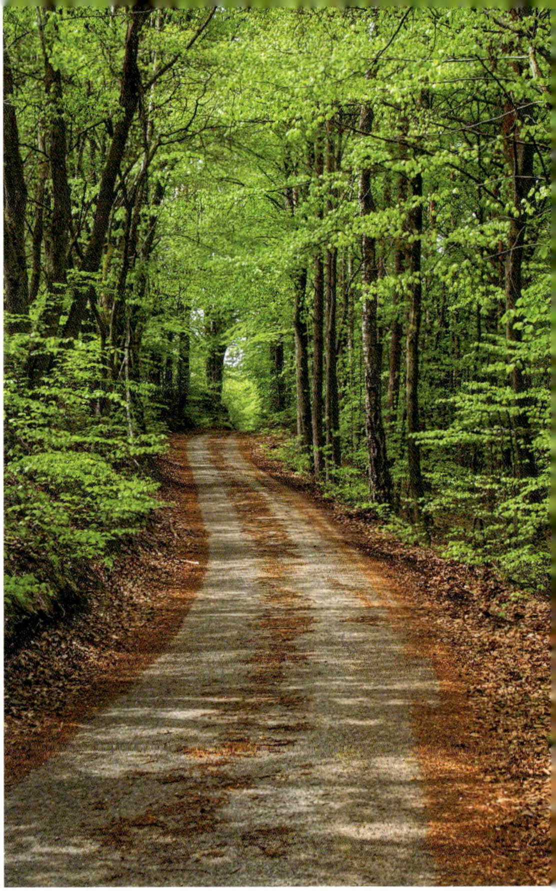

Links: Hirschbach liegt im Tal des gleichnamigen Baches.

Mitte: Wanderweg bei Hirschbach

auf die Mittelbergwand genießen. Diese 30 Meter hohe Wand ist das Wahrzeichen im Hirschbachtal und besonders bei Kletterern sehr beliebt. Sie zeichnet sich durch eine Vielzahl klassischer Routen aus, zu denen auch der Norissteig, ein sehr beliebter Klettersteig, gehört. Unser Blick schweift nach Unterhirschbach, wir gelangen auf einen Wiesenweg und kommen zur Flurstraße, die wir queren. Dann geht es weiter nach 1 **Mittelhirschbach**, wo wir im Gasthof Goldener Hirsch eine Pause einlegen können. Von dort gehen wir, der Markierung »gelbes Andreaskreuz« folgend, zunächst die Flurstraße entlang und dann halb rechts zum Hirtenberg hinauf. Auf einem Panoramaweg durchqueren wir die Hallachen und folgen an Abzweigungen weiter dem »gelben Andreaskreuz«. An einer Gabelung verlassen wir den breiteren Weg und folgen einem Waldpfad. Unter dichten Bäumen führt ein kleiner Steig nach links zu einer Bank mit herrlicher Aussicht auf Mittelbergwand und Schwarzen Brand.

Norissteig

Am Wanderparkplatz in Fischbrunn erreicht man nach 15 Minuten die Infotafel am südlichen Einstieg des Norissteigs. Dieser beeindruckende Klettersteig wurde als wenig schwierig eingeordnet, sollte dennoch nicht ungesichert begangen werden. Er ist sechs Kilometer lang und mit der Markierung »roter Punkt« gekennzeichnet. Er führt von Fischbrunn nach Mittelhirschbach und kann auch als Rundweg begangen werden. Mit den Markierungen »2« und »gelber Strich« gelangt man von Mittelhirschbach zum Ausgangspunkt zurück. Zu den Sehenswürdigkeiten am Norissteig gehören Knechtshöhle, Noristörle, Brettl, Castell, Sprungstein, Franke-Kamin und Mittelbergwand.

Seltene Pflanzen am Weg Nach dieser genussvollen Pause setzen wir unseren Weg fort, treffen auf die Straße nach Vorra und folgen dieser auf die

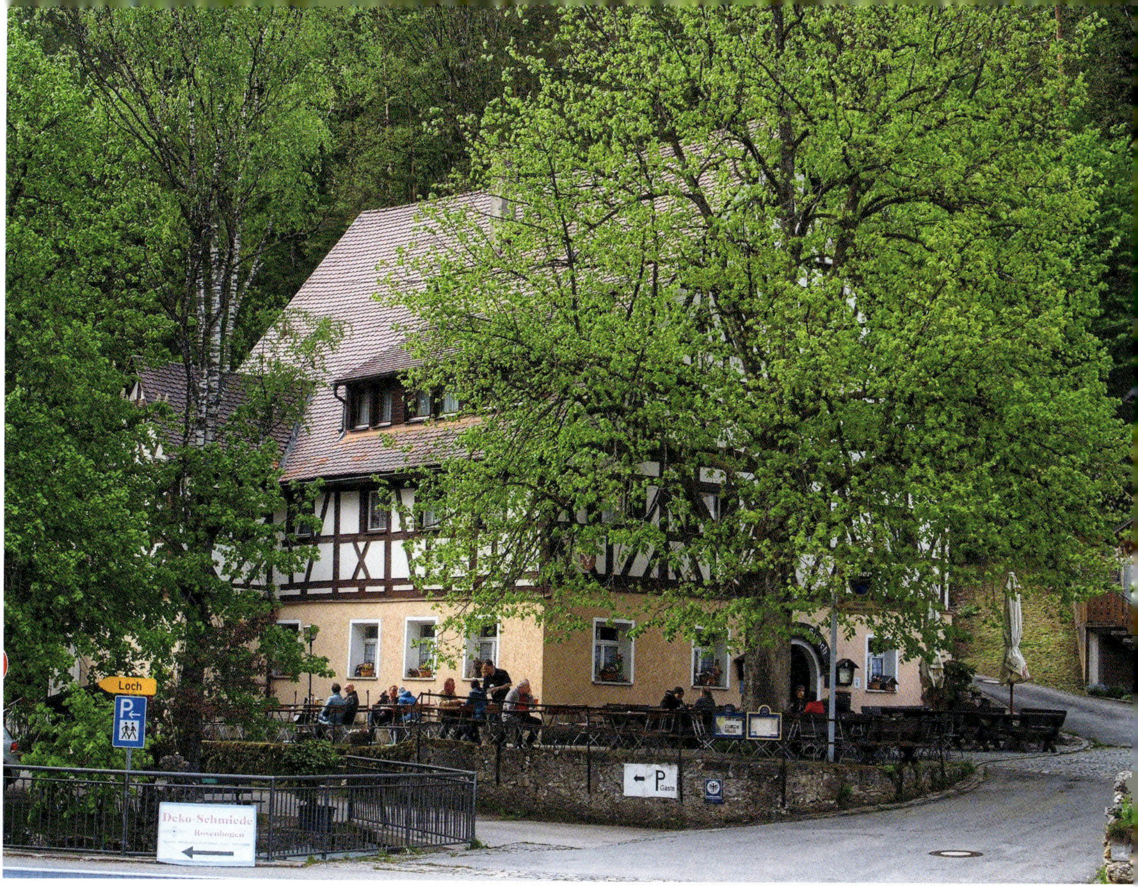

Oben: Im Gasthof Goldener Hirsch sollte man unbedingt einkehren.

Höhe. Hier kann man schöne Aussichten genießen, die im Westen zum Pegnitztal mit Vorra, im Süden zum Leitenberg und im Osten zum Schwarzen Brand reichen. Am nächsten Wegweiser folgen wir der Markierung »roter Punkt« nach links. Zwischen Wiese und Wald führt unser Weg in einen Dolomitkiefernwald, den man nur in der nördlichen und mittleren Fränkischen Alb findet. Der Untergrund besteht hier aus Dolomit, einem Kalzium-Magnesium-Karbonat, das durch die Verwitterung eine sandige Struktur erhält. Dadurch sind die Böden sehr wasserdurchlässig und trocken, zeichnen sich aber durch eine Anzahl seltener Pflanzen aus. Dazu gehören unter anderem das Rote Waldvögelein, das Grünliche Wintergrün und das Gefleckte Ferkelkraut.

Es geht weiter abwärts, diesmal durch einen Buchenwald. An einer Linkskurve treffen wir auf die Markierung »grünes Kreuz«, der wir nach Fischbrunn folgen. In Kurven gehen wir steil nach unten durch den Wald, biegen kurz vor Fischbrunn nach links und können noch mal auf einer Bank die Aussicht auf E Fischbrunn genießen, bevor wir im Ort die Wanderung beenden.

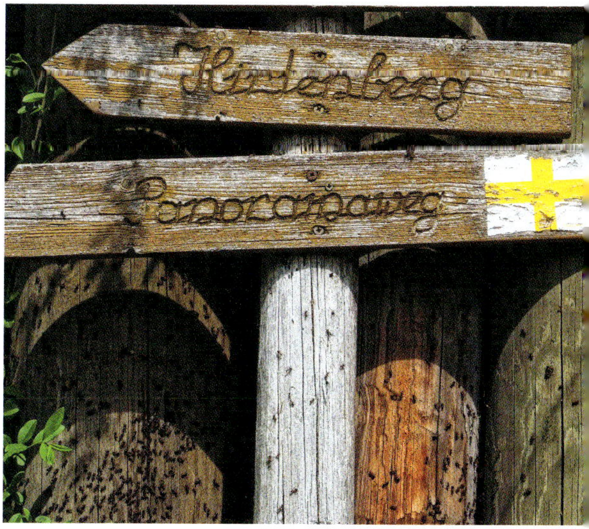

Unten: Dieser Wegweiser steht in Hirschbach.

17

Von Vorra nach Hersbruck

Über dem Pegnitzknie

Schwer 5:30 Std. 590 Hm 20 km

Tourencharakter
Interessante Tour auf bequemen Wald- und Wiesenwegen, zahlreiche schöne Aussichten über die Frankenalb

Ausgangspunkt
Bahnhof Vorra

Endpunkt
Bahnhof Hersbruck

Anfahrt
Auto: A 9 bis AS Hormersdorf und über Rupprechtstegen nach Vorra.
Bahn/Bus: Bahnanschluss, Busverbindung mit Nürnberg

Gehzeiten
Vorra – Eschenbach 1:15 – Pommelsbrunn 2:45 Std. – Happurg 3:45 Std. – Hersbruck 5:30 Std.

Beste Jahreszeit
Sommer

Einkehr
Hubmersberg, Pommelsbrunn, Arzlohe, Happurg und Hersbruck

Karte
Fritsch Wanderkarte Frankenalb im Nürnberger Land, Maßstab 1:50 000

Information
Touristinformation Hersbruck, Unterer Markt 2, 91217 Hersbruck, Tel. 09151/73 54 01, www.hersbruck.de

Herrliche Ausblicke über das Pegnitztal und zur Frankenalb bestimmen einen Teil dieser Wanderung, die an mehreren schönen Stellen genossen werden können. Außerdem begleitet uns eine abwechslungsreiche und reizvolle Flora.

Burgruine Lichtenstein Vom Ⓐ **Bahnhof Vorra** folgen wir der Markierung »grüne 3« aus dem Ort, überqueren die Pegnitz, kommen an der Schule vorbei und gehen am Ende des Ortes nach links aufwärts. Im Rotbuchenwald treffen wir auf die Markierung »Rotring«, die uns an einigen Jurafelsen vorbei weiter aufwärts zum Aussichtspunkt Düsselbacher Wand führt. Jetzt liegt uns das Pegnitztal zu Füßen und gegenüber können wir den kleinen Ort Düsselbach erkennen. Wer sich auf den Felsen genau umsieht, kann das hübsche Felsenhungerblümchen entdecken,

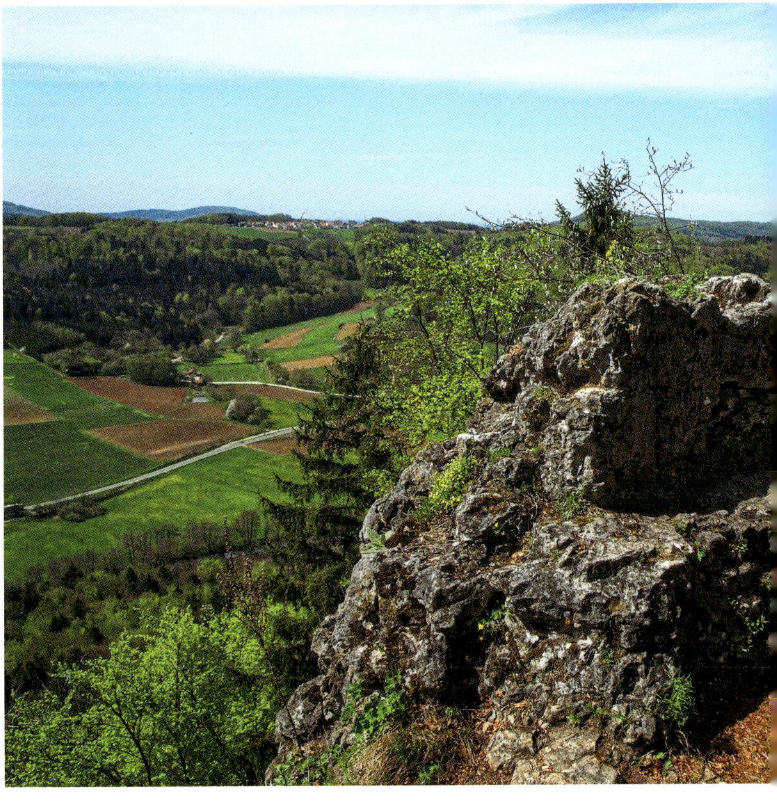

Die Geißkirche ist ein schöner Aussichtspunkt.

das im April und Mai seine gelben Blüten geöffnet hat.

Die Markierung »roter Ring« führt uns weiter durch den Wald zur Eschenbacher Geiskirche, einem schönen Aussichtspunkt. Die steinerne Sitzbank, die auch als Charlotten-Ruhe bezeichnet wird, hat die Jahreszahl 1832 eingemeißelt. Hier können wir wieder herrliche Blicke auf das Pegnitztal genießen, aber auch auf Hohenstadt und Pommelsbrunn. Nachdem wir kurz vor Eschenbach einen Hutungswald mit alten Eichen durchquert haben, erreichen wir den Ort und folgen in ❶ Eschenbach der Markierung »gelbes Kreuz«. Wir wandern nach Hubmersberg, das auf einer Hochebene liegt und mit dem Hotel Lindenhof die Möglichkeit

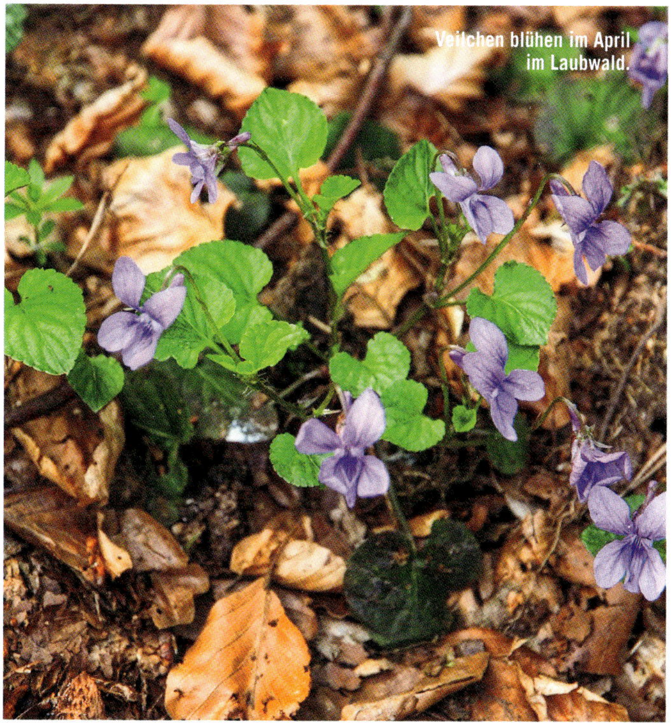

Veilchen blühen im April im Laubwald.

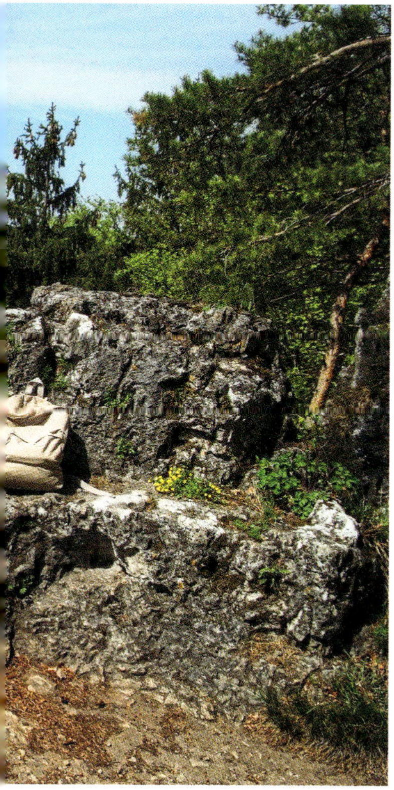

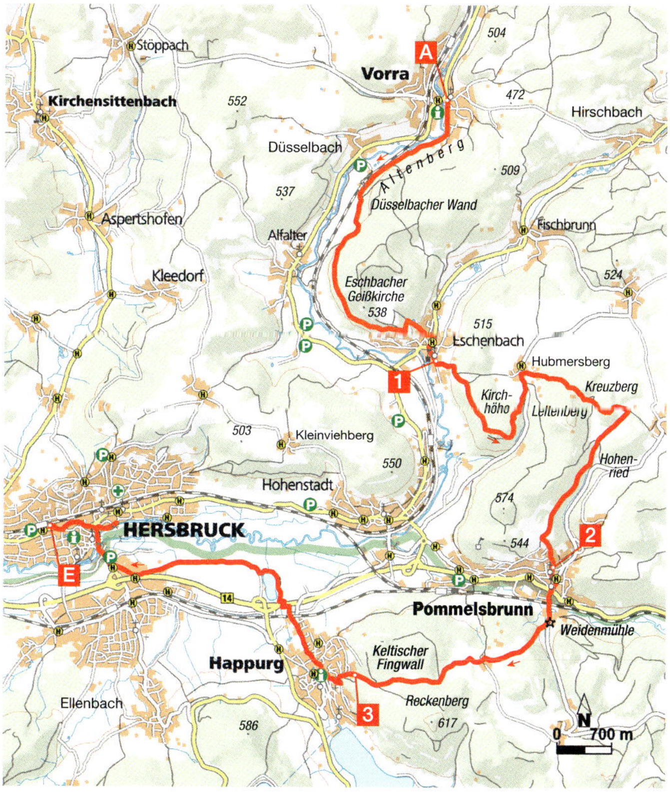

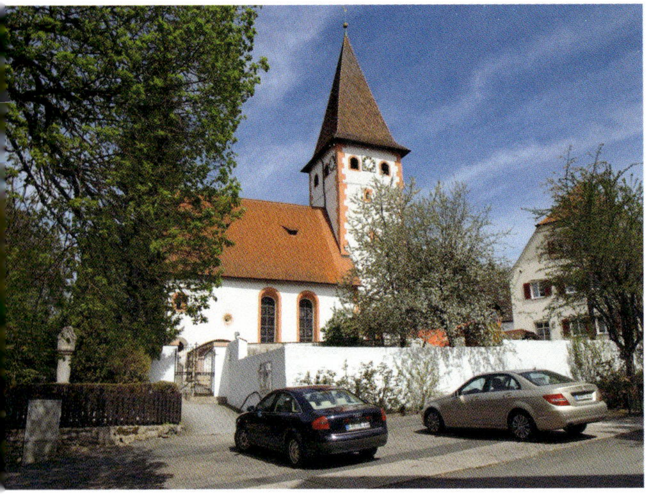

zur Einkehr bietet. Von hier gehen wir weiter zur Burgruine Lichtenstein, die ebenfalls schöne Aussichten bietet. Die Burg wurde im 13. Jahrhundert erbaut, mehrfach zerstört und schließlich nicht wieder vollkommen errichtet. Durch ihre exponierte Lage war sie für die Sicherung der Goldenen Straße, eines Handelswegs zwischen den Städten Nürnberg und Prag, von Bedeutung.

Wo die Kelten lebten Wir setzen unsere Wanderung über Blockschutthalden fort, eine interessante geologische Erscheinung außerhalb der alpinen Region, und gelangen über die Pommelsbrunner Wied, einen Hutanger mit Ahornbäumen, nach ❷ **Pommelsbrunn**. Dort überqueren wir die B 14 und den Högenbach und wandern dann am Ufer des Baches entlang durch den Ort, bis wir rechts durch die Bahnunterführung gelangen. Bei der Weidenmühle angekommen, überqueren wir erneut den Högenbach und folgen der Markierung »blaues M«, die den Mühlkoppenrundweg kennzeichnet. Er führt uns in Serpentinen aufwärts zum Aussichtsfelsen Mühlkoppe (533 Meter). Hier kann man noch Reste eines Burgwalls mit Graben erkennen, der auf einer älteren Wallanlage errichtet wurde.

Die umfangreich sanierte Marienkirche in Vorra

Blick ins Pegnitztal bei Vorra

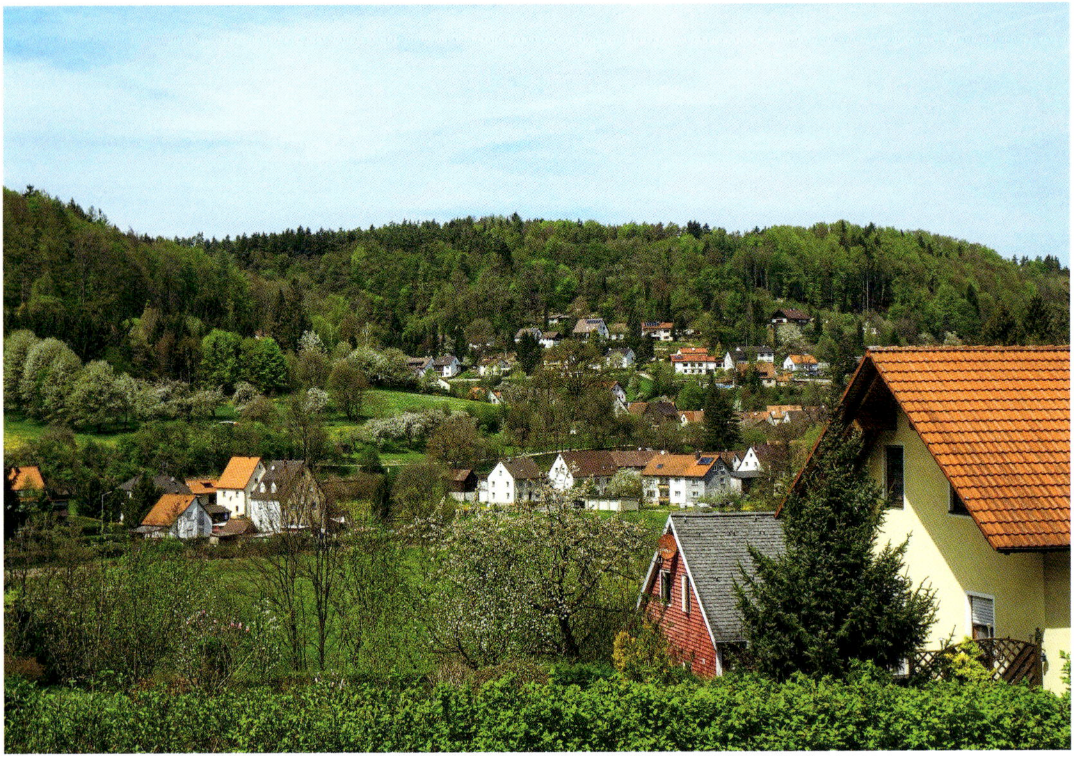

Wir folgen dem »blauen M« weiter nach Arzlohe, einem hübschen Dorf auf der Hochebene über dem Högenbachtal. Hier wechseln wir auf die Markierung »gelbes Kreuz« und wandern zur Kapellenruine Heiliger Baum, wo zur Kirchweih und zu Weihnachten Gottesdienste abgehalten werden. Erstmals 1480 erwähnt, ist sie bereits seit dem 16. Jahrhundert eine Ruine. Von der Kapelle gehen wir einige Meter zurück und folgen dann der Markierung »grüner Strich«. Durch dichten Wald gelangen wir zur Houbirg, einer ehemaligen keltischen Höhensiedlung. Gut zu erkennen ist noch der Ringwall. Weiter geht es von hier zum Hohlen Fels, wo in der Höhle bereits in der Steinzeit Jäger lebten. Mit 546 Metern der höchste Punkt der Wanderung, bietet sich eine großartige Aussicht zum Happurger Stausee, nach Förrenbach und Happurg. Von hier gelangen wir nach 3 **Happurg** hinunter, wo wir auf die Markierung »grüne 6« treffen. Sie leitet uns aus dem Ort hinaus zu einem Badesee und durch die Pegnitzauen nach E **Hersbruck** zum Bahnhof.

Hersbruck

Von Hopfenfeldern umgeben, liegt Hersbruck am Eingang zur Hersbrucker Alb. Von der spätgotischen Stadtbefestigung blieben die Ringmauer und drei Stadttore erhalten. Das Neue Schloss wurde Mitte des 16. Jahrhunderts im Renaissancestil errichtet und die ursprünglich gotische Pfarrkirche wurde im 18. Jahrhundert barockisiert. Erhalten blieb der spätgotische Hochaltar, ein Schreinaltar, dessen Flügel Szenen des Marienlebens und der Passion zeigen. Sehenswert ist das Heimatmuseum, das in einem der schönsten Fachwerkhäuser der Stadt (Eisenhüttlein 7), untergebracht ist. Dort gibt es unter anderem eine Zinnsoldatenschau mit rund 20 000 Zinnsoldaten zu bewundern. Im Hirtenmuseum in der oberen Etage finden sich Geräte der Hirten und Zeugnisse ihrer Schnitz-, Flecht- und Keramikkunst.

Die Spitalkirche mit dem Stadttor in Hersbruck

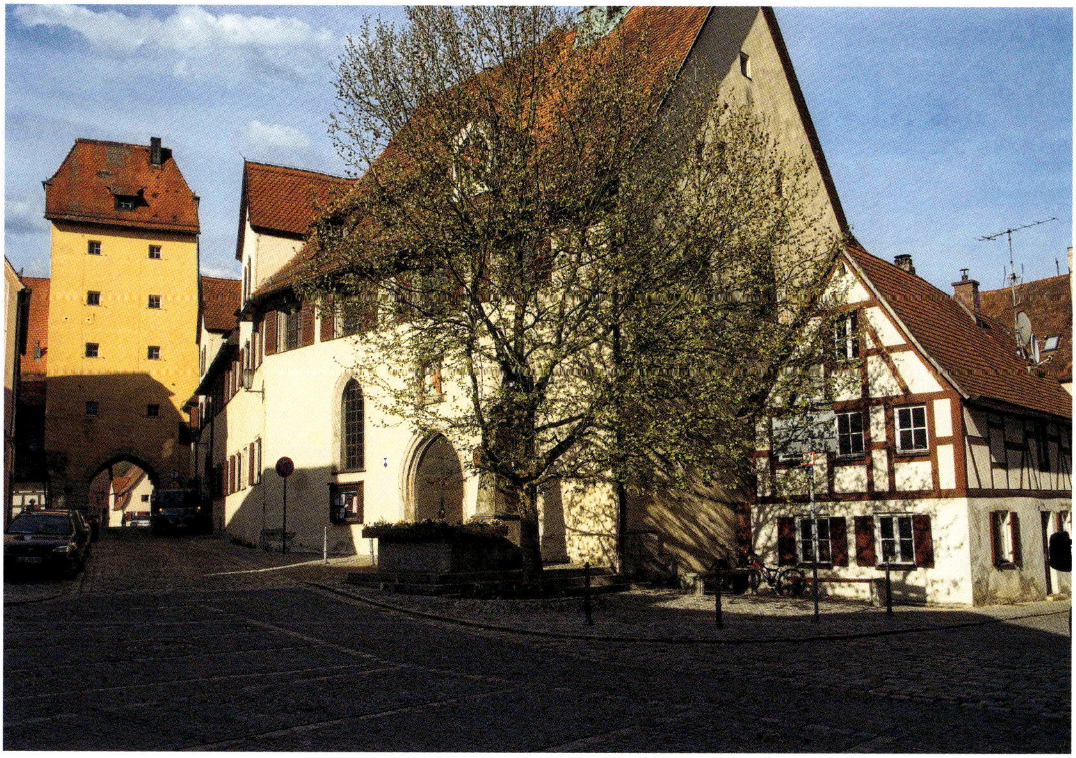

18

Rundwanderung bei Förrenbach

Vom Tal auf die Höhe

Mittel | 2:30 Std. | 177 Hm | 8 km

Tourencharakter
Abwechslungsreiche Wanderung, vorwiegend auf Waldwegen

Ausgangs-/Endpunkt
Förrenbach, Kirche

Anfahrt
Auto: A 9 bis Anschlussstelle Lauf-Nord, auf B 14 über Happurg nach Förrenbach. **Bahn/Bus:** Busverbindung mit Happurg

Gehzeiten
Förrenbach – Mahnmal 1:15 Std. – Förrenbach 2:30 Std.

Beste Jahreszeit
Frühjahr bis Herbst

Einkehr
Förrenbach

Karte
Fritsch Wanderkarte Frankenalb im Nürnberger Land, Maßstab 1:50 000

Information
Touristinformation Hersbruck, Unterer Markt 2, 91217 Hersbruck, Tel. 09151/73 54 01, www.hersbruck.de

Das Molsbachtal ist wegen seiner reizvollen Natur ein beliebtes Wanderziel. Der untere Teil ist als Landschaftsschutzgebiet, der obere als Naturschutzgebiet ausgewiesen. Vielfältige Natur und schöne Aussichten erwarten uns auf einem Höhenrücken vor dem Abstieg ins Tal.

Wo der Molsbach plätschert Wir beginnen die Wanderung bei der Kirche in **A Förrenbach** und folgen der Molsbacher Straße mit der Markierung »roter und blauer Punkt«. Unser Weg führt zunächst zwischen dem Sportplatz und dem Molsbach auf einem Pfad, dann auf einem Asphaltweg am Fußballplatz vorbei und schließlich leicht ansteigend in einen

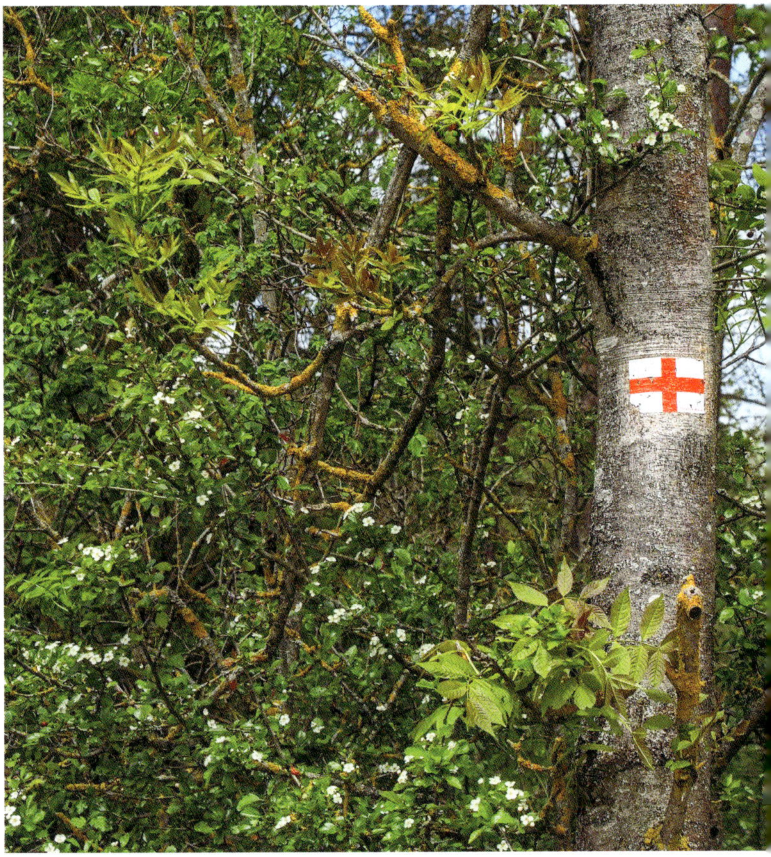

Die Markierung »rotes Andreaskreuz« weist den Weg.

Buchenwald. Immer wieder wird der Molsbach auf seinem vier Kilometer langen Lauf von kleinen Quellbächen gespeist, die auf den Talhängen entspringen. An einem dieser Rinnsale steht eine Miniaturmühle, die detailgetreu mit fränkischem Fachwerk und Mühlrad errichtet wurde. An einem Abzweig führt die Markierung »roter Punkt« nach links zu einem See, wir folgen jedoch der Markierung »blauer Punkt« weiter geradeaus. An Fischteichen entlang, können wir auf dem schönen Waldweg die Natur genießen. Rinnsale plätschern beruhigend von der Höhe herab. Unser Weg führt an der Gerhard-Schütz-Eiche vorbei. Sie ehrt den Förrenbacher Gerhard Schütz für seine Leistungen für das Molsberger Tal. Schütz, der seit mehr als 40 Jahren im Umweltschutz aktiv ist, vermittelt seine

Wildhecken – ein Refugium für Tiere

Für die Ernährung der heimischen Vogelwelt sind Hecken aus Wildgehölzen mit ihren Früchten vom Juli bis zum Spätherbst unentbehrlich. Einige Vögel sind ausgesprochene Heckenbewohner, zu denen Heckenbraunelle oder auch der Neuntöter gehören. Letzterer baut sein Nest gern in Dornsträucher und spießt seine Beute an den Dornen der Heckensträucher auf. Auch Arten der offenen Landschaft wie Goldammer, Dorngrasmücke oder Hänfling benötigen Hecken zum Nisten oder als Nahrungsquelle. Für Vogelarten wie Buchfink, Grünfink, Rotkehlchen, Zaunkönig, Grauschnäpper, Grün- und Buntspecht, Kleiber, Kohl- und Blaumeise sind Hecken ebenfalls ein wichtiger Lebensraum. Neben Vögeln leben auch Tag- und Nachtfalter, Käfer, Honig- und Wildbienen, Hummeln, Blattläuse, Wanzen, Blattwespen und Zikaden von den Pflanzen der Hecke.

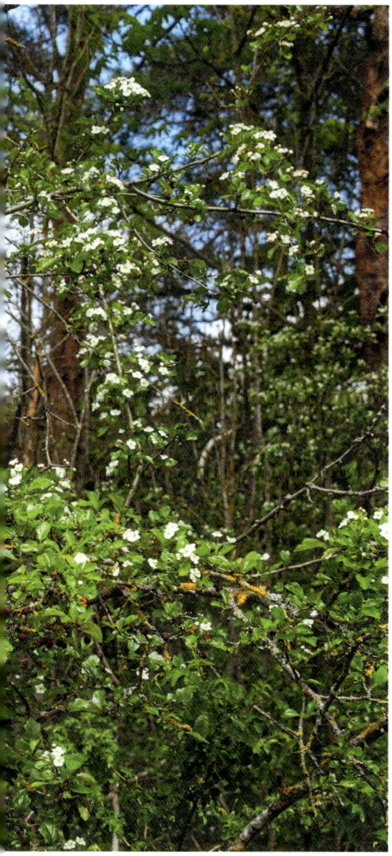

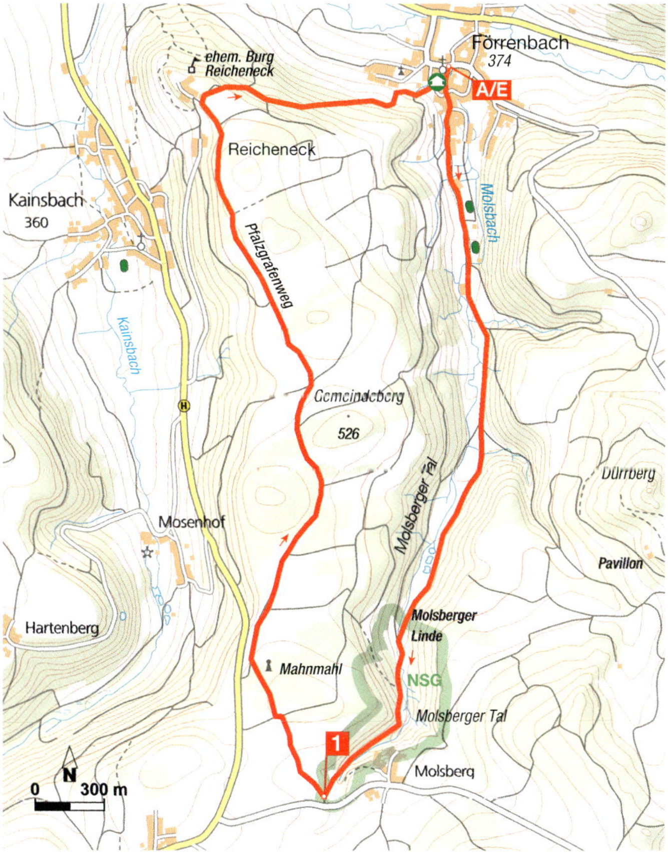

umfangreichen Kenntnisse der heimischen Flora und Fauna, vor allem der Vogelwelt, Kindern und Erwachsenen, hielt unzählige Vorträge, führte Exkursionen durch und wirkt in verschiedenen Arbeitskreisen mit. Für seine Verdienste im Natur- und Umweltbereich wurde er im Jahr 2018 vom Bund für Naturschutz geehrt und zum »Grünen Engel« ernannt.

Auf einer Bank zu Beginn des Naturschutzgebiets Oberes Molsberger Tal bietet sich eine Rast an. Beim weiteren Anstieg ändert sich die Landschaft, denn jetzt säumt ein Schluchtwald mit stattlichen Bäumen die steilen Hänge. Noch weiter oben, wo die Hänge des Tales flacher werden, bedecken vielfältige Pflanzenarten die mageren Kalkböden. Im Naturschutzgebiet Oberes Molsberger Tal wird seit 2010 im Rahmen eines Hutangerprojekts Landschaftspflege durch Beweidung mit Rindern betrieben, wie sie früher üblich war. Hutanger sind Weideflächen mit langer Tradition und stehen für eine naturnahe Kulturlandschaft. Erkennbar sind sie an mächtigen Eichenbeständen oder vielfältig blühendem Magerrasen.

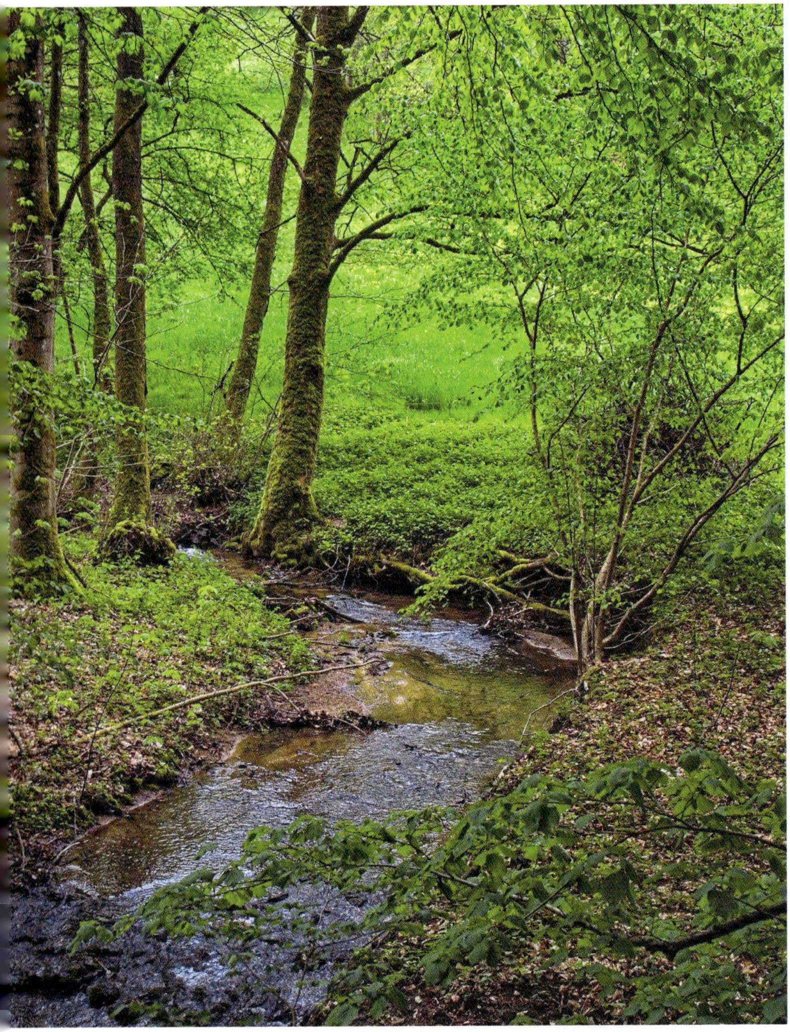

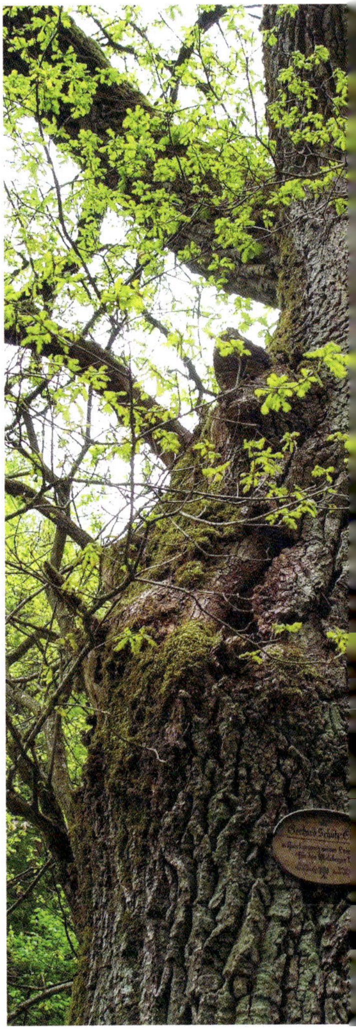

Links: Ruhig plätschert der Molsbach.

Mitte: Die Gerhard-Schütz-Eiche steht am Wanderweg.

Rechts: Wanderweg im Molsbachtal

Über die Höhe mit Wiese und Wald Nachdem wir auf einem schönen Waldweg die Höhe an einer ❶ **Weggabelung** erreichen, lichtet sich der Wald und wir treffen auf eine Wiese und die Markierung »rotes Andreaskreuz«. Hier schwenken wir nach rechts und gehen zunächst zwischen Wiese und Feld entlang, bis wir wieder in den Wald eintauchen. Unser Weg führt an einem KZ-Mahnmal vorbei und nach einem Feldweg wieder in den Wald. An dem jetzt folgenden Wiesenweg fallen verschiedene Heckengehölze wie Weißdorn, Schlehe, Wildrose, Hartriegel, Eberesche und Spitzahorn auf, die unseren Weg begleiten. Solche Hecken sind wertvolle Lebensräume für allerlei Tiere. Wir gelangen zu einem Haus, von dem aus ein Pfad zur nahen Ruine der Burg Reicheneck, einer ehemaligen Adelsburg der Klingenberger (13. Jahrhundert) führt. Seit dem 18. Jahrhundert verfällt die Burg allmählich. Wir wenden uns auf dem Wanderweg nach rechts und anschließend noch einmal rechts und wandern dann durch schönen Laubwald zu einer Gabelung. Hier wechseln wir auf die Markierung »gelbes Andreaskreuz« und wandern abwärts nach Ⓔ **Förrenbach** zurück.

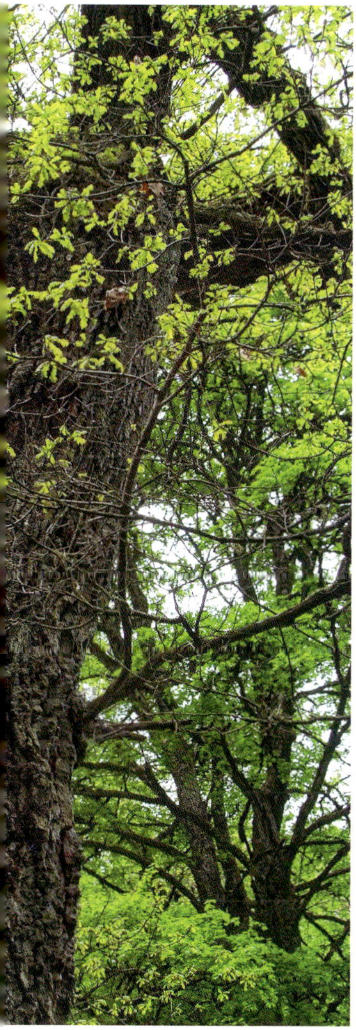

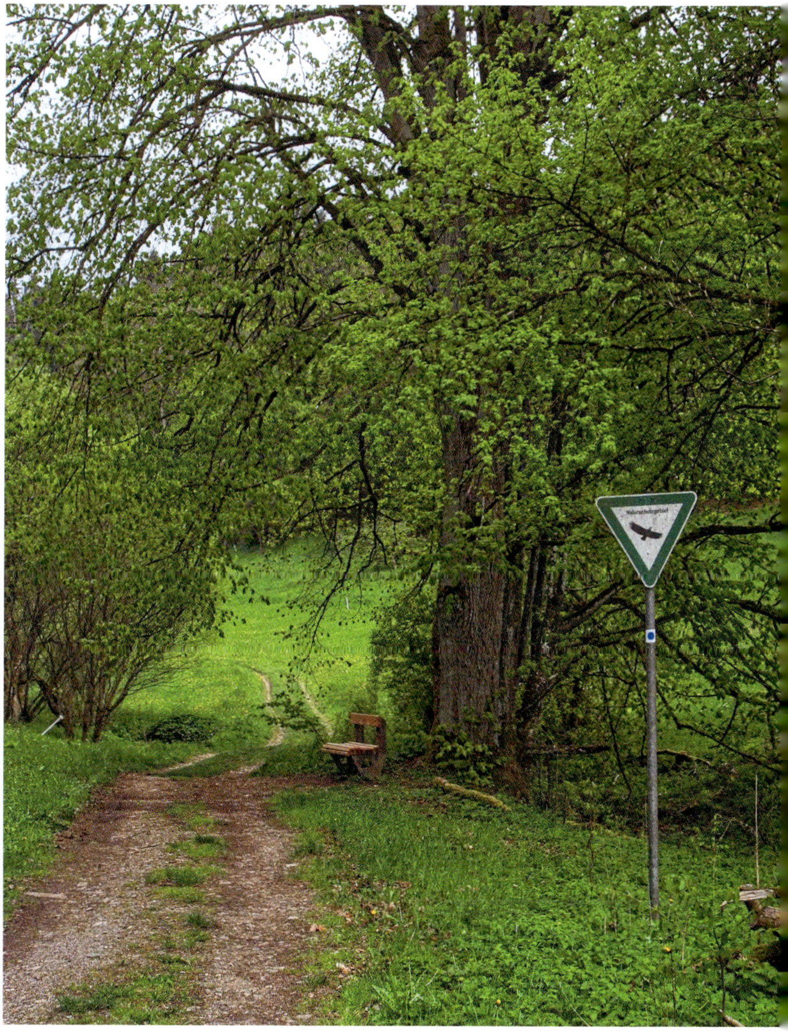

Von Schnaittach nach Velden

Im Reich der Kletterfelsen

Mittel | 5 Std. | 537 Hm | 18 km

Tourencharakter
Wechsel von breiten Wegen und Waldpfaden mit zwei kräftigen Anstiegen

Ausgangspunkt
Bahnhof Schnaittach

Endpunkt
Bahnhof Velden

Anfahrt
Auto: A 9 bis Anschlussstelle Schnaittach. **Bahn/Bus:** Bahnanschluss. Busverbindung mit Nürnberg

Gehzeiten
Schnaittach – Burg Rothenberg 0:30 Std. – Algersdorf 2:00 Std. – Burg Hohenstein 2:30 Std. – Lungsdorf 4:00 Std. – Velden 5:00 Std.

Beste Jahreszeit
Frühjahr bis Herbst

Einkehr
Enzenreuth, Hohenstein, Rupprechtstegen und Velden

Karte
Fritsch Wanderkarte Frankenalb im Nürnberger Land, Maßstab 1:50 000

Information
Touristinformation Frankenalb, Waldluststraße 1, 91207 Lauf an der Pegnitz, 09123/95 02 54, www.frankenalb.de

Dieser lange Wanderweg bietet eine Fülle von Eindrücken, die von bedeutenden Burgen bis zur großartigen Natur reichen. Im Frühjahr können Sie die Märzenbecherwiesen bei Algersdorf und die schattigen Buchenwälder mit ihrer artenreichen Flora erleben.

Wo die Märzenbecher blühen Wir starten am Bahnhof in **A** Schnaittach und überqueren die Gleise. Die Markierung »rotes X« leitet uns durch Streuobstwiesen am Hang des Rothenbergs allmählich aufwärts zur mächtigen, sternförmig angelegten **1** Festung Rothenberg. Diese Anlage wurde in ihrer jetzigen Gestalt unter bayerischer Herrschaft zwischen 1726 und 1756 als Rokoko-Festung errichtet und sollte als bayerische Grenzfestung gegen das fränkische Nürnberg dienen. Nachdem 1806 Franken an das Königreich Bayern angegliedert wurde, war die Grenzfestung nicht mehr nötig, wurde 1838 aufgegeben und das Inventar verkauft.

Wir setzen unsere Wanderung mit der Markierung »rotes X« fort und wandern auf der Hochebene bis Enzenreuth. Hier lädt die Brauerei Enzensteiner mit ihrer Gaststätte zur Rast ein, bevor wir unseren Weg fortsetzen. Auf Feld- und Wiesenwegen mit schönen Aussichten über die Frankenalb treffen wir kurz vor Algersdorf auf den Fränkischen

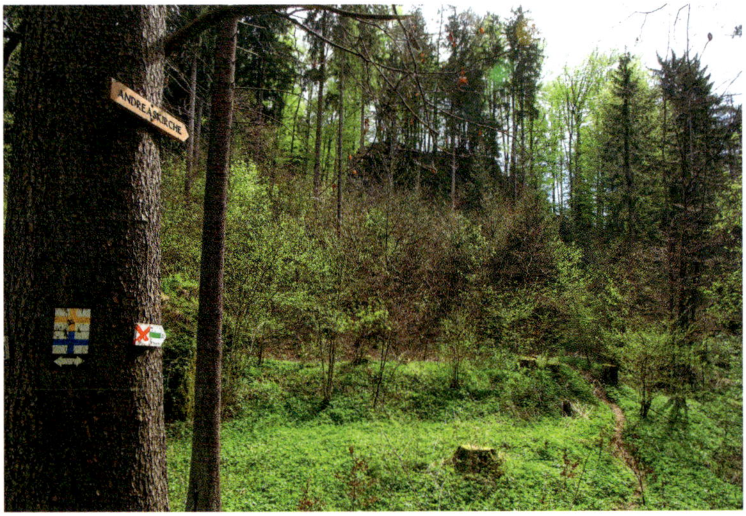

Auf dem Wanderweg nach Velden

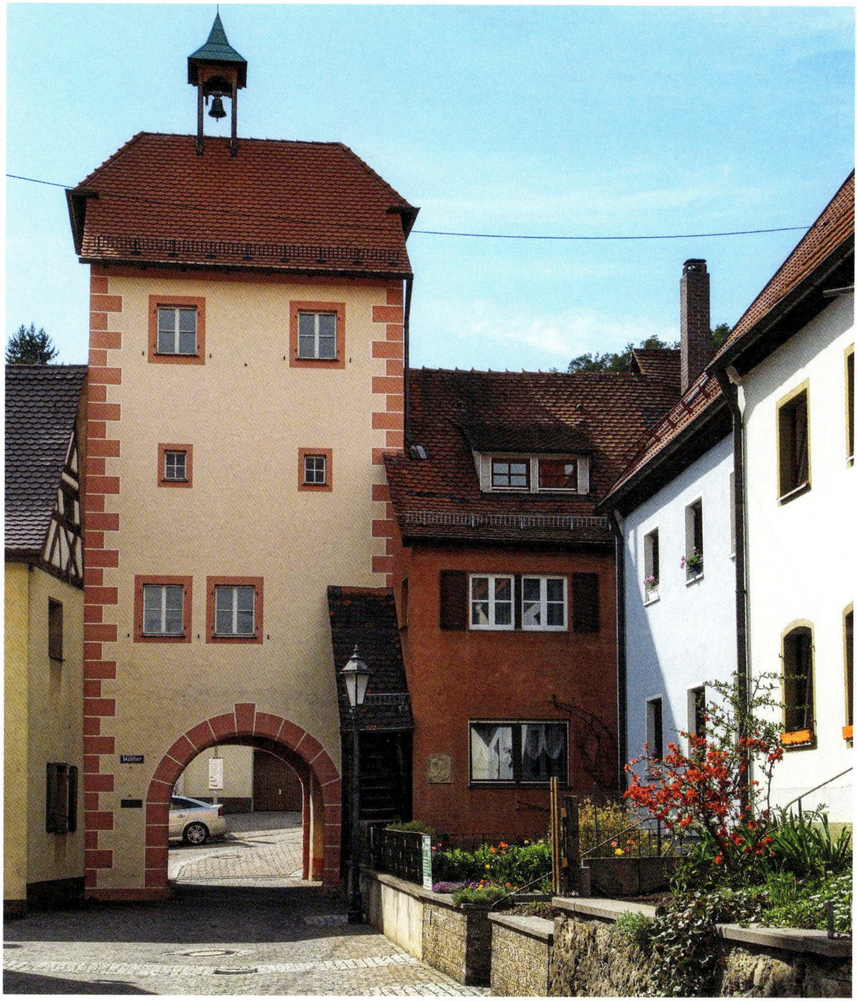

Das Mühltor in Velden

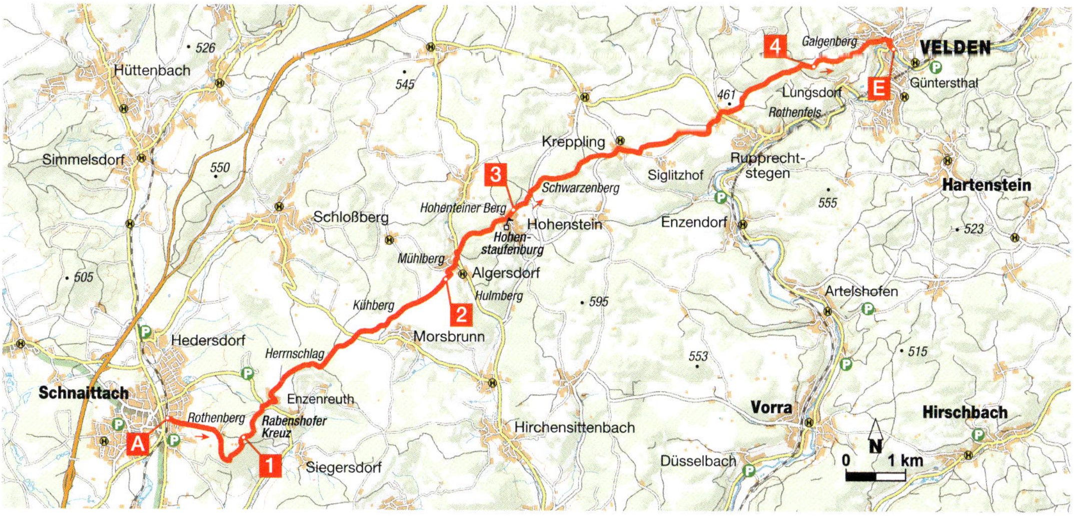

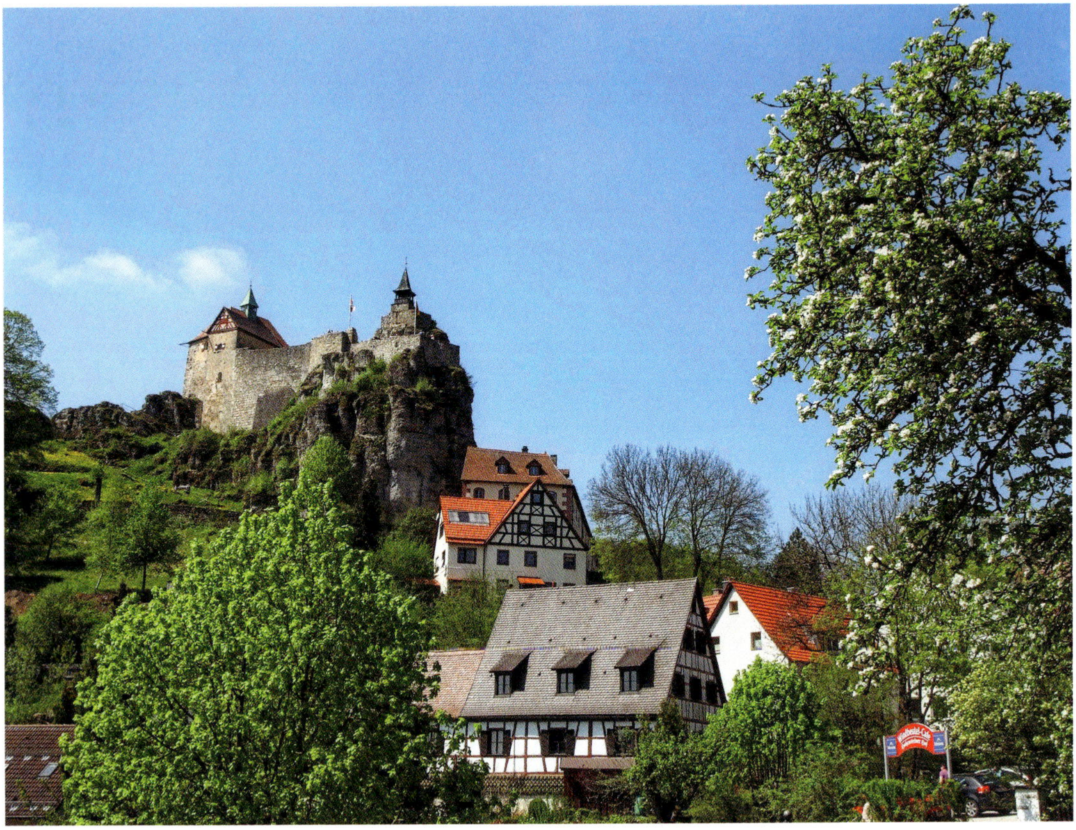

Blick zur Burg Hohenstein

Blick auf Schnaittach

Gebirgsweg. Hier bietet sich Ende März bis Anfang April ein Abstecher von etwa 500 Metern zum Märzenbecherwald an. Diese beliebte Frühlingsblume mit ihren cremeweißen Glöckchen und grünen Punkten am Blütenblattzipfel ist von alters her in Gärten anzutreffen. In der freien Natur steht sie unter Naturschutz und ist nur noch an wenigen Standorten anzutreffen.

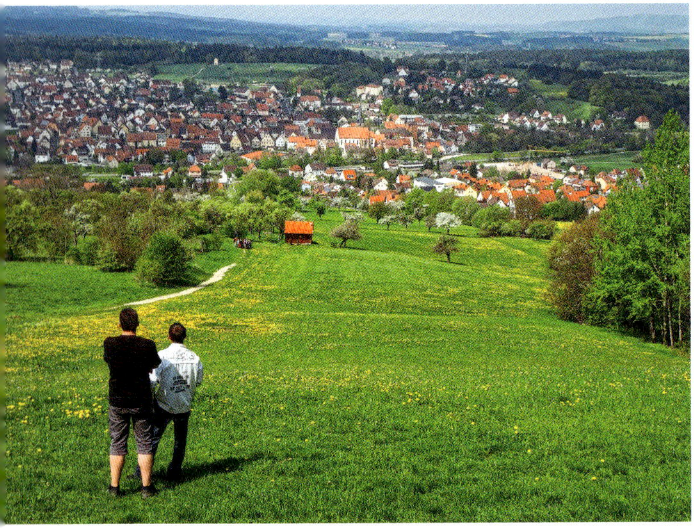

Im schönen Ankatal Zurück zur Markierung »rotes X«, wandern wir nach ❷ **Algersdorf**, durchqueren den Ort und steigen dann nach ❸ **Hohenstein** hinauf. Hier ist die Besichtigung der gleichnamigen Burgruine möglich, deren Anfänge bis ins 11. Jahrhundert zurückreichen. Nach der Zerstörung im Markgrafenkrieg (1552–1554) wurde die Burg im 16./17. Jahrhundert neu erbaut, aber in der ersten Hälfte des 19. Jahrhunderts dem Verfall preisgegeben. Wir überqueren zwischen Wald und Wiese ein Plateau, das sich zwischen dem Pegnitztal und dem Sittenbachtal erstreckt, und wandern dann in das Ankatal hinunter, ein reizvolles Trockental inmitten der schönen Karstlandschaft.

Im Tal geht es über die Straße, einen Wanderparkplatz und über die Pegnitz und ab hier folgen wir der Markierung »grüner Querstrich«. Unser Weg führt jetzt am Ufer der Pegnitz entlang, von malerischen Dolomitfelsen begleitet, nach **4** **Lungsdorf** und dann hinauf in das Gebiet der Dolomitkiefernwälder im oberen Pegnitztal bei Velden. Wir treffen noch oberhalb von Velden auf eine Wandertafel und folgen ab hier der Markierung »1« nach rechts. Der Weg führt steil hinunter zur Pegnitz. An einer historischen Mühle vorbei, kommen wir zum Ortskern von Velden und erreichen in wenigen Minuten den **E** **Bahnhof Velden**.

Sehenswerte Kleinstadt Velden

Im oberen Pegnitztal gelegen, geht der Name von Velden auf das germanische Wort *feld* – ebene Fläche – zurück. Erstmals im Jahr 889 in einer Urkunde von Kaiser Arnulf von Kärnten erwähnt, erhielt der Ort bereits 1376 von Kaiser Karl IV. das Stadtrecht verliehen. Ende des 14. Jahrhunderts begann der Bau der Stadtmauer mit drei Tortürmen, von denen nur das Mühltor erhalten ist. In der Südwestecke der Stadtbefestigung steht das ehemalige Pflegschloss (1540–1543 erbaut), heute teilweise in Privatbesitz. Die Pfarrkirche St. Maria (1350–1370 erbaut) besitzt eine reiche Ausstattung des späten 15. und frühen 16. Jahrhunderts. Sehenswert ist auch das Scheunenviertel mit seinen Scheunen in Fachwerkbauweise, das auf Anordnung Kaiser Karls IV. wegen der Feuergefahr außerhalb der Stadtmauer errichtet wurde.

Die Festung Rothenberg kann mit Führung besichtigt werden.

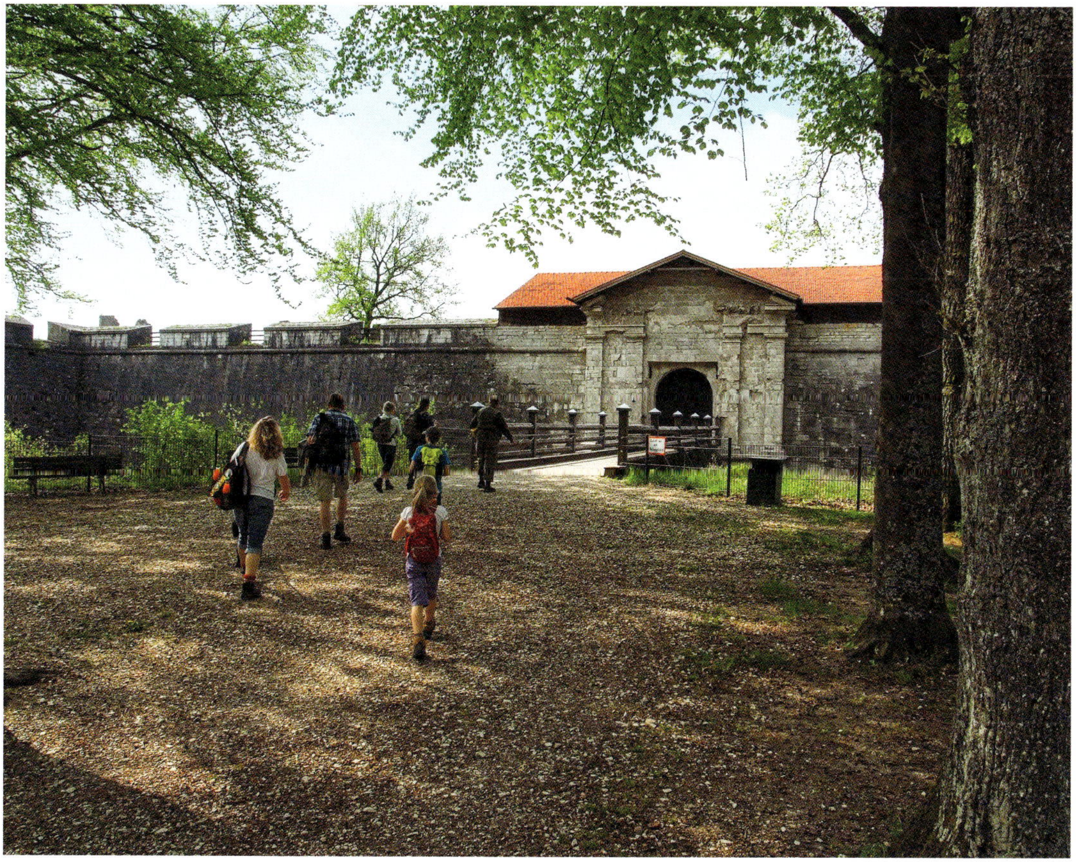

20

Archäologischer Rundweg zum Glatzenstein

Auf den Spuren der Hallstattzeit

Mittel | 3 Std. | 272 Hm | 9,5 km

Tourencharakter
Abwechslungsreiche Wanderung, vorwiegend auf Waldwegen und -pfaden

Ausgangs-/Endpunkt
Wanderparkplatz Schallerholz in Speikern

Anfahrt
Auto: A 9 bis Anschlussstelle Schnaittach, über Rollhofen nach Speikern. **Bahn/Bus:** Busverbindung mit Neunkirchen am Sand

Gehzeiten
Wanderparkplatz Schallerholz – Hintere Röt 0:30 Std. – Glatzenstein 2:00 Std. – Kersbach 2:30 Std. – Wanderparkplatz Schallerholz 3:00 Std.

Beste Jahreszeit
Frühjahr bis Herbst

Einkehr
Kersbach

Karte
Fritsch Wanderkarte Frankenalb im Nürnberger Land, Maßstab 1:50 000

Information
Markt Neuhaus a. d. Pegnitz, Unterer Markt 9, 91284 Neuhaus a. d. Pegnitz, Tel. 09156/929 10, www.neuhaus-pegnitz.de

Der archäologische Wanderweg zum Glatzenstein gehört zu den schönsten Touren im Nürnberger Land. Neben der Rekonstruktion eines Hügelgrabs gehört vor allem die Aussicht vom Glatzenstein zu den Höhepunkten der Wanderung durch verschiedene Waldgebiete.

Geschichtlicher Exkurs Wir beginnen unsere Wanderung am **A Parkplatz Schallerholz** und folgen dem Wegweiser »Archäologischer Wanderweg« geradeaus. Nach etwa 300 Metern befindet sich im Wald links ein 2700 Jahre altes Grabhügelfeld aus der Hallstattzeit (800–450 v. Chr.). Die Epoche wurde nach einem Gräberfeld, das oberhalb des Ortes Hallstatt in Österreich entdeckt wurde, so benannt.
Unser Weg führt leicht ansteigend weiter durch Fichtenwald und trifft auf eine Wiese. Hier sehen wir rechts ein Grabhügelmodell mit umgebender Steinsetzung und das Modell einer Grabkammer. Beides sind Rekonstruktionen von Grabhügeln, wie man sie zwischen Speikern und Rollhofen fand. Wir setzen unseren Weg fort und wandern durch schönen Buchenwald. Im Frühjahr ist der Waldboden hier dicht mit den weißen Blütensternen der Buschwindröschen bedeckt. Wir treffen auf einen

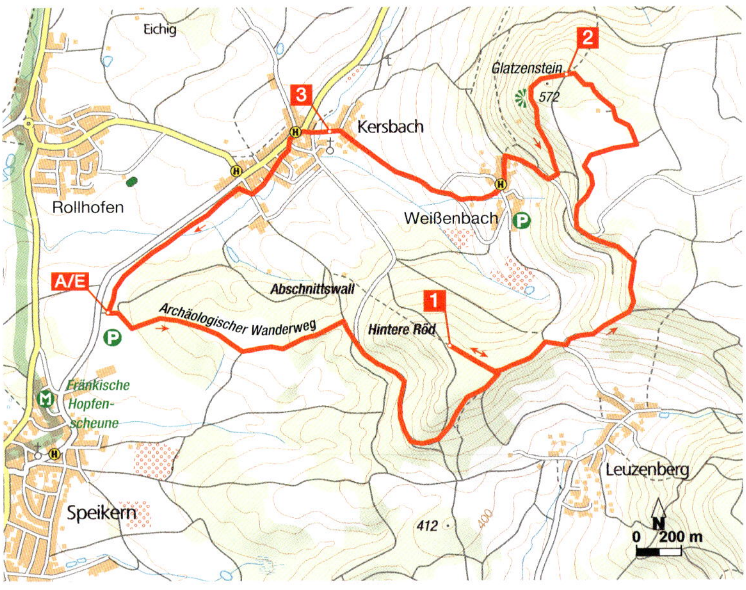

Ein schöner Wanderweg führt zum Glatzenstein.

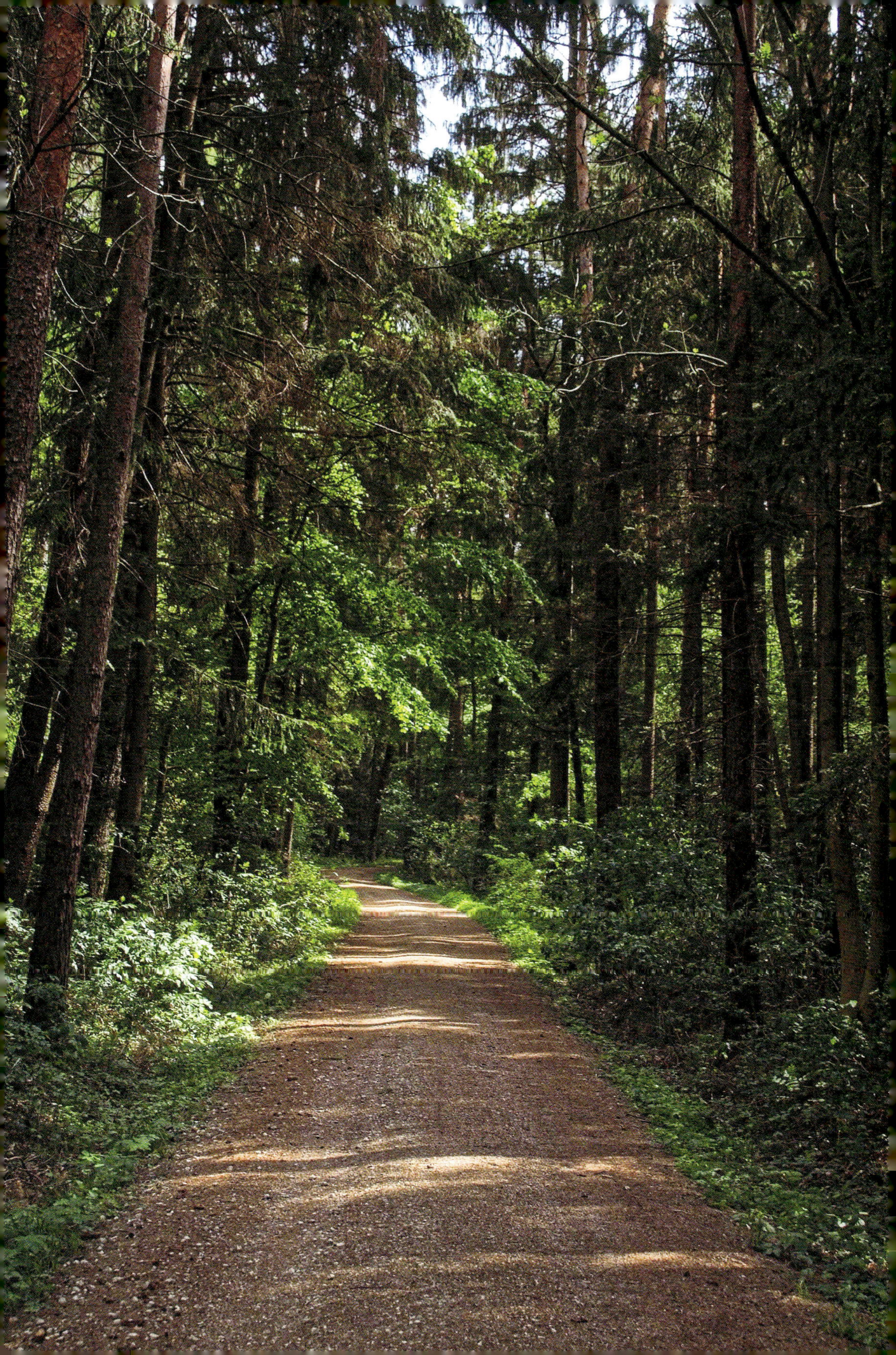

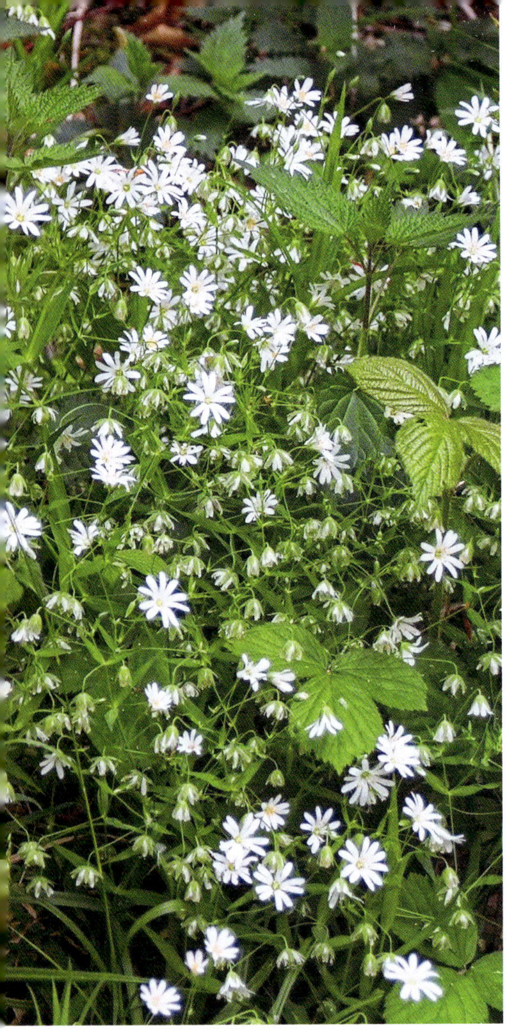

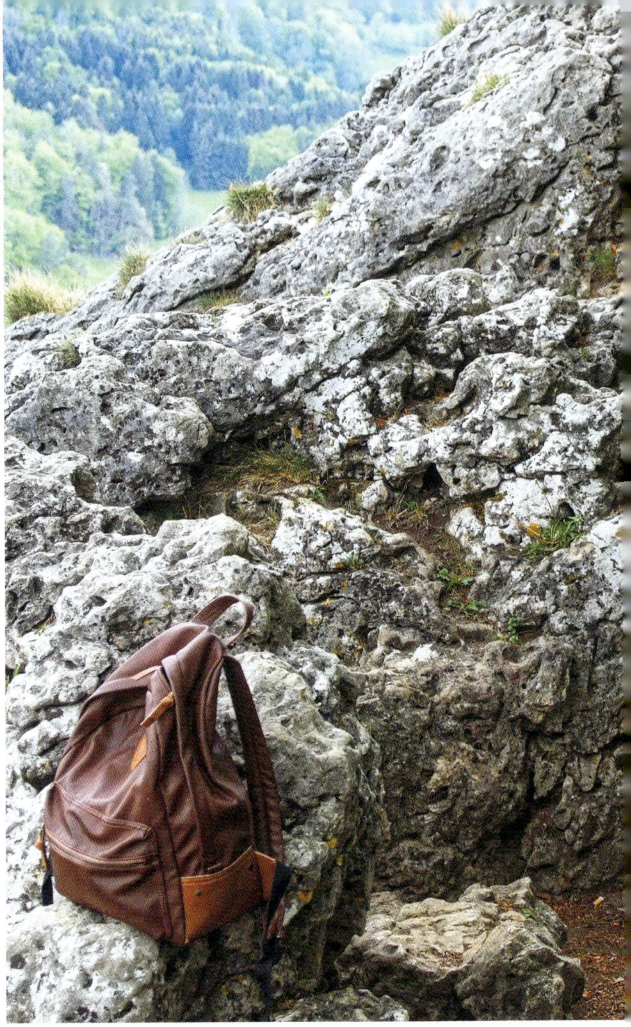

Links: Hornkraut blüht im Mai am Wanderweg.

Mitte: Auf dem Glatzenstein lässt es sich gut verschnaufen.

Rechts: Dieser Wegweiser steht im Schalerholz bei Speikern.

breiten Forstweg, halten uns rechts und wandern gemächlich bis zu einem Querweg. Dem Wegweiser »Wallanlage Hintere Röt« folgend, unternehmen wir einen kurzen Abstecher (etwa 150 Meter) nach links zur ❶ **Wallanlage**. Dieser Festungswall ist rund 1000 Jahre alt und gut zu erkennen. Zurück auf unserem Wanderweg, folgen wir dem »Reiterlein« geradeaus auf einem schönen Waldweg zwischen Buchen, einigen Fichten und Waldmeister am Wegesrand. An der Stelle, an der wir den Wald verlassen, halten wir uns zunächst leicht rechts, dann links und gelangen schließlich auf eine schmale Teerstraße, die recht steil bergab führt. An der Informationstafel über Geologie können wir die bizarre und eindrucksvolle Schichtung der Gesteine an einem Hang erkennen.

Auf zum Glatzenstein Jetzt führt uns unsere Wanderung auf einen sehr schönen ansteigenden Pfad nach links, wo uns der Wegweiser »Wanderzirkus Frankenalb« geradeaus weiterleitet. Zwischen Feld und Wald gelangen wir an eine Gabelung, halten uns links (die Abzweigung Weidenschlag ignorieren) und steigen auf einem sehr romantischen Waldpfad über Wurzeln und an bemoosten Felsen vorbei nach einem Linksschwenk auf den Gipfel des ❷ **Glatzensteins**. Es handelt sich bei die-

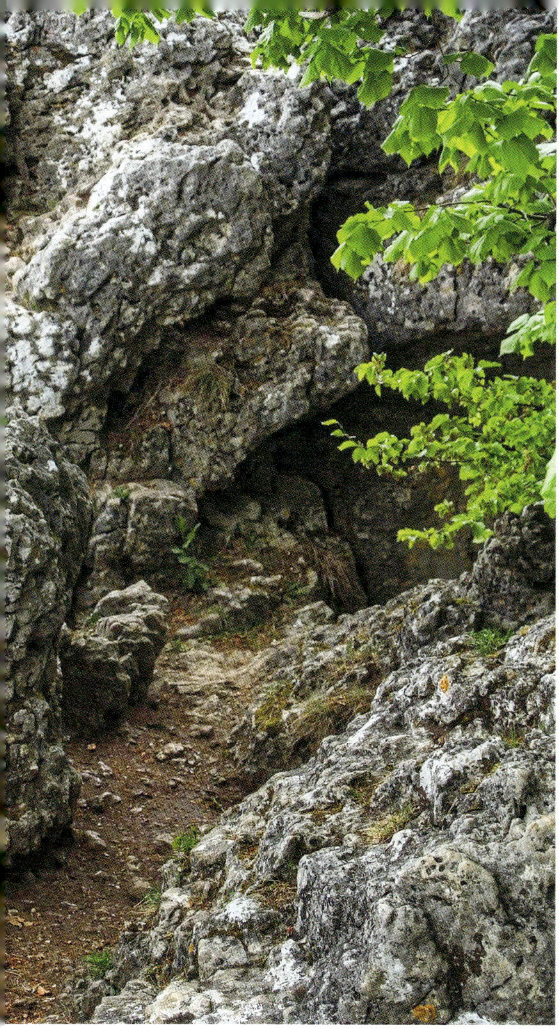

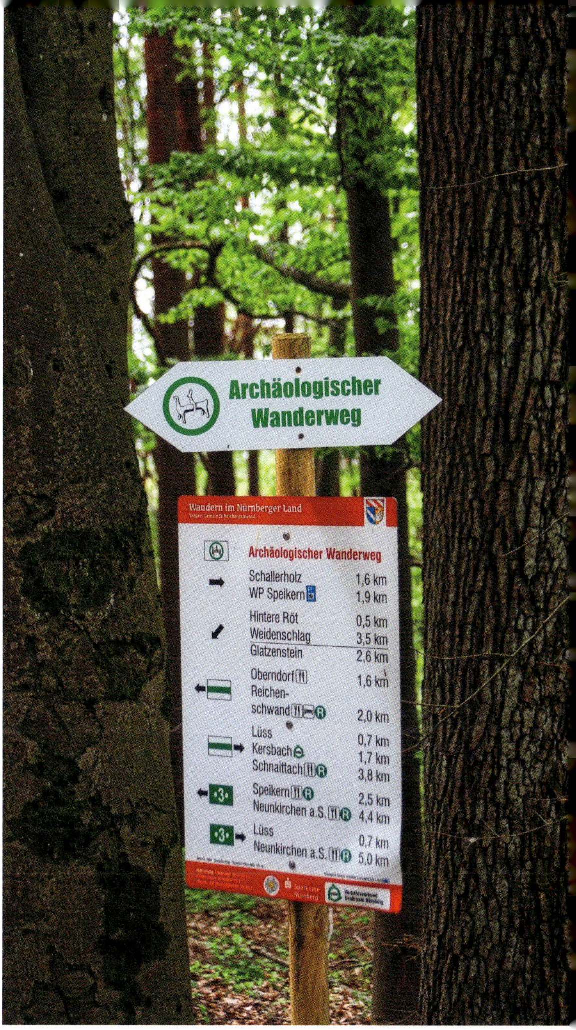

sem wunderbaren Aussichtspunkt um Jurakalk, der aus dem urzeitlichen Meer herausgehoben wurde. Unser Blick schweift in das Tal mit Kersbach, gegenüber thront die Festung Rothenberg. Direkt unterhalb des Aussichtsfelsens befindet sich die Glatzensteinhöhle, die – Funden zufolge – vermutlich schon vor 2500 Jahren genutzt wurde.

Nach einer kurzen Rast verlassen wir den Gipfel und folgen der Markierung »Reiterlein« auf einem Pfad hinunter zu einer Straße, auf der wir nach Weißenbach gelangen. Dort halten wir uns auf der Jurastraße rechts und wandern zwischen Hecken und Wiesen weiter abwärts, bis wir auf die Straße nach **3** Kersbach treffen. Am Ende des Ortes biegen wir nach rechts und gelangen zum Waldrand. Hier halten wir uns wiederum rechts, um zum **E** Wanderparkplatz Schallerholz zu gelangen.

Die Hallstattzeit

Die Hallstattkultur wurde nach einem großen Gräberfeld am Hallstätter See im österreichischen Salzkammergut benannt. Dort entdeckte man zu Beginn des 19. Jahrhunderts erstmals Überreste aus dieser Zeit. Zwischen 1846 und 1863 wurden hier unter Leitung von Johann Josef Ramsauer etwa 1000 Gräber freigelegt. Diese Epoche ist der Beginn des »eisernen Zeitalters«, denn das neue Material wurde zunächst für Schmuck und zur Verzierung von Waffen verwendet, bis es durch Bronze abgelöst wurde. Reich ausgestattete Fürstengräber wie in Hochdorf oder Vix spiegeln den Beginn einer aristokratischen Gesellschaft, wie sie in der vorangegangenen Urnenfelderzeit noch nicht erkennbar waren.

21

Naturerlebnispfad im Schönberger Forst

Spielen und Lernen

Leicht | 2 Std. | gering | 4,7 km

Tourencharakter
Vielseitige Wanderung auf Waldwegen und -pfaden, zahlreiche Stationen zum Lernen und Mitmachen

Ausgangs-/Endpunkt
Parkplatz bei den Moritzberg-Werkstätten, Nessenmühlstraße 35 in Lauf an der Pegnitz

Anfahrt
Auto: A 9 bei der Anschlussstelle Lauf an der Pegnitz verlassen und Richtung Lauf fahren, über Schönberg zur Nessenmühlstraße.
Bahn/Bus: Bahn von Nürnberg nach Lauf, Bus nach Schönberg

Gehzeiten
Parkplatz – Waldhaus 0:30 Std. – Moorauge 1:00 Std. – Waldspielplatz 1:30 Std. – Parkplatz 2:00 Std.

Beste Jahreszeit
Ganzjährig

Einkehr
Schönberg

Karte
Fritsch Wanderkarte, Nr. 75, Nürnberg, Fränkisches Seenland, Maßstab 1:50 000

Information
Bürgertreff Lauf an der Pegnitz, Hellergasse 2, 91207 Lauf an der Pegnitz, Tel. 09123/98 82 35, www.buergertreff-lauf.de

Der Naturerlebnispfad im Schönberger Forst ist ein vielfältiger und erlebnisreicher Waldwanderweg, auf dem Kinder und Erwachsene Eindrücke und Erfahrungen im Einklang mit der Natur sammeln können. Mitmachen, fühlen, hören ist die Devise dieser Wanderung.

Klangvoller Einstieg Wir beginnen unsere Wanderung am Ⓐ **Parkplatz** und gehen wenige Schritte zurück zur Nesselmühlenstraße. Dort biegen wir nach links und nach etwa 30 Metern erneut nach links. Nun gehen wir auf einem Feldweg bis zum Wald, wo wir an der Kreuzung dem

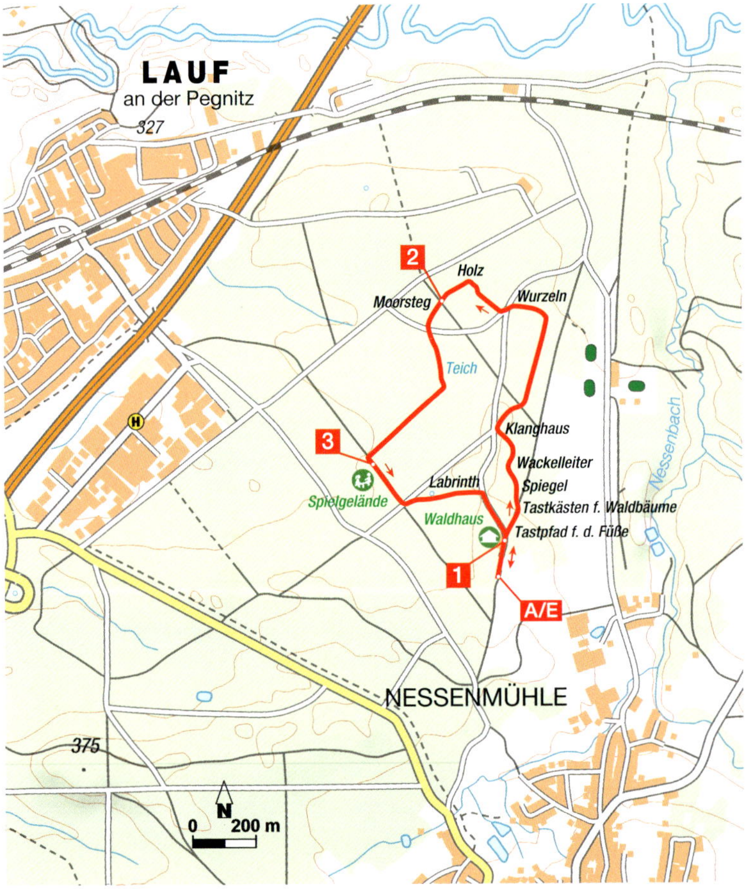

Auf dem Naturerlebnispfad im Schönberger Forst

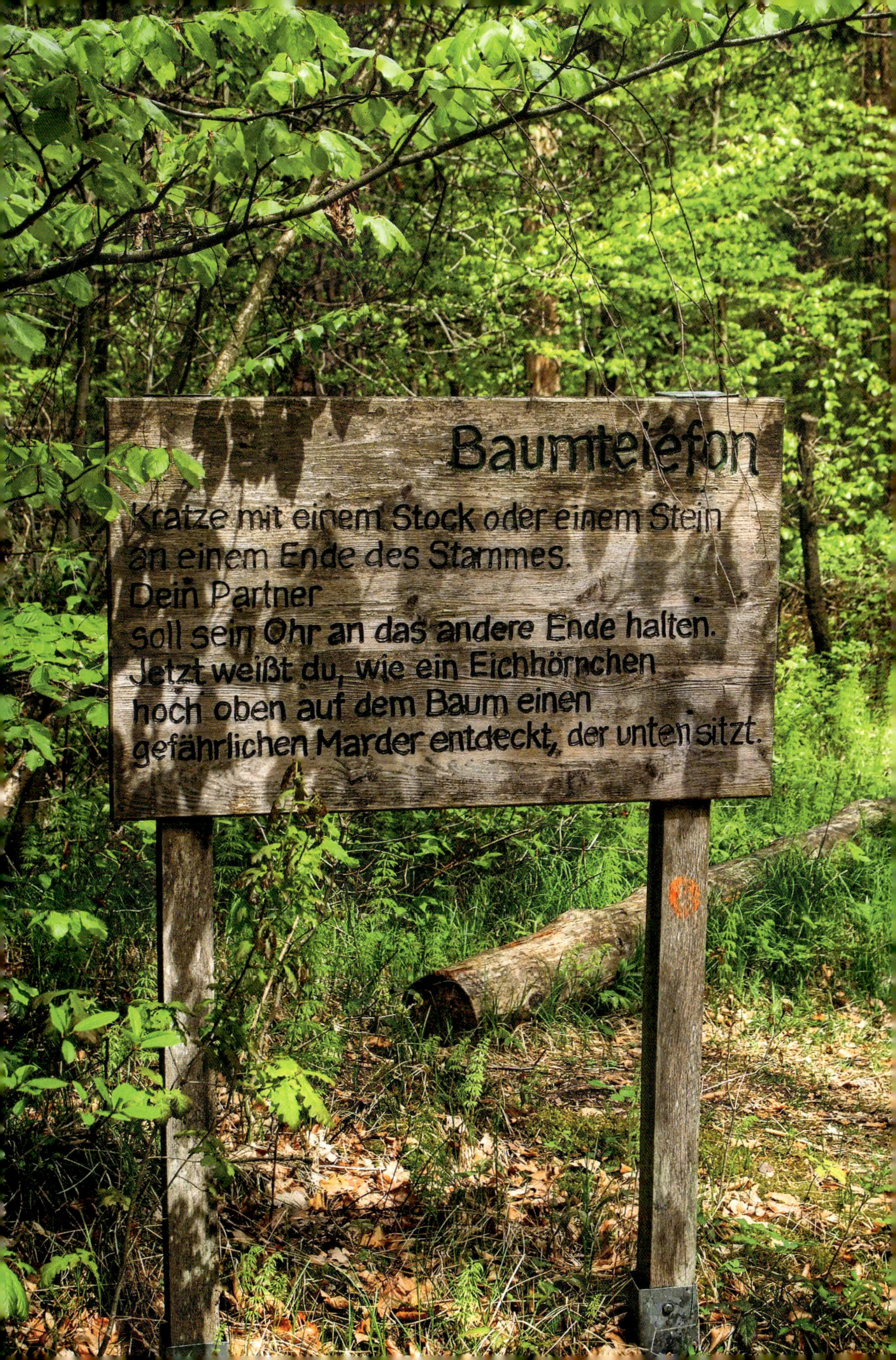
Baumtelefon
Kratze mit einem Stock oder einem Stein
an einem Ende des Stammes.
Dein Partner
soll sein Ohr an das andere Ende halten.
Jetzt weißt du, wie ein Eichhörnchen
hoch oben auf dem Baum einen
gefährlichen Marder entdeckt, der unten sitzt.

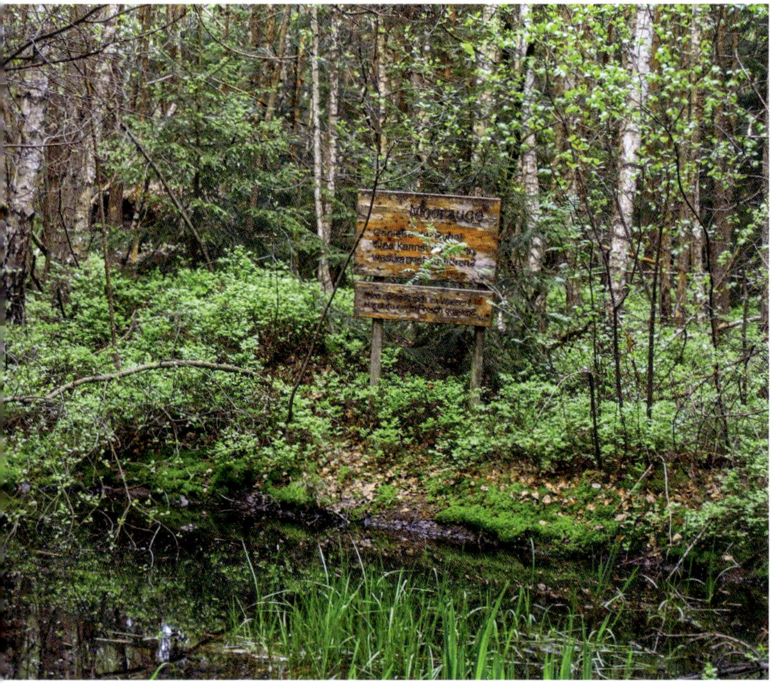

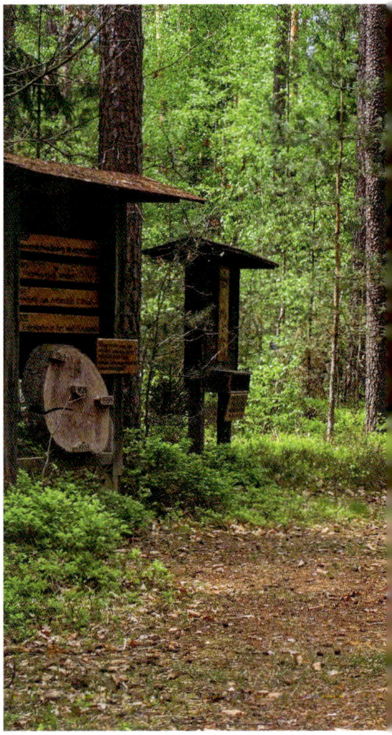

Links: Das Moorauge ist ein kleines Biotop.

Mitte: Auf dem Lehrpfad gibt es zahlreiche Informationen.

Rechts: Wegweiser mal anders

Wegweiser »Waldhaus« folgen. Zunächst am Wald entlang, dann im Wald, gelangen wir zum ❶ **Waldhaus**. Dort zweigt ein Pfad ab, der mit einem orangefarbenen Punkt versehen ist. Links sehen wir den Wegweiser »Naturerlebnispfad«, dem wir folgen. Die erste Station ist die Balancierbrücke, etwas weiter ist links der Seilgarten zu sehen. Wir steuern auf einem sich rechts dahinschlängelnden Pfad das Klanghaus an. Durch die besondere Akustik des Gebäudes sind die Töne der einzelnen Klangkörper gut wahrnehmbar.

Auf Schlängelwegen Auf schmalem Pfad setzen wir unseren Weg fort und kommen zum Baumtelefon, einem liegenden Baumstamm. Beeindruckend ist, wie durch Kratzen am einen Ende des Stammes Töne am anderen Ende zu hören sind. Abermals auf einem idyllischen Pfad wandernd, gelangen wir zur Baumwurzelstation,

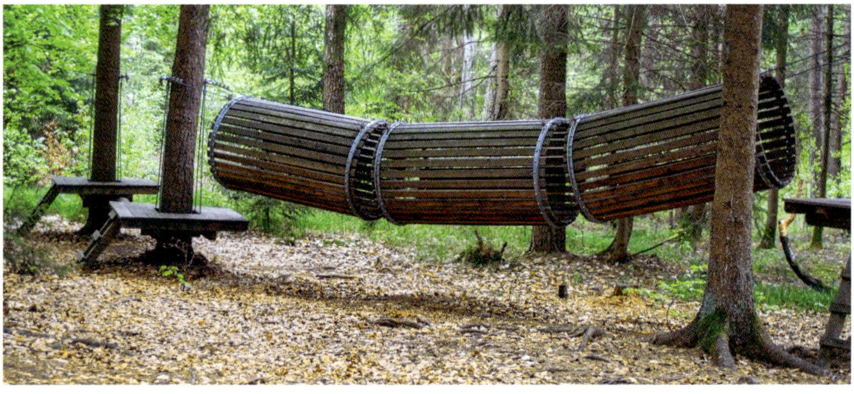

Der Seilgarten lädt zur aktiven Erholung ein.

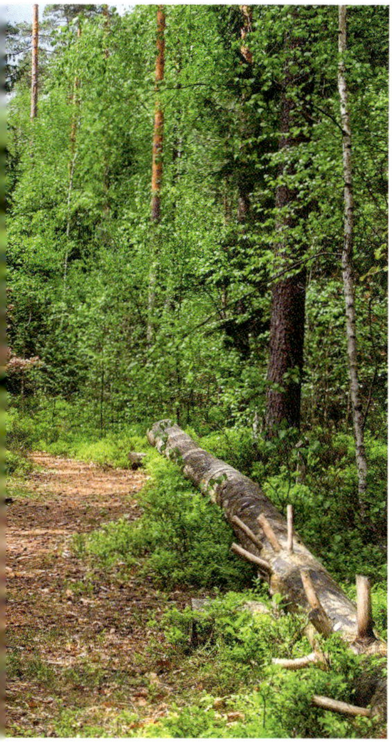

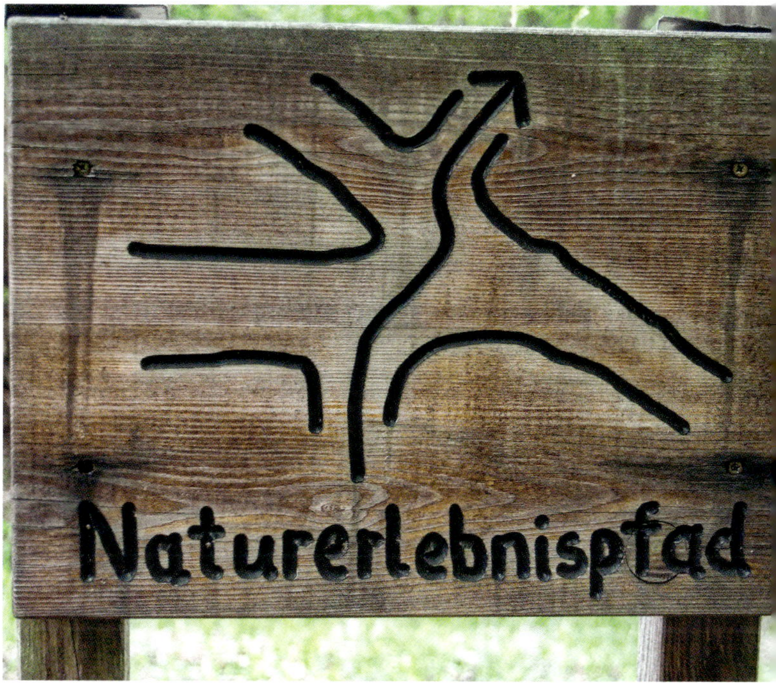

wo wir die unterschiedlichen Wurzeln umgefallener Bäume bewundern können. Der Weg führt zu einer breiten Forststraße, auf die wir rechts einbiegen, um bis zu einem Abzweig zu wandern. Dort gehen wir geradeaus weiter auf einem Pfad, kommen zur Holzstation, wo wir Interessantes über das Holz verschiedener Bäume erfahren. Auf einem sich dahinschlängelnden Weg, der beiderseits mit Blaubeeren bewachsen ist, erreichen wir das ❷ **Moorauge**, eine kleine Wasserfläche. Hier lädt eine Bank zum Verweilen ein, bevor wir den Weg fortsetzen und zu einer Forststraße kommen. Zuerst links, dann rechts schwenkend, gelangen wir zum Waldsee, einem idyllischen Weiher.

Jetzt wird es sportlich Kurz danach zeigt ein Schild nach rechts zum ❸ **Waldspielplatz**, wo wir einen Kletterturm mit Rutsche und ein Trampolin finden – besonders für Kinder eine große Freude. Von hier geht es links weiter bis zu einem Forstweg, dort halten wir uns abermals links und kommen zu einem eingezäunten Trinkwasserbrunnen. Weiter geht es rechts durch den Wald auf einem schmalen Pfad bis zu einer Lichtung. Hier befinden sich ein Weidenlabyrinth und eine Seilwippe. Hinter dem Labyrinth, ein Stück in den Wald hinein, versteckt sich ein Niedrigseilgarten, in dem Kletterkünste gefragt sind. Auf dem letzten Stück zum Waldhaus zurück gibt es noch einen Barfußpfad. Vom Waldhaus wandern wir auf dem bekannten Weg zum Ⓔ **Parkplatz** zurück.

Förderverein Naturerlebnispfad im Schönberger Forst

Der gemeinnützige Förderverein wurde 1993 mit dem Ziel gegründet, die Begegnung von Menschen mit und ohne Behinderung in der Natur zu fördern. Sinnliches Erleben soll die Liebe zur Natur wecken und festigen. Auch Berührungsängste sollen auf diese Weise abgebaut und ein Miteinander ohne Vorurteile ermöglicht werden.

Auf den Schmausenbuck

Rast am Valznerweiher

Mittel | 3:30 Std. | 50 Hm | 13 km

Tourencharakter
Abwechslungsreiche Wanderung vorwiegend auf bequemen Waldwegen

Ausgangs-/Endpunkt
Nürnberg-Fischbach, Pellergasse

Anfahrt
Auto: A 9 Anschlussstelle Nürnberg-Fischbach. **Bahn/Bus:** S 2 bis Fischbach Bahnhof und Bus 54, 56 oder 59 in den Ort

Gehzeiten
Fischbach – Tierpark 1:30 Std. – Schmausenbuck 2:00 Std. – Fischbach 3:30 Std.

Beste Jahreszeit
Frühjahr bis Herbst

Einkehr
Gaststätte Valzner Weiher, Tierpark

Karte
Fritsch Wanderkarte, Nr. 75, Nürnberg, Fränkisches Seenland, Maßstab 1:50 000

Information
Touristinformation Nürnberg, Hauptmarkt 18, 90403 Nürnberg, Tel. 0911/233 60, www.tourismus.nuernberg.de

Am Valznerweiher erwartet den Wanderer ein beliebtes Ausflugslokal.

Der Schmausenbuck ist eine Erhebung östlich von Nürnberg. Eine abwechslungs- und lehrreiche Wanderung führt durch das reizvolle Waldgebiet und bietet neben der schönen Aussicht vom Schmausenbuck auch die Gelegenheit, den Tierpark zu besuchen.

Im lichten Kiefernwald Wir beginnen unsere Wanderung im Zentrum von **Ⓐ Fischbach** und gehen in der Pellergasse bis zum Pellerschloss, das auf der linken Seite steht. Es gilt als das schönste Schloss Fischbachs und wurde im 14. Jahrhundert erstmals erwähnt. Vom Fischbach umflossen, ist auch der kleine Skulpturengarten sehenswert. Im Markgrafenkrieg (1449/1450) zerstört, wurde das Pellerschloss als Renaissanceschloss wiederaufgebaut und gelangte in den Besitz derer von Peller. Heute gehört es der Stadt Nürnberg und kann Mittwochnachmittag oder auf Anfrage (Tel. 0911/231 50 62) besichtigt werden.

Vom Schloss aus folgen wir dem Eisweiherweg mit der Markierung »blaues Andreaskreuz«. Anfangs am Feldrand entlang, gelangen wir

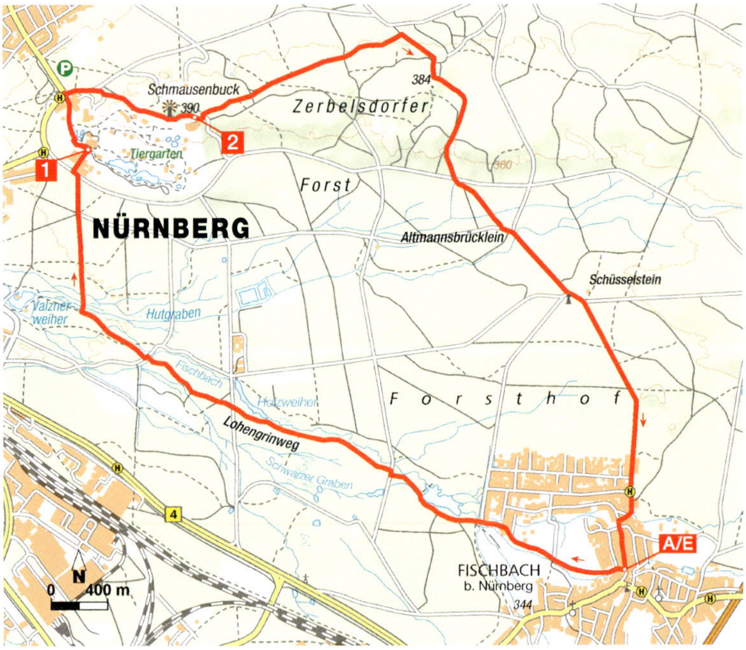

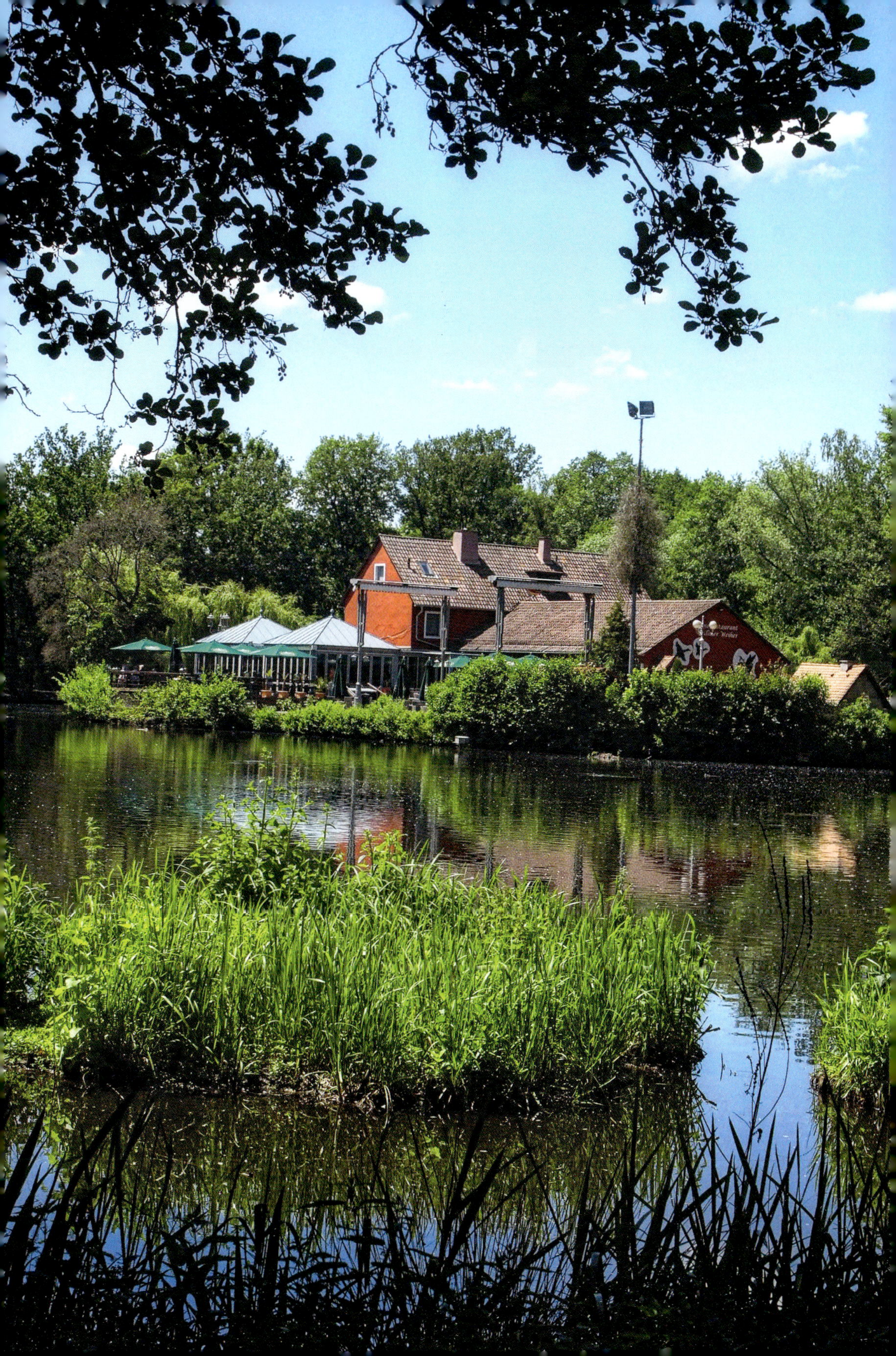

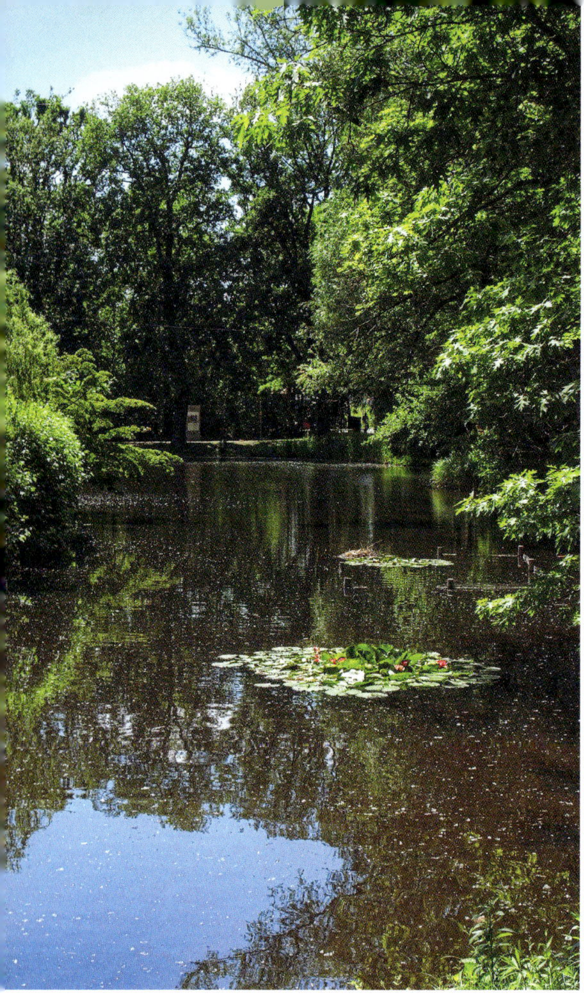

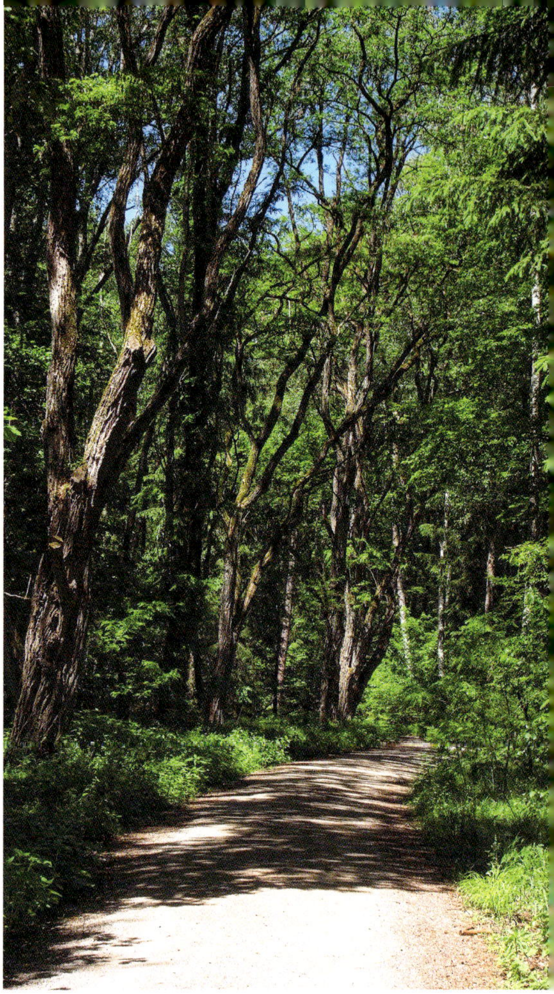

Links: Den Wanderweg begleiten mehrere Weiher, hier mit Seerosen.

Rechts: Bizarre Robinien wachsen am Wanderweg im Lorenzer Reichswald.

bald in einen Kiefernwald, der von einigen Laubgehölzen durchsetzt ist. Wir befinden uns im Lorenzer Reichswald, einem Teil des Nürnberger Reichswalds. Sein Name stammt von der Hauptkirche St. Lorenz im gleichnamigen Nürnberger Stadtteil. Ursprünglich ein Kiefern-Birken-Eichen-Mischwald, dominieren heute durch Übernutzung und Aufforstung die Kiefern.

Rast am Valznerweiher Wir überqueren eine kleine Brücke und wandern vorbei an Laubgehölzen wie Holunder, Ahorn und Heckenrosen. Hohe Farne bedecken den Waldrand und gelegentlich tauchen an feuchteren Stellen auch Erlen auf. Unser Weg führt an einem romantisch gelegenen Weiher vorbei, wo ein Sitzplatz zur Rast einlädt. Auf unserem weiteren Weg fallen einige skurrile Akazien auf, die ihre gebogenen Stämme in den Himmel recken. Nachdem wir eine kleine Brücke überquert haben, treffen wir auf eine schmale Straße mit festem Feinschotterbelag, die wir überqueren, um den Weg dann schräg links in den Wald fortzusetzen. Wir kommen an Sumpfgebieten mit kleinen Tümpeln vorbei, wo unter anderem Wasseriris und Sumpfvergissmeinnicht wachsen. Allmählich nähern wir uns dem ❶ **Valznerweiher**, einem reizvollen Waldsee. Ursprünglich ein Teich in einer Kette von mehreren Gewässern, hat er heute eine Größe von etwa vier Hektar. An seinem Ufer lädt die

Gaststätte Valzner Weiher zur Rast ein, bevor wir unseren Weg in Richtung Tiergarten fortsetzen.

Über Schmausenbuck zurück Etwa nach 200 Metern gelangen wir zu einer Bank und der Hinweistafel »Walderlebnispfad am Valznerweiher«, eine zwei Kilometer lange Rundtour. Wir setzen unseren Weg zum Tierpark auf dem Ulmenweg fort und folgen dem Wegweiser. Zunächst geradeaus wandernd, verlassen wir den Wald und treffen auf eine Straße und einen Parkplatz. Von hier kommen wir direkt zum Tierpark, an dessen Eingang wir in die Straße Richtung Schmausenbuck gehen. Nach etwa 50 Metern finden wir rechts die Markierung »blauer Querstrich« (Anton-Leidinger-Weg). Sie führt uns auf den ❷ **Schmausenbuck** mit Aussichtsturm (geöffnet So 13–17 Uhr, Eintritt 2,30 €, Kinder 1,50 €), wo wir den Blick in Richtung Westen nach Nürnberg schweifen lassen.

Nachdem wir die Aussicht genossen haben, folgen wir der Markierung »blauer Querstrich« weiter. Nach etwa zwei Kilometern treffen wir auf eine Wegkreuzung, an der wir der Markierung »blauer Punkt« nach rechts folgen. Der Weg führt an alten Steinbrüchen vorbei, in denen früher Quader für die Nürnberger Burg abgebaut wurden. Durch dichten Fichtenwald gelangen wir allmählich zum Schlüsselstein, der in keltischer Zeit kultische Bedeutung hatte. Unser Weg führt geradeaus weiter über den Bärenbühl in Richtung Fischbach. Über die Flachsröststraße stoßen wir auf die Pellergasse, wo wir unsere Rundtour in Ⓔ **Fischbach** begonnen haben.

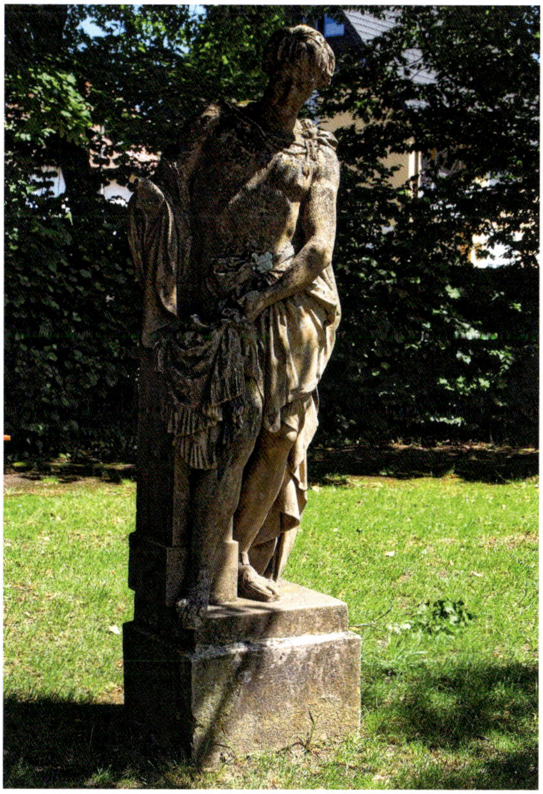

Diese Putte steht im Schlosspark Nürnberg-Fischbach.

Tiergarten Nürnberg

Am Stadtrand von Nürnberg im Lorenzer Reichswald befindet sich der Nürnberger Tiergarten, ein 65 Hektar großer Landschaftszoo mit etwa 300 Tierarten, unter ihnen auch zahlreiche gefährdete Arten. Der Tiergarten wurde 1939 als Landschaftszoo am Schmausenbuck errichtet und bietet durch seine großzügigen Wald- und Wiesenlandschaften mit Weihern und ehemaligen Steinbrüchen naturnahe Gehege für die Tiere.

Die Palette der Tiere und Lebensräume reicht von heimischen Wasservögeln und Fischen über die Grevy-Zebras der Halbwüsten und Steppen, Somali-Wildesel und Kropfgazellen bis zu einer tropischen Regenwald-Landschaft im Manatihaus. Dort bietet eine überschwemmte Amazonaslandschaft dem Manati, einer südamerikanischen Seekuh, das ganze Jahr ein feuchtwarmes Klima. Sie ist auch das Wappentier des Vereins der Tiergartenfreunde Nürnberg e.V. Otter, Pinguine, Seelöwen, Delfine und Eisbären leben im Aqua-Park, einer weitläufig gestalteten Wasserlandschaft.

Schwarzachschlucht und Brückkanal

Imposante Felsszenerie

Mittel 1:45 Std. 70 Hm 7 km

Tourencharakter
Reizvolle Wanderung am Ufer der Schwarzach entlang beeindruckender Felsformationen

Ausgangs-/Endpunkt
Waldgaststätte Brückkanal

Anfahrt
Auto: A 9 Anschlussstelle Feucht, Richtung Schwarzenbruck, über Schwarzenbrucker Straße und Am Brückkanal bis zum Parkplatz der Waldgaststätte. **Bahn/Bus:** Bahnhof Feucht

Gehzeiten
Waldschänke Brückkanal – Gustav-Adolf-Höhle 0:30 Std. – Schleuse 52 1:00 Std. – Waldschänke Brückkanal 1:45 Std.

Beste Jahreszeit
Frühjahr bis Herbst

Einkehr
Waldschänke Brückkanal

Karte
Fritsch Wanderkarte, Nr. 75, Nürnberg, Fränkisches Seenland, Maßstab 1:50 000

Information
Touristinformation Nürnberg, Hauptmarkt 18, 90403 Nürnberg, Tel. 0911/233 60, www.tourismus.nuernberg.de

Die Schwarzachklamm ist eine der imposantesten Schluchten im Nürnberger Land und ideal für entspannende Wanderungen. Im Lauf von Jahrmillionen hat sich die Schwarzach hier in den harten Burgsandstein eingeschnitten und eine beeindruckende Kulisse mit Höhlen und Felstoren geschaffen.

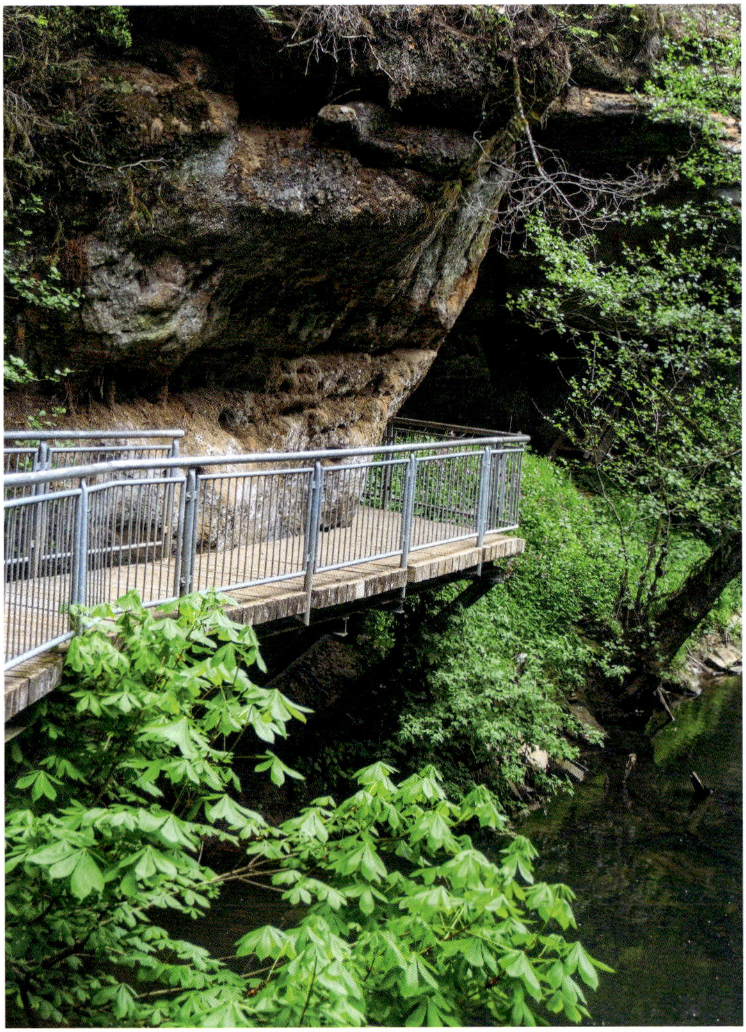

Wanderweg an der Schwarzach

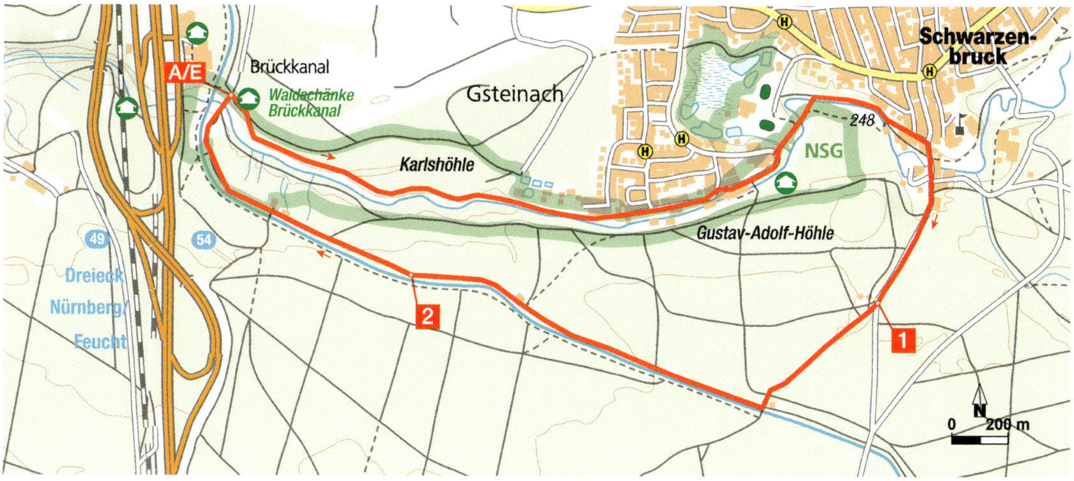

Imposante Karlshöhle Wir beginnen unsere Wanderung an der **A Waldschänke Brückkanal**, durchqueren den Biergarten und kurz danach weist uns das Schild »Lehrpfad« den Weg nach rechts. An der sprudelnden Quelle gehen wir, der Markierung »blaues Andreaskreuz« folgend, einige Stufen nach unten, bis wir auf einen Pfad am Ufer der Schwarzach treffen. Dort folgen wir dem Weg nach links. Jetzt geht es auf weichem Waldboden am Fluss entlang und begleitet von verschiedenen Baumarten. Links zieht sich ein Hang entlang, der immer steiler wird. Die locker stehenden Laubbäume bieten besonders an heißen Tagen angenehmen Schatten. Bald ragen zwischen den Bäumen die ersten Felsen auf. Neben steilen Wänden, zahlreichen Löchern und Überhängen aus Fels bietet der Burgsandstein hier wunderschöne Ausblicke. Die Schwarzach hat hier im Lauf von Jahrmillionen eine bizarre Welt geschaffen, die immer wieder beeindruckt. Teilweise führt unser Weg unter Felsüberhängen hindurch, die mit Moosen und Farnen bewachsen sind. Wo der Weg schmaler wird, helfen Holzstege, um weiter voranzukommen. Schließlich erreichen wir die Karlshöhle, wo das Wasser im Laufe von Tausenden von Jahren eine tiefe Einbuchtung modelliert hat. Der Weg führt direkt an

Die »Arbeit« der Schwarzach

Der harte und widerstandsfähige Burgsandstein entstand zur Zeit des Keupers vor rund 200 Millionen Jahren und ist in Mittelfranken recht häufig. Die Schwarzach konnte sich nur entlang von Störungen und Klüften tief einschneiden, der harte umgebende Sandstein blieb standhaft, wodurch die steilen Wände der Schluchten erhalten blieben. Wo Tonlagen oder weichere Sandsteine vorhanden sind, konnte das Wasser sie im Lauf der Zeit abtragen, wodurch im Schwarzachtal Unterspülungen und Höhlen entstehen konnten. Auch Löcher oder netzförmige Verwitterungsformen an den Schluchtwänden sind typisch für den Sandstein.

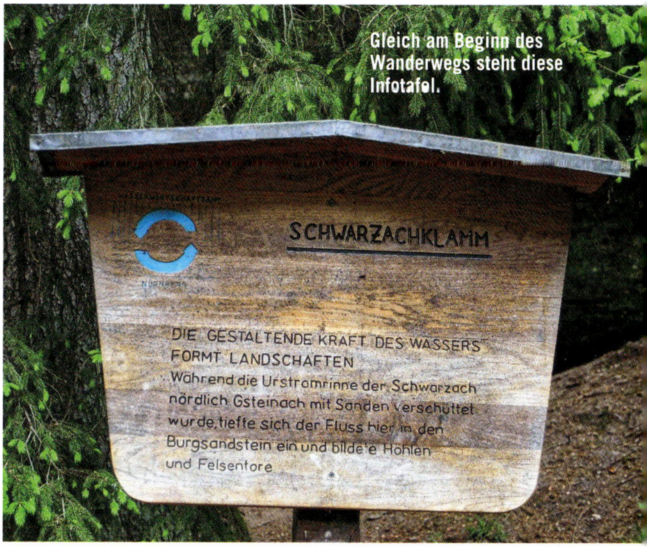

Gleich am Beginn des Wanderwegs steht diese Infotafel.

der Felswand entlang und über einen Steg in die Höhle hinein. Leise plätschert ein kleines Rinnsal aus dem Felsen und die zarten Farben des Gesteins verlocken zum Verweilen und Schauen. Manche Stellen der Wände sind von intensiv grünen Flechten überzogen, die besonders im Dämmerlicht beeindruckend wirken können.

Zur nächsten Höhle Durch ein kleines Felsentor verlassen wir die Höhle und überqueren anschließend die Schwarzach auf einer Brücke. Die Schlucht wird breiter und steil aufragende Sandsteinfelsen bestimmen jetzt das Bild. Wir gelangen zu einer Treppe, kommen am Wehr des alten Flusskraftwerks Gsteinach vorbei und verlassen die Schlucht. Eine Bank bietet Gelegenheit zur Rast und die Möglichkeit, einen Blick in die Schlucht zu werfen. Kurz danach gehen wir auf einer Treppe wieder hinunter und wandern auf dem schmalen Weg zur ❶ **Gustav-Adolf-Höhle**. Sie

Die Kraft des Wassers hat diese Felsen an der Schwarzach geschliffen.

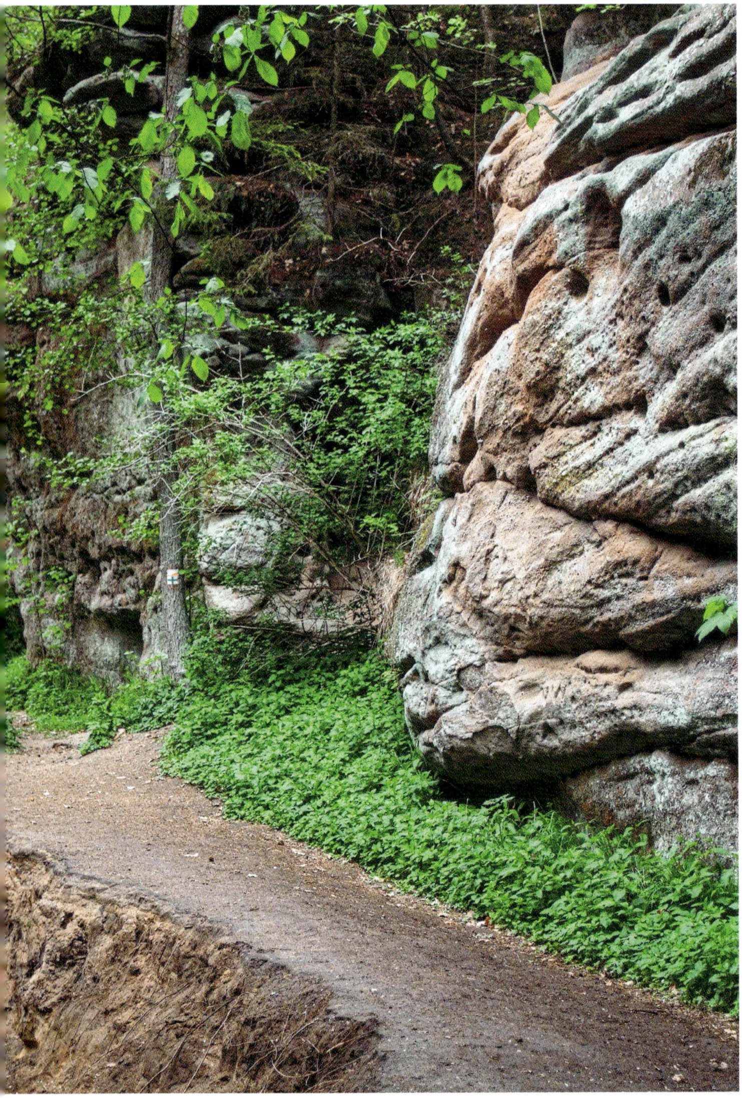

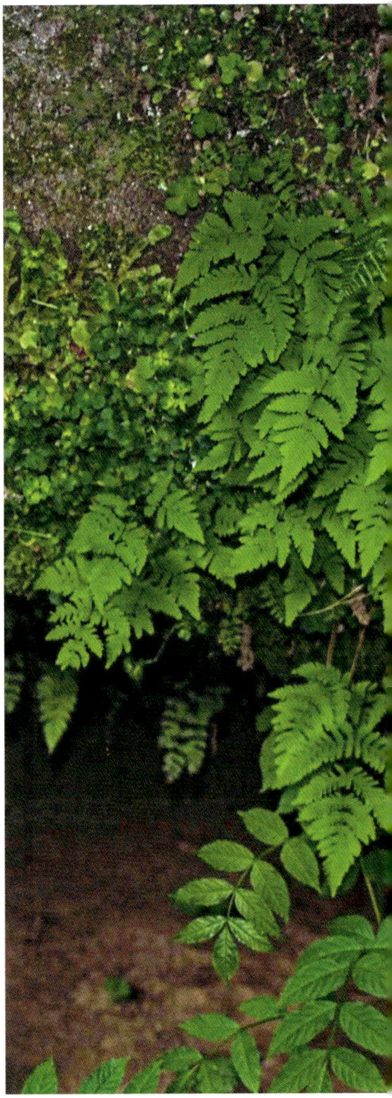

wurde nach dem Schwedenkönig benannt, der hier im Jahr 1632 nach der siegreichen Schlacht gegen Wallenstein einen Dankesgottesdienst abhielt. Auf einer Bank kann man entspannen und die beeindruckende Kulisse genießen. Danach führt der Weg allmählich aus der Schlucht heraus und wir folgen der mäandernden Schwarzach bis nach Schwarzenbruck. Dort halten wir uns rechts und gelangen über die Dürrenhembacher Straße und über eine Brücke am Wehr vorbei in den Wald. Entlang von Strommasten kommen wir zum Alten Kanal, wo eine Brücke über die ❷ **Schleuse 52** führt. Hier bietet sich eine schöne Aussicht über den Kanal und zur nächsten Schleuse. Kanalabwärts wandern wir auf dem Schotterweg an weiteren Schleusen vorbei und überqueren am Ende des Weges eine Kanalbrücke. Hier biegen wir rechts ab und kommen so zum Ausgangspunkt an der Ⓔ **Waldschänke Brückkanal** zurück.

An den feuchten Felsen gedeihen im Schatten zahlreiche schöne Farne.

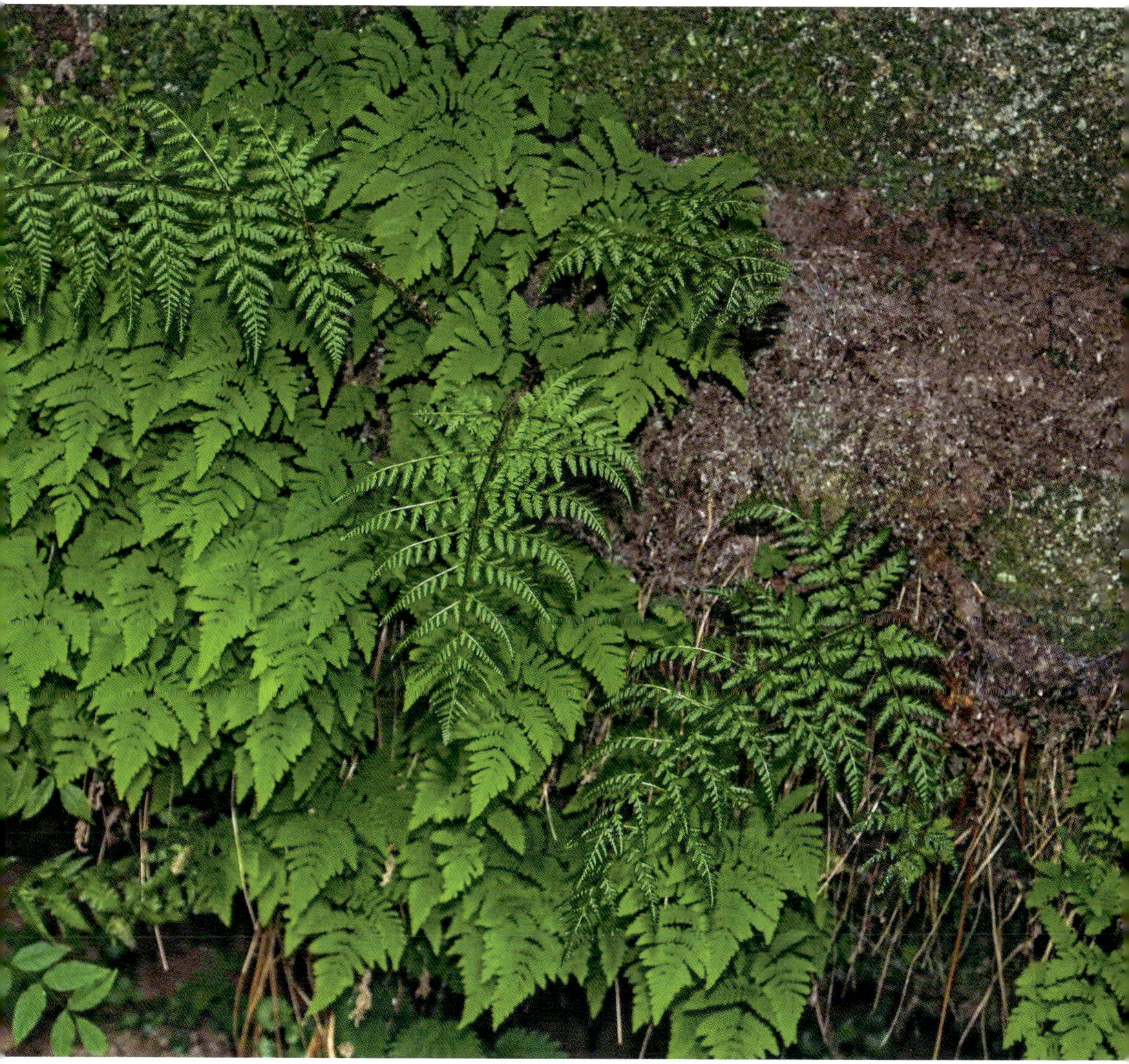

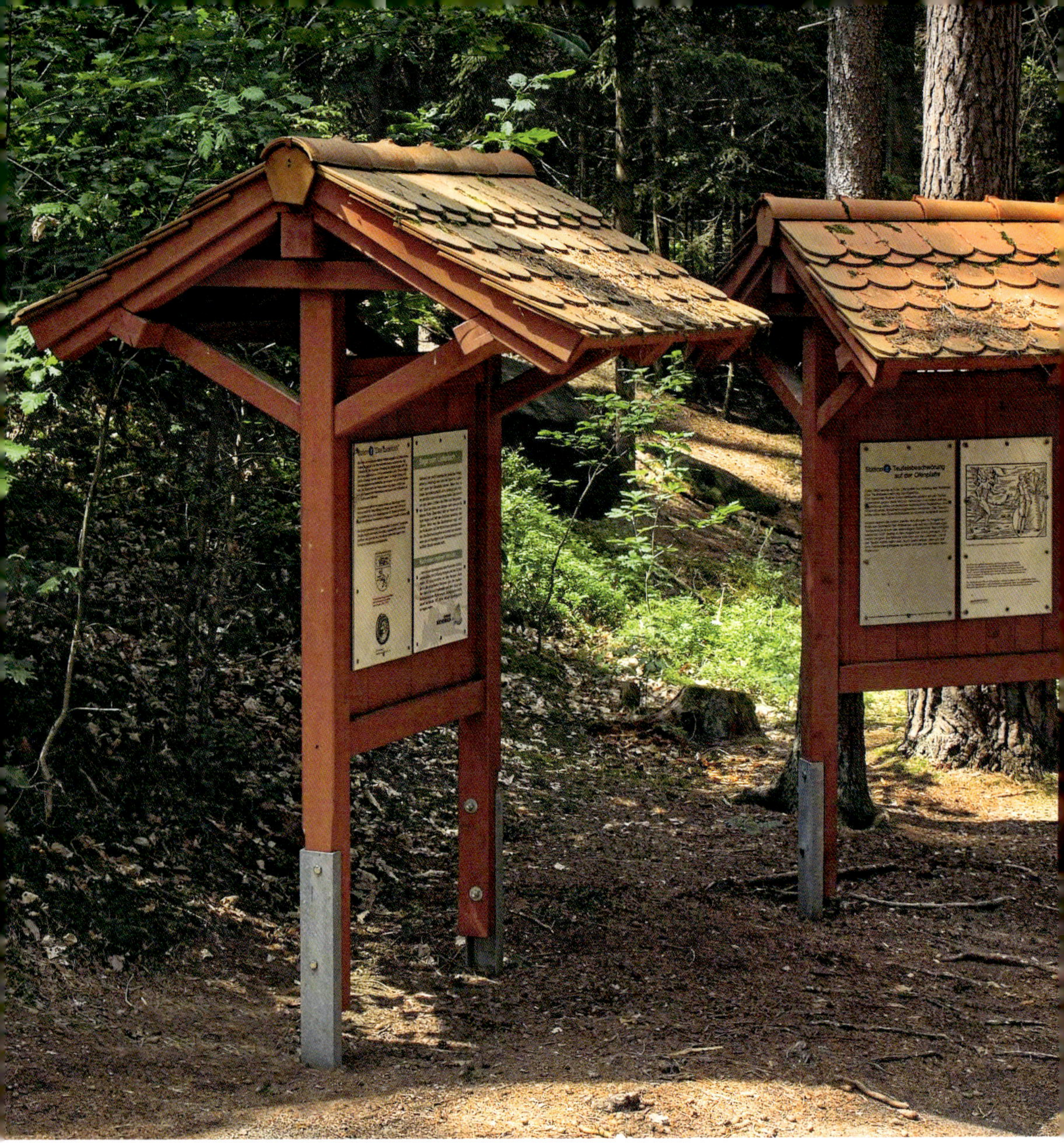

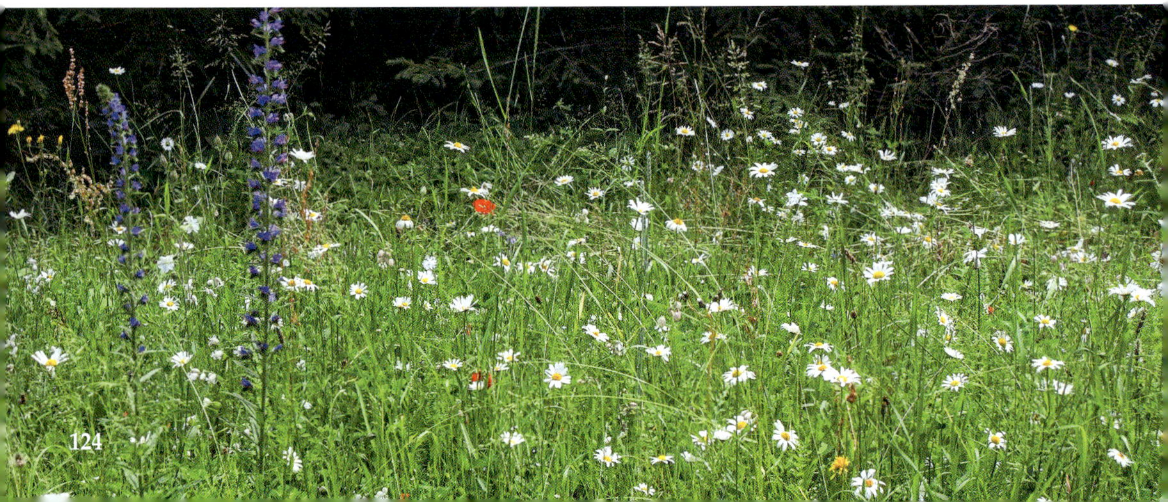

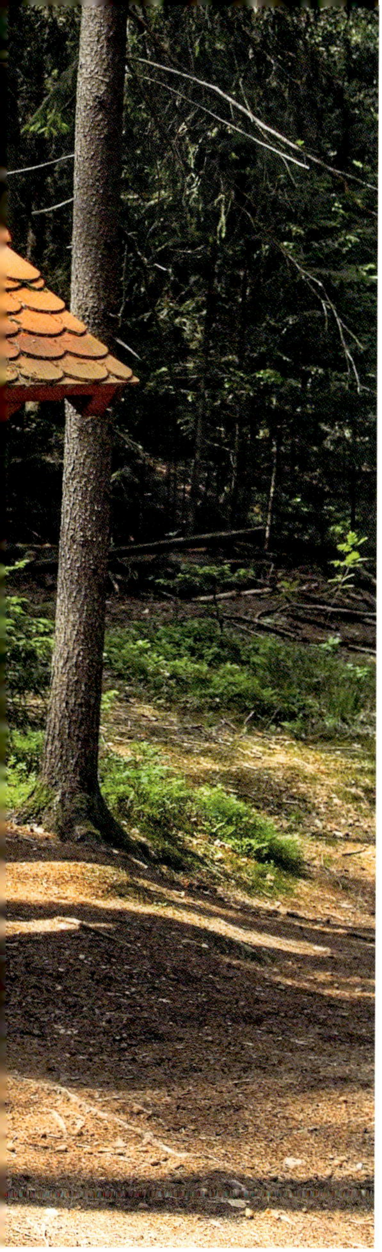

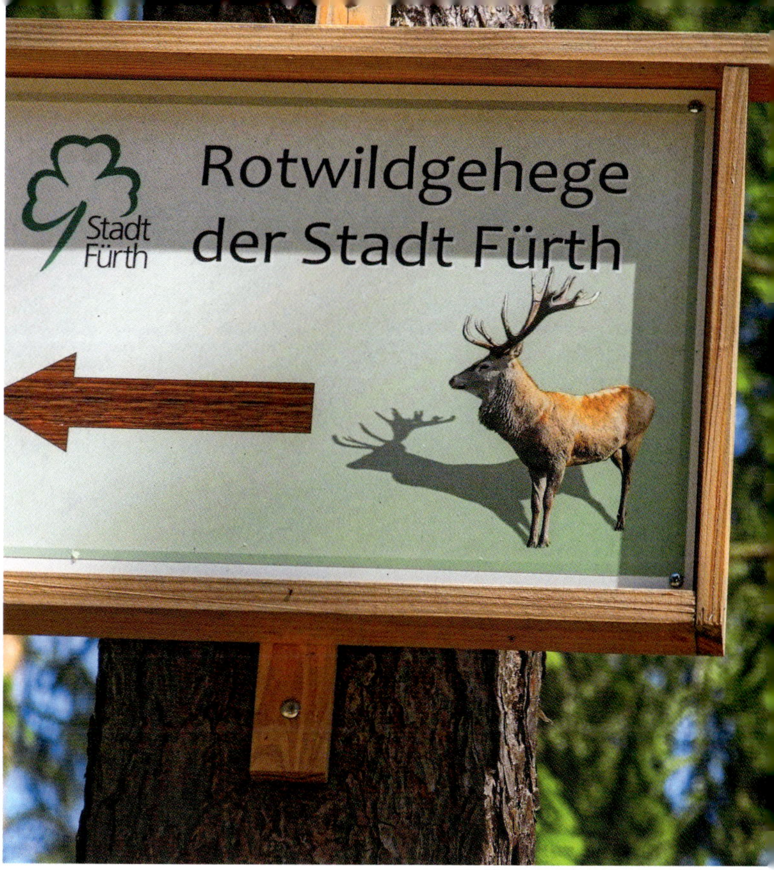

Fränkisches Seenland und Steigerwald

Auf dem Sagenwanderweg gibt es reichlich Informationen (o. li.). Info-Tafel im Fürther Stadtwald (o. re.), in dem es schöne Sitzplätze gibt (u. re.). An Waldrändern gedeiht eine artenreiche Flora (u. li.).

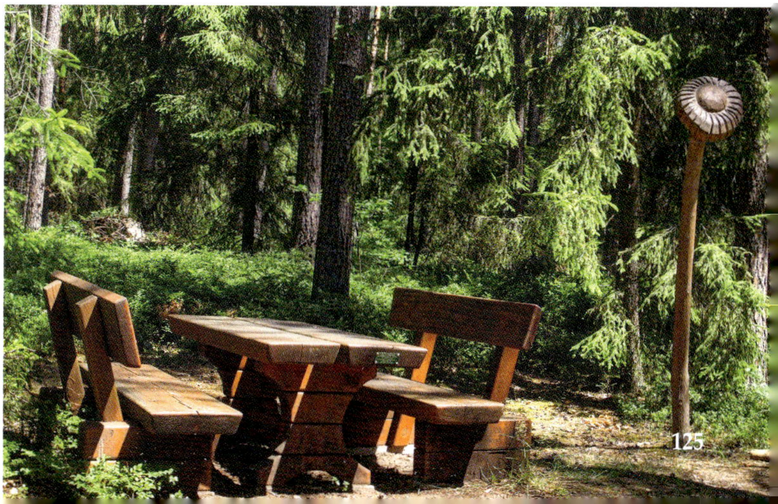

Zu den Finstermühlweihern

Im Meckenloher Holz

Mittel 4 Std. 106/58 Hm 15 km

Tourencharakter
Abwechslungsreiche Wanderung im Wechsel zwischen Wald- und Wiesenwegen

Ausgangspunkt
S-Bahnhof Rednitzhembach

Endpunkt
Allersberg

Anfahrt
Auto: A 6 Anschlussstelle Schwabach Süd, auf B 2 bis Rednitzhembach. **Bahn/Bus:** Bahnverbindung mit Nürnberg

Gehzeiten
S-Bahnhof Rednitzhembach – Main-Donau-Kanal 0:45 Std. – Ruhestein 1:30 Std. – Harrlach 3:00 Std. – Allersberg 4:00 Std.

Beste Jahreszeit
Ganzjährig

Einkehr
Allersberg

Karte
Fritsch Wanderkarte, Nr. 75, Nürnberg, Fränkisches Seenland, Maßstab 1:50 000

Information
Gemeinde Rednitzhembach, Rathausplatz 1, 91126 Rednitzhembach, Tel. 09122/69 20, www.rednitzhembach.de

Das ganze Jahr über ist die Wanderung zu den Finstermühlweihern ein Erlebnis. Abwechslungsreiche Pfade im Meckenloher Holz, der Rednitzgrund mit seinen idyllisch gelegenen Weihern und der Main-Donau-Kanal gehören zu den Erlebnissen auf dieser Wanderung.

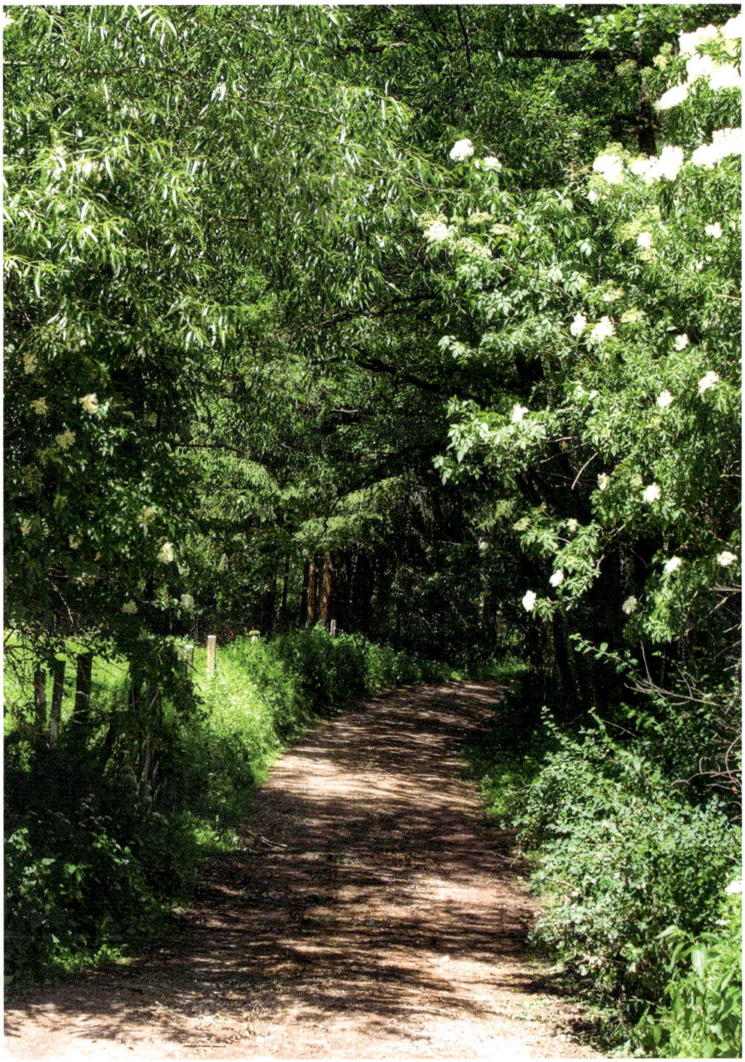

Im Meckenloher Holz begleiten auch Holunderbüsche den Wanderweg wie hier bei der Finstermühle.

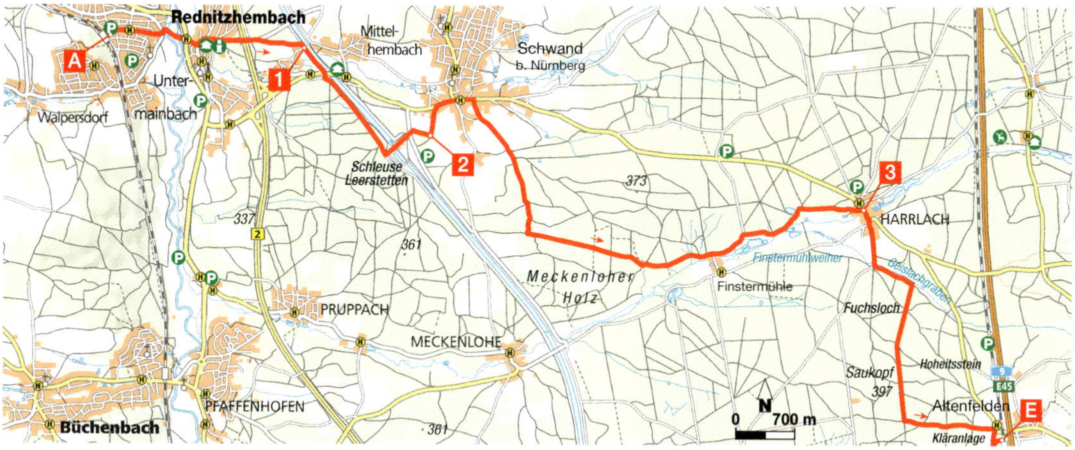

Zum Main-Donau-Kanal Am Ⓐ **S-Bahnhof Rednitzhembach** überqueren wir den Bahnhofsvorplatz und biegen rechts in die Bahnhofstraße. Hier finden wir die Markierung »gelber Querstrich«, die uns durch den Ort im leichten Linksbogen zur Rednitz führt. Wir überqueren den Fluss und biegen beim Backhaus Lederer in den Schaftnacher Weg ein. An einer Straßengabelung wählen wir den Mittelhembacher Weg und verlassen den Ort. Auf einem Asphaltweg unterqueren wir die B 2 und biegen nach etwa 100 Metern nach rechts ab (ohne Markierung). Nach 50 Metern treffen wir auf die Markierung »gelber Querstrich« und auch auf die Markierung »blauer Punkt«. Über den leicht ansteigenden Hohlweg erreichen wir schließlich den ❶ **Main-Donau-Kanal**. Dort gehen wir rechts am Kanal entlang, überqueren nach kurzer Strecke den Hembach und wandern mit der Markierung »blauer Punkt« im Linksbogen zur Schleuse Leerstetten mit einer schönen Aussicht. Die Infotafeln hier enthalten Details über die Schleuse. Nach etwa 200 Metern folgen wir der Markierung »blauer Punkt« nach rechts hinauf zum Fußweg am Main-Donau-Kanal. Nach wenigen Metern erreichen wir einen kleinen Wanderparkplatz und können hier

Der Main-Donau-Kanal

Eine Verbindung zwischen Main, Rhein und Donau wurde schon im Mittelalter angestrebt und die Fossa Carolina (Karlsgraben), 793 unter Karl dem Großen errichtet, war ein erster Versuch, der sich aber nicht durchsetzen konnte und bald wieder aufgegeben wurde. Erst König Ludwig I. von Bayern erließ 1834 ein Gesetz für Planungen, um eine Verbindung zwischen Main und Donau zu schaffen. Von 1836 bis 1846 wurde der Kanal mit 100 Schleusen und einem Höhenunterschied von 264 Metern errichtet. Auch Ludwigkanal genannt, war der Kanal im 18. und 19. Jahrhundert eine 172,4 Kilometer lange wichtige Wasserstraße, die zwischen der Donau bei Kelheim und dem Main bei Bamberg verlief. 1950 aufgelassen, wurde er zwischen 1960 und 1992 als Main-Donau-Kanal neu errichtet. Im historischen Umfang ist der Kanal zwischen Beilngries und Nürnberg mit einigen Funktionen weitgehend erhalten. Zu den herausragenden Sehenswürdigkeiten gehören unter anderem Trogbrücken und der Schwarzach-Brückkanal.

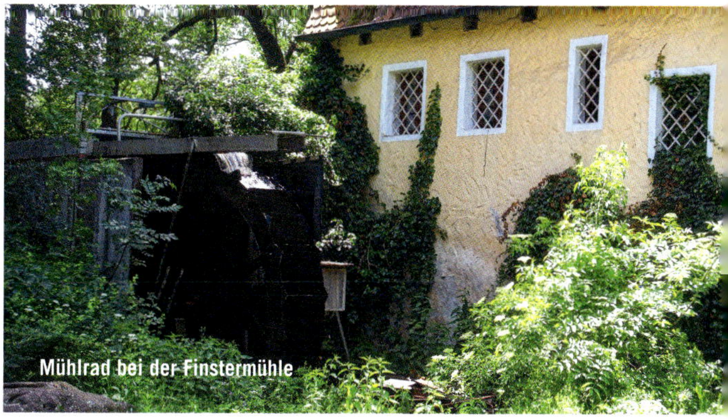
Mühlrad bei der Finstermühle

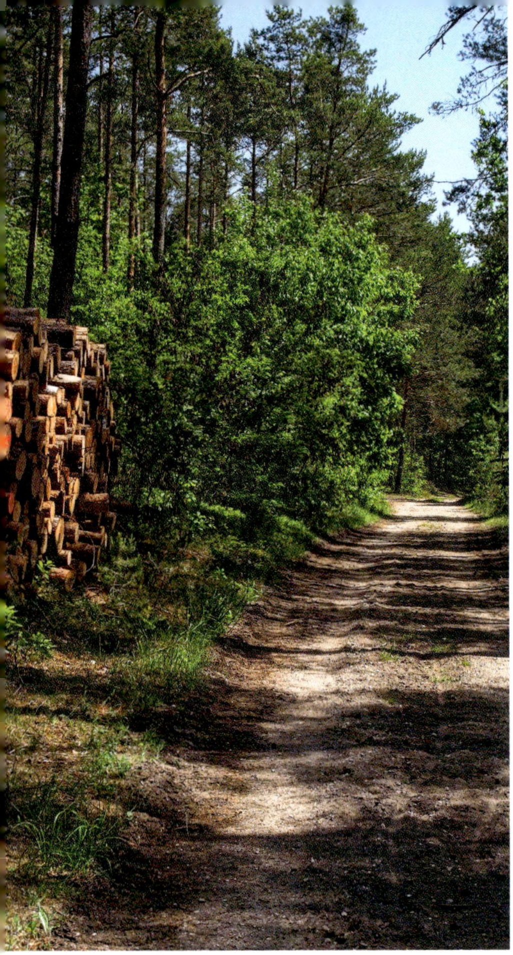

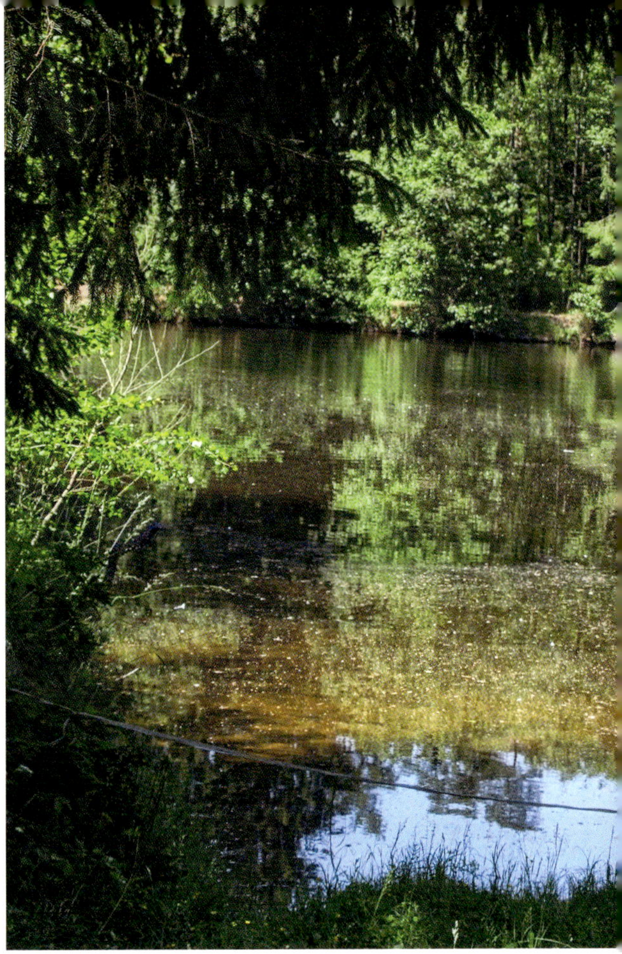

Links: Wanderweg zu den Finstermühlweihern

Mitte: Finstermühlweiher sind wertvolle Biotope.

Rechts: Auch Fingerhut wächst am Wanderweg.

eine kleine Verschnaufpause einlegen. Etwa nach einem weiteren Kilometer auf der kleinen Straße oberhalb des Kanals treffen wir an einem Waldstück auf den ❷ Ruhestein. Er wurde beim Bau des Main-Donau-Kanals beiseite geräumt. Überliefert ist, dass er von zwei Meckenloher Bürgern geborgen und nach Fertigstellung des Kanals an diesem Ort aufgestellt wurde. Früher diente der Stein Wanderern und Kaufleuten als Rastplatz und diese Funktion hat er sich bis heute erhalten.

Zu den Finstermühlweihern Wir setzen unsere Wanderung mit der Markierung »blauer Punkt« nach links fort und gelangen in ein großes Waldgebiet. Der Weg führt unter einer Stromleitung hindurch und über zwei Lichtungen. Danach mündet von links ein Weg ein und wir erreichen eine Lichtung links des Weges. Die Markierung »blauer Punkt« führt uns durch das Meckenloher Holz, ein Waldgebiet mit wechselndem Baumbestand. An vielen Stellen lohnt sich eine kleine Pause, um innezuhalten und die Natur zu genießen. Umgestürzte Bäume, bemooste Stämme, kleine Tümpel sowie eine reiche Bodenflora aus Farnen und Blütenpflanzen bestimmen das Bild der unberührt erscheinenden Natur. Unser Weg führt durch das Waldgebiet mit den Finstermühlweihern, das von zahlreichen wasserführenden Gräben durchsetzt ist. Schon nach kurzer Zeit ist die Finstermühle durch die Bäume zu sehen. Sie stammt aus dem 18. Jahrhundert. Wir nehmen den Abzweig nach rechts zur Mühle,

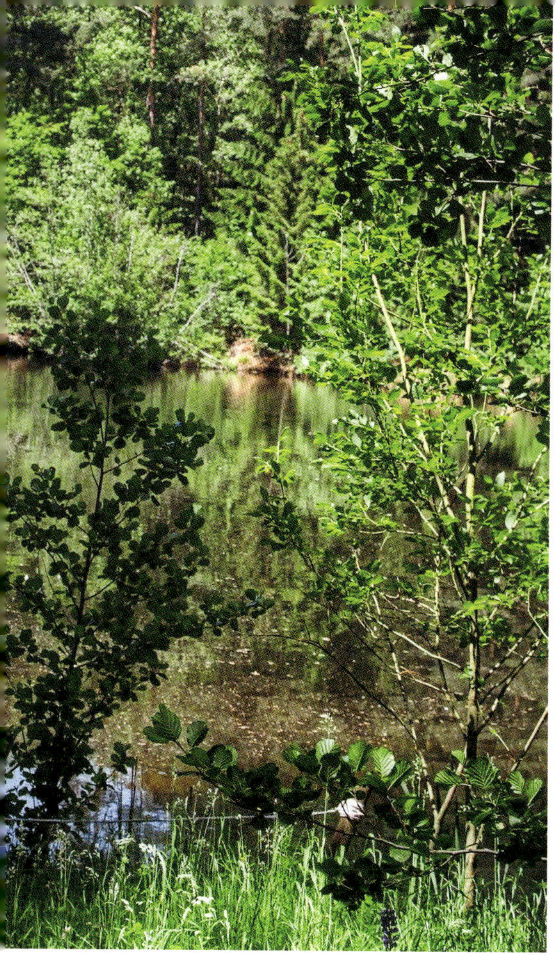

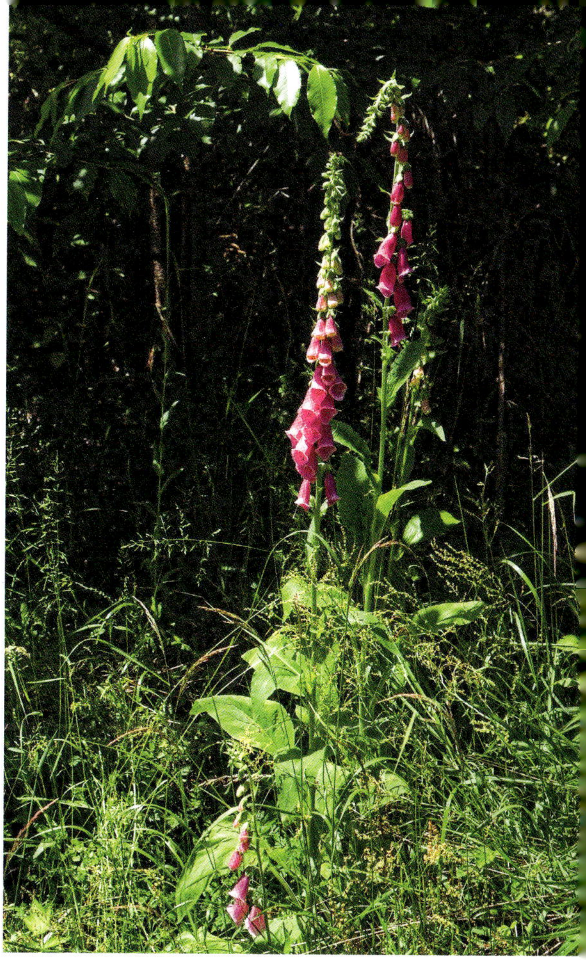

wo wir das alte Mühlrad betrachten können. Von zahlreichen Weihern begleitet, setzen wir unsere Wanderung am Finsterbach fort und entfernen uns allmählich von dem gemächlich dahinplätschernden Bach und verlassen den Hauptweg nach rechts. Mit der Markierung »blauer Punkt« gelangen wir auf eine Lichtung, überqueren die große Wiesenfläche und gelangen abermals in den Wald. Nach einem halben Kilometer etwa ist 3 Harrlach erreicht. Wir kommen am Gebäude der Freiwilligen Feuerwehr Harrlach Roth vorbei und treffen auf die Hauptstraße, auf der wir über den Wiesengrund zum Finsterbach gelangen. Nun ist das »rote Andreaskreuz« unsere Markierung, mit der wir bis Altenfelden laufen. Den Ort verlassen wir auf der Straße Zur Geislach, wir gehen einen halben Kilometer über freies Feld und gelangen dann zu einem Waldeck mit mehreren Markierungen. Wir folgen dem »roten Andreaskreuz« zum Geislachgraben, den wir etwa 500 Meter entlanggehen, um dann nach rechts in den Hochwald einzubiegen. Der Weg steigt jetzt allmählich an, führt über eine kleine Kuppe und nach einem Linksschwenk zum Saukopf, einer 397 Meter hohen Anhöhe. Noch mit der Markierung biegen wir vor einem schon sichtbaren Querweg links ab und treffen auf die Markierung »roter Punkt«. Sie führt uns über ein Feld und auf der links nach Harrlach führenden Straße rechts abbiegend zum Regionalbahnhof E Allersberg. Hier können wir in den Regionalzug nach Nürnberg steigen, wenn wir durch die Unterführung gehen.

25

Rundweg im Heidenberg

Auf dem Sagenwanderweg

Mittel 2 Std. gering 7 km

Tourencharakter
Schöne Waldwanderung mit leichten Steigungen

Ausgangs-/Endpunkt
Wanderparkplatz Kühedorf

Anfahrt
Auto: A 6 Anschlussstelle Schwabach-Süd, über Rednitzhembach und Büchenbach nach Kühedorf

Gehzeiten
Kühedorf – Ofenplatte 0:45 Std. – Kreuzstein 1:30 Std. – Kühedorf 2:00 Std.

Beste Jahreszeit
Frühjahr bis Herbst

Einkehr
Kühedorf

Karte
Fritsch Wanderkarte, Nr. 75, Nürnberg, Fränkisches Seenland, Maßstab 1:50 000

Information
Gemeindeverwaltung Büchenbach, Rother Str. 8, 91186 Büchenbach, Tel. 09171/979 50, www.buechenbach.de

Der Heidenbergforst gehörte bereits um das Jahr 800 zum Königshof in Schwabach und war bis 1792 Jagdgebiet der Markgrafen von Brandenburg-Ansbach. Die Heidenberghirsche wurden abgeschossen, geblieben sind die Heidenbergsagen, die im Aberglauben ihren Ursprung haben.

Luderloch und Ofenplatte Wir beginnen unsere Wanderung in A **Kühedorf** am Wanderparkplatz am Ende der Ritterstraße. Dort sehen wir die große Wandertafel »Sagenwanderweg im Heidenberg« mit mehreren eingezeichneten Wanderrouten und 22 Stationen. Wir wählen den Sagenwanderweg Büchenbach, auf der Karte rot markiert. Gleich zu Beginn des Weges steht ein Holzschild mit der Aufschrift »Ungerthal Heidenberg«, dem wir nach rechts folgen. Der breite Waldweg bringt uns zu einer Gabelung mit einer Bank und dem Wegweiser »Kühedorf und Ungerthal«. Hier wählen wir den linken Weg, der uns leicht ansteigend zur Station 11 bringt. Auf geradem, breitem Weg geht es jetzt durch Mischwald, an der Station 10 vorbei und zur 1 **Ofenplatte**. Sie ist die höchste

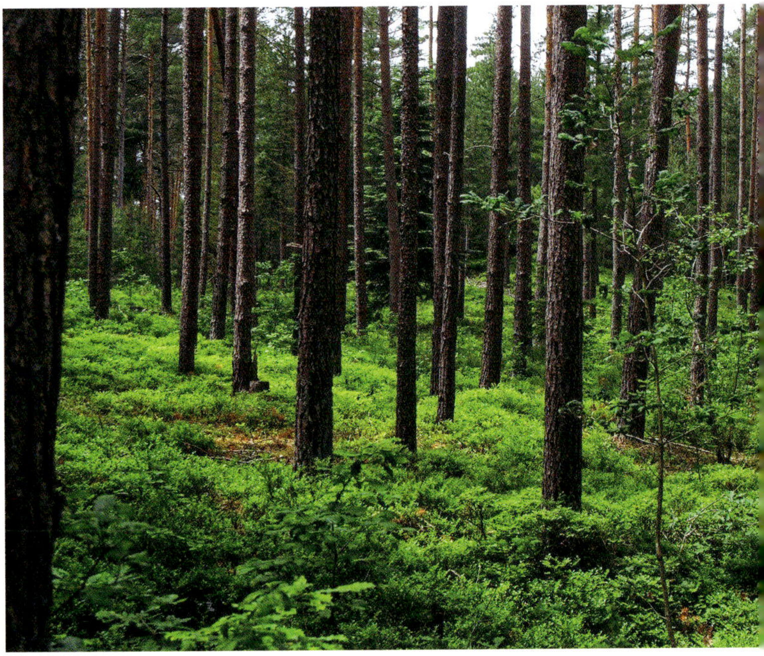

Der Sagenwanderweg führt durch lichten Wald mit dichtem Unterwuchs.

Erhebung des Heidenberges (461 Meter) und ein schöner Ort, um in Ruhe zu verschnaufen. Jedes Jahr am ersten Wochenende im Mai wird an dieser Stelle das Sagenfest gefeiert. Nach der Rast setzen wir unseren Weg auf dem Pfad fort, der abwärtsführt. Fingerhut blüht hier im Juni und auch der Duft von Ebereschen weht Wanderern zu dieser Zeit immer wieder um die Nase. Unser nächstes Ziel ist das Luderloch, ein Felsengang mit drei Wandnischen unterhalb der Ofenplatte. Über die frühere Nutzung ist nichts Genaues bekannt.
Wir folgen vom Luderloch dem grasigen Waldweg und gelangen zu einer Forststraße mit Schotterbelag, hier geht es nach rechts und

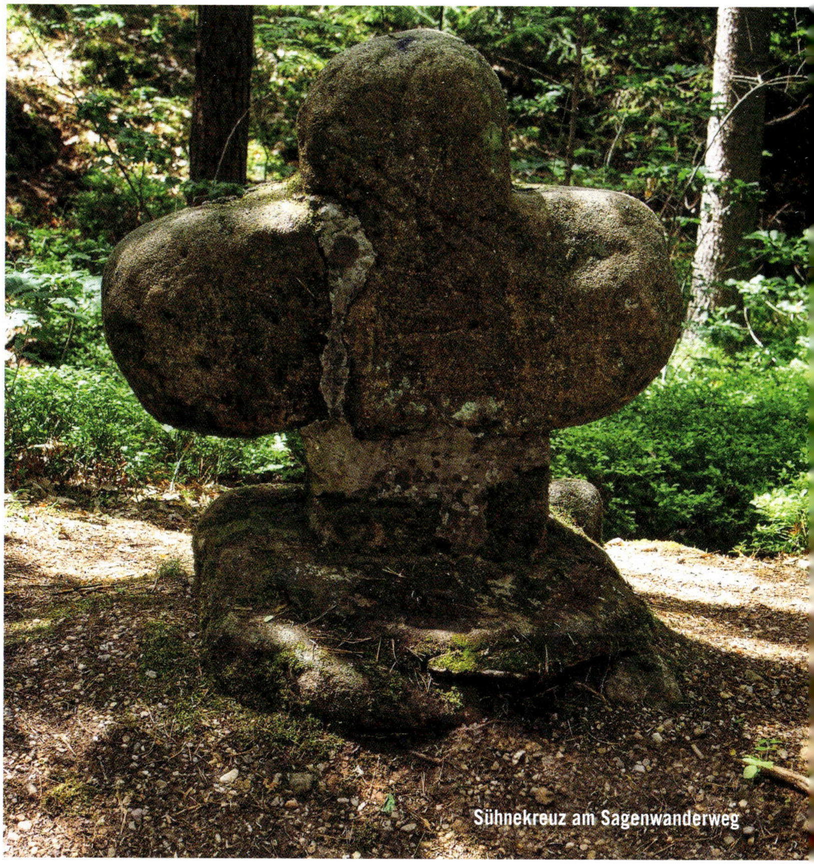
Sühnekreuz am Sagenwanderweg

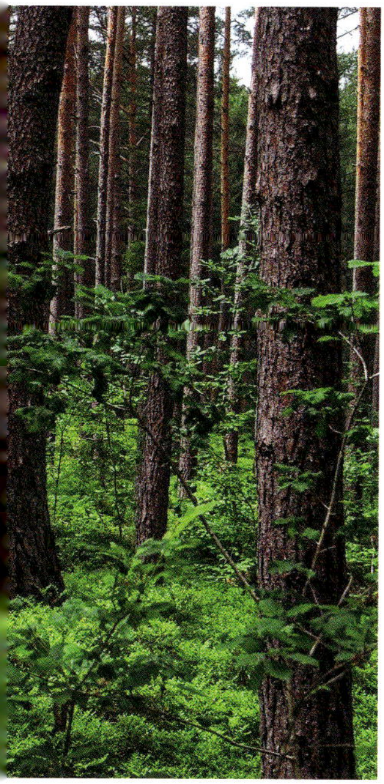

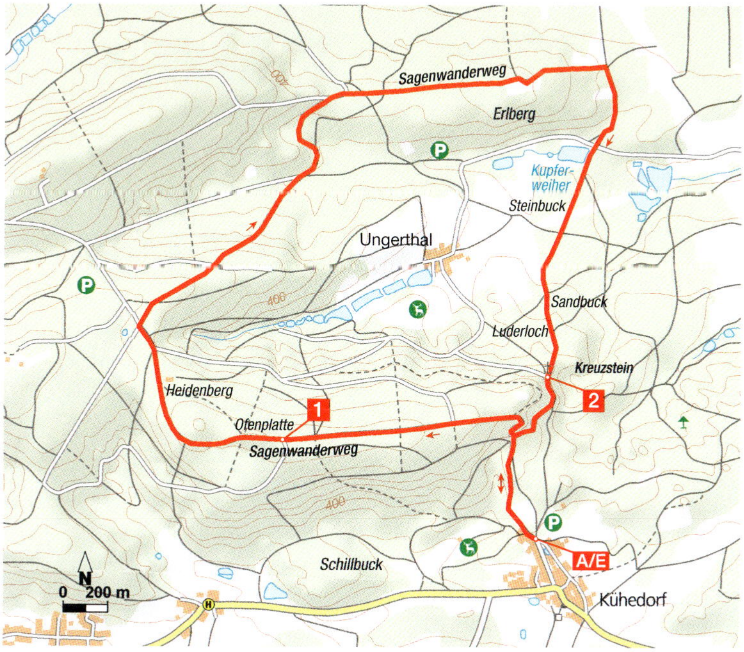

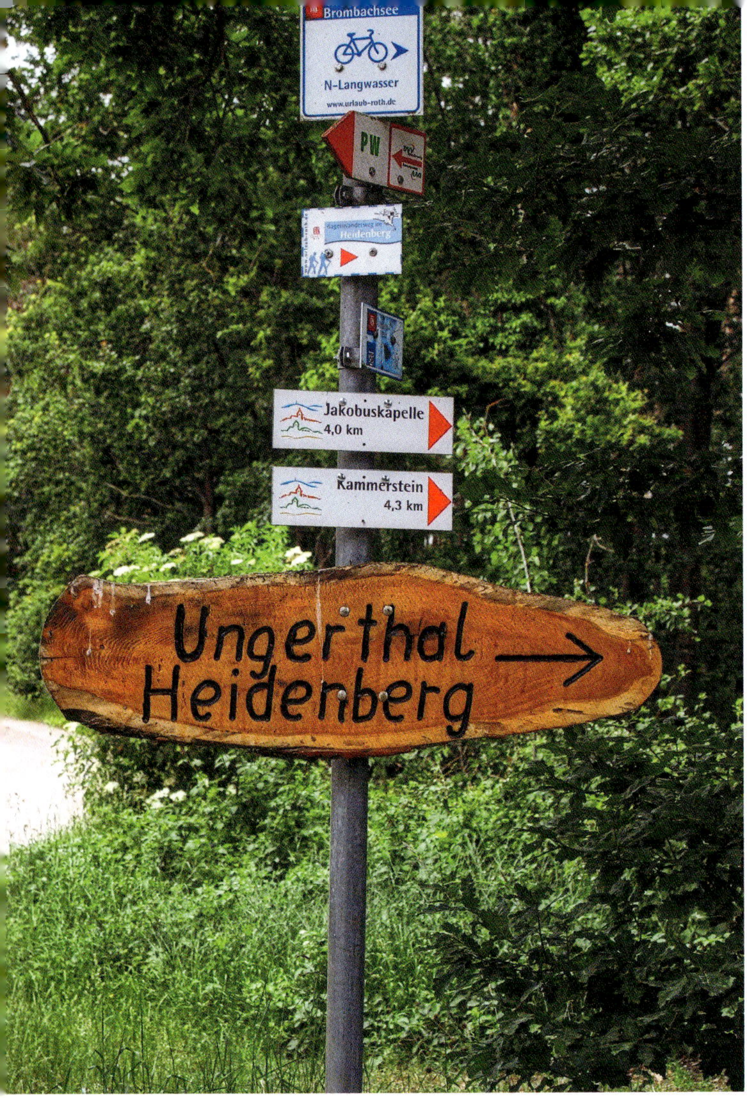

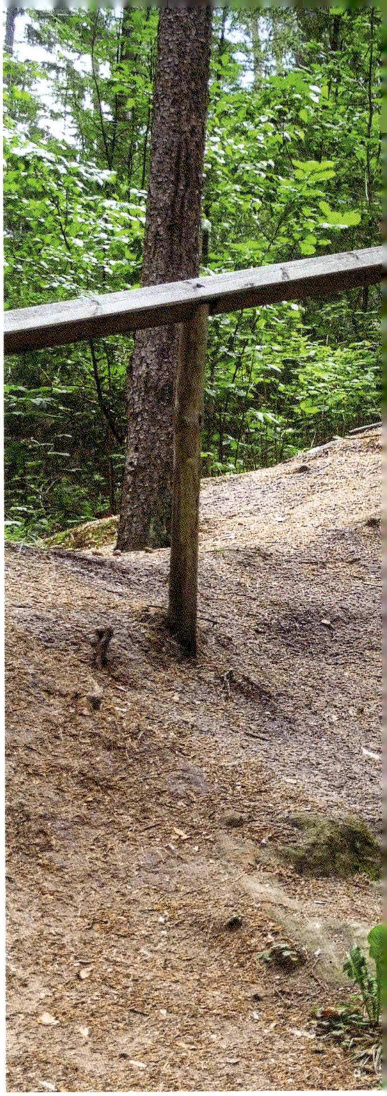

Wegweiser im Heidenbergforst

weiter zum Abzweig Richtung Marienquelle. Dieser Abstecher (500 Meter) lohnt sich, denn hier gibt es einen hübschen Sitzplatz.

Auf der Italienstraße Nach diesem kleinen Ausflug kehren wir zum Hauptweg zurück und treffen auf einen Abzweig, an dem wir uns rechts halten (Station 19 und 20), um jetzt auf einem breiten Weg durch Fichtenwald zu wandern. Hier stehen einige Exemplare der hochgiftigen Tollkirsche, ebenso fallen Fingerhut und Margeriten auf. Bei der Station 19 wird der Waldweg schmaler und schlängelt sich schließlich als Pfad zwischen dichtem Heidelbeeren-Bewuchs zu einem Schotterweg. Dort biegen wir links ab, dann nach rechts und gelangen schließlich zur Station 18. Ein unscheinbarer Sandstein erinnert daran, dass hier Herzog Ernst während der Zeit der Ungarnkriege (899–955) von einem Ungarn mit der Armbrust getötet wurde. Wir überqueren die Straße beim Kupferweiher, wo sich rechts am Wegrand eine Steinsäule, Fraischsäule genannt (Station 17), befindet. Der Weg führt über weichen Waldboden leicht auf und ab bis zum ❷ **Kreuzstein** (Station 14), einem mittelalter-

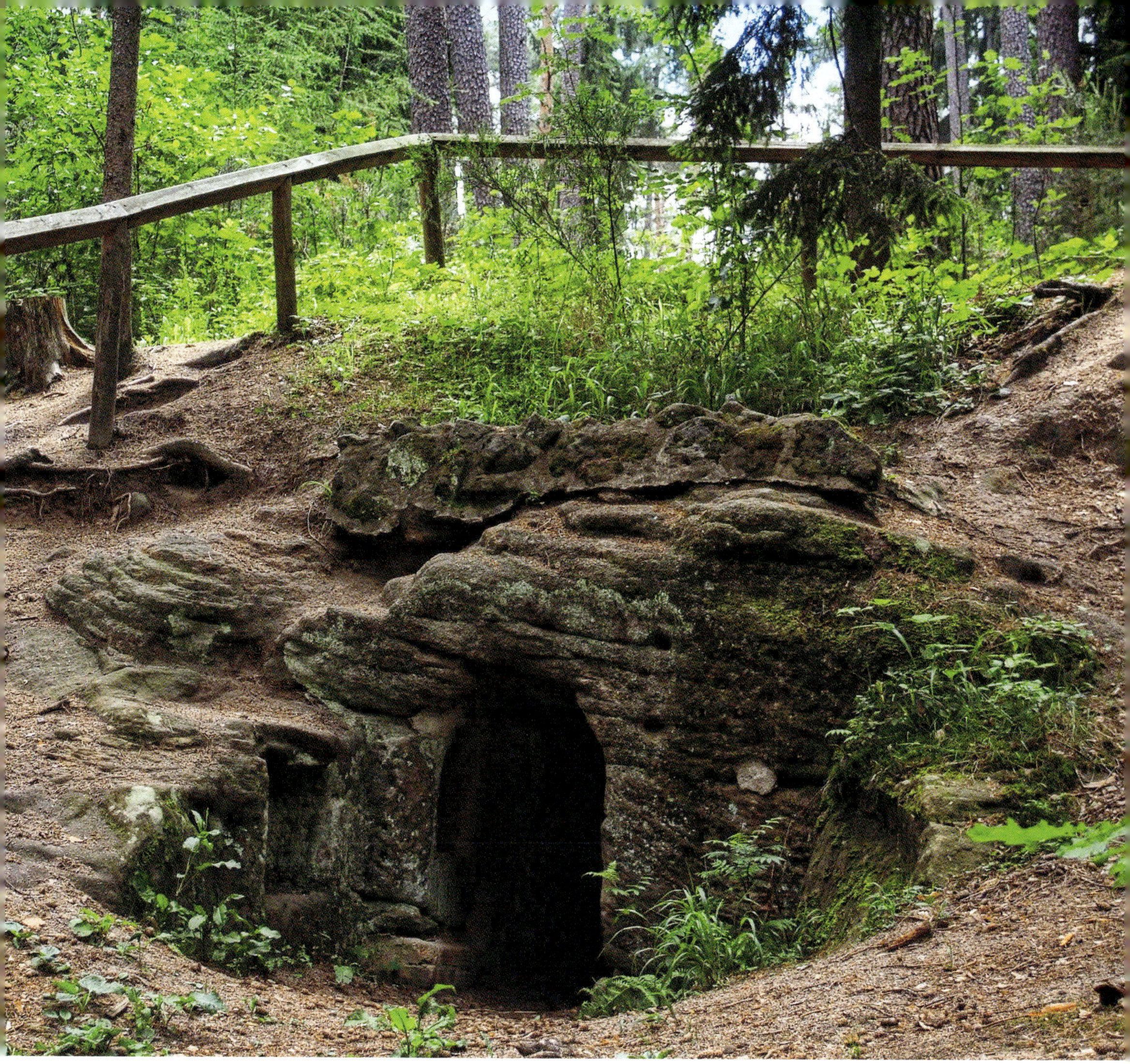

lichen Sühnekreuz. Es soll an einen Fuhrmann erinnern, der trotz der Warnung seines Begleiters auf dem lehmigen Boden vergessen hat, den Bremsschuh unter das Rad zu schieben. Der Wagen setzte sich in Bewegung, der Fuhrmann geriet unter die Räder und starb. Auf der Rückseite des Sühnekreuzes ist ein »SP« eingemeißelt, das die Grenze zum Schwabacher Spitalwald markiert. Nach einer kurzen Wegstrecke erreichen wir die Station 13, an der Wanderer über die Italienstraße informiert werden, die hier einst verlief. Danach geht es zu der Weggabelung mit Bank, an der wir zu Beginn der Runde Richtung Station 11 abgebogen sind. Von hier nehmen wir den bekannten Rückweg zum Ausgangspunkt in E Kühedorf.

Der Eingang zum Luderloch

Zwei mittelalterliche Reichsstraßen

Vom 9. bis zum 16. Jahrhundert durchzogen zwei bedeutende Reichsstraßen, auf denen Könige, Kaufleute, Krieger, aber auch Pilger unterwegs waren, das große Waldgebiet zwischen Abensberg, Kammerstein, Schwabach und Roth. Im Westen des Heidenbergs verlief die Burgunderstraße über Kammerstein, im Osten die Italienstraße über Kühedorf. Beide trafen in Schwabach aufeinander, der Wirtschaftshauptstadt der Ansbacher Markgrafen, und führten zur Reichsstadt Nürnberg.

26

Zum Burgstallwald bei Gunzenhausen

Auf den Spuren der Römer

Leicht | 1:15 Std. | gering | 5 km

Tourencharakter
Angenehm zu gehender Weg, teilweise auf Asphalt, teilweise auf festem Waldboden

Ausgangs-/Endpunkt
Gunzenhausen

Anfahrt
Auto: Von Nürnberg auf der B 466 nach Gunzenhausen. **Bahn/Bus:** Bahn- und Busverbindung mit Nürnberg

Gehzeiten
Gunzenhausen – Kleinkastell 0:30 Std. – Gunzenhausen 1:15 Std.

Beste Jahreszeit
Ganzjährig

Einkehr
Gunzenhausen

Karte
Stadtplan Gunzenhausen von Touristinformation oder APPELT, Fränkisches Seenland: Spezialkarte, Maßstab 1:40 000

Information
Touristinformation Stadt Gunzenhausen, Marktplatz 25, 91710 Gunzenhausen, Tel. 09831/50 83 00, www.gunzenhausen.info

Der Burgstallwald am Stadtrand von Gunzenhausen beherbergt Überreste des römischen Limes und ein Bismarckdenkmal. Bei einem Spaziergang in der Altstadt von Gunzenhausen bietet sich die Gelegenheit, dem Limeswachturmweg in den Burgstallwald zu folgen.

Kleiner Stadtrundgang Günstiger Ausgangspunkt dieser Tour ist der Parkplatz Süd in Ⓐ **Gunzenhausen**. Wir überqueren auf der Freundschaftsbrücke die Altmühl und kommen, nach links schwenkend, in das Zentrum der Altstadt mit dem Marktplatz.

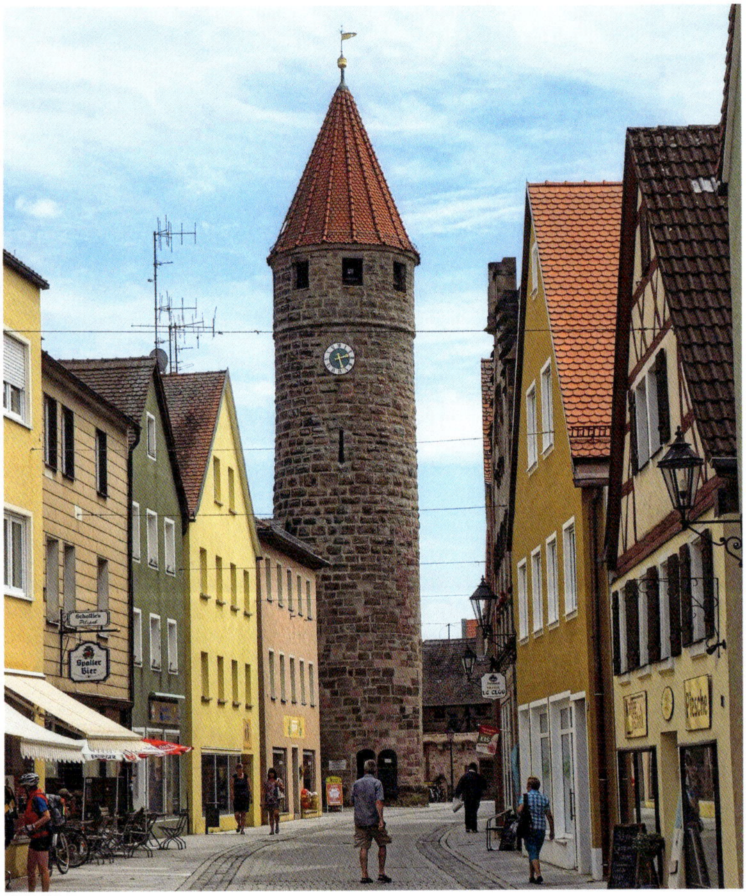

Der Diebsturm in Gunzenhausen

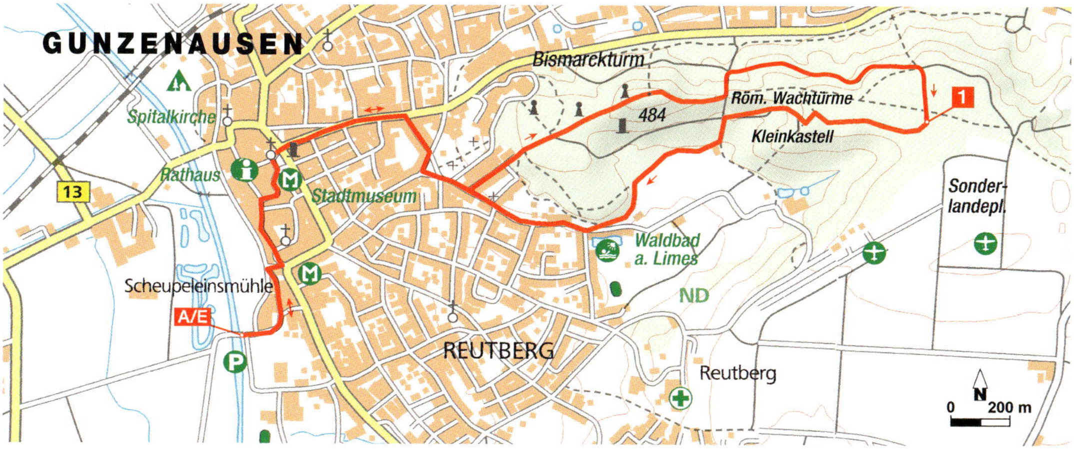

Den Abschluss des Marktplatzes bildet nach Süden hin zur Weißenburger Straße der Färberturm, auch Diebes- oder Pulverturm genannt. Er wurde wahrscheinlich im 14. Jahrhundert errichtet und ist Teil der ehemaligen Stadtbefestigung. Hat man die 111 Stufen erklommen, bietet sich ein großartiges Panorama über die Stadt und das

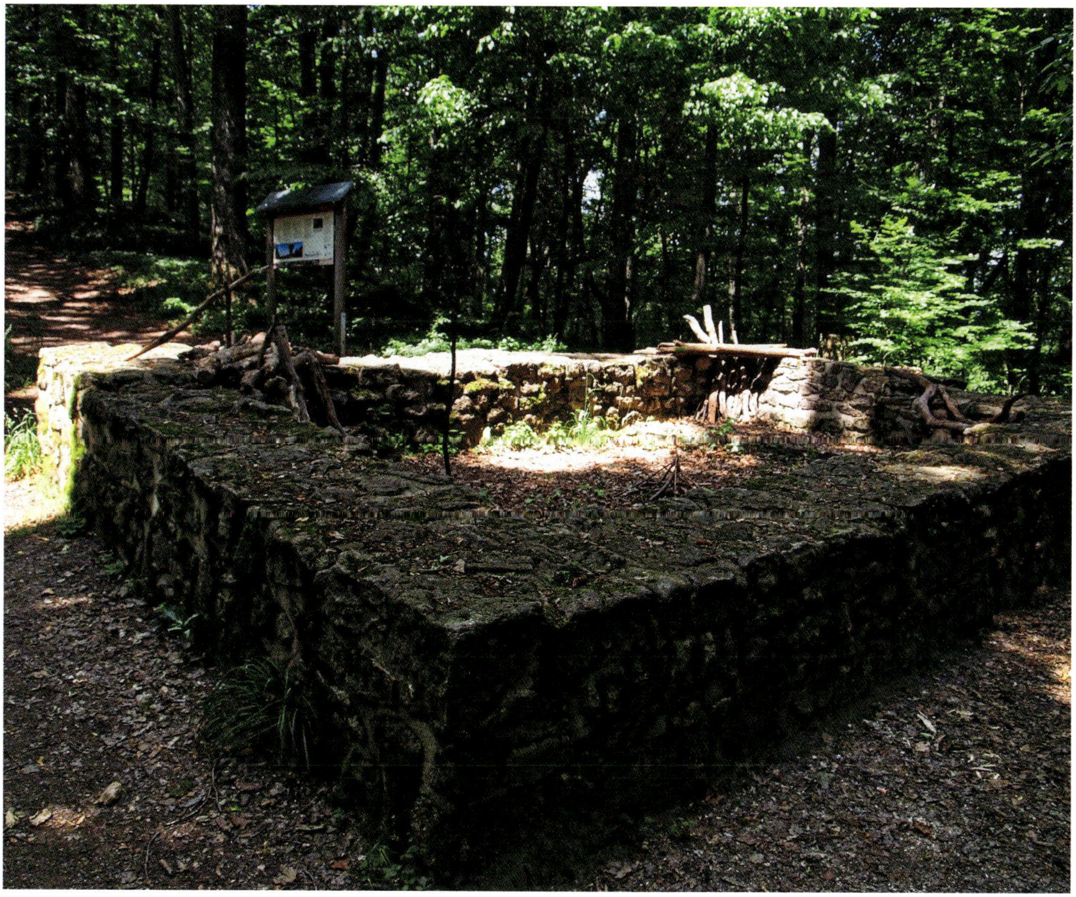

Das Kleinkastell im Burgstallwald ist ein Bodendenkmal am Limes.

Großer und Kleiner Brombachsee

Von Wäldern und Feldern umgeben, sind die Brombachseen in eine reizvolle Hügellandschaft mit kleinen Ortschaften eingebettet. Der Große Brombachsee ist mit einer Wasserfläche von 870 Hektar der größte See im Fränkischen Seenland. Durch einen Damm wird er vom Kleinen Brombachsee getrennt, der 250 Hektar groß ist. Beide Seen dienen dem Hochwasserschutz und der Wasserregulierung für das regenarme Nordbayern. Der Kleine Brombachsee ist mit seinen Badestränden und dem See-Campingplatz ein beliebtes Freizeitzentrum am Fränkischen Seenland. Auch für Segler und Surfer ist der See ein Eldorado, um den ein schöner Wanderweg mit zahlreichen Erholungsmöglichkeiten führt.

Seengebiet mit dem Altmühltal. Erhalten blieb auch ein Rest des überdachten Wehrgangs, das sogenannte Weeberseck, Teil einer Bastei, die dem Schutz vor Hochwasser der Altmühl diente.

Am Marktplatz weithin sichtbar ist die Evangelische Stadtpfarrkirche, die im 12. Jahrhundert auf den Mauern eines römischen Kastells errichtet wurde. Der untere Teil des Kirchturms ist erhalten. Der Chor wurde im 15. Jahrhundert errichtet und die Ausstattung stammt aus dem 18. Jahrhundert. Wir folgen dem Marktplatz weiter zum Rathaus. Im Jahr 1621 aus zwei Bürgerhäusern errichtet, wurde das Gebäude im 18. Jahrhundert zum Schloss umgebaut.

Dann biegen wir in die Rathausstraße ein, wo sich in einem Haus aus dem 18. Jahrhundert die Touristinformation befindet. Hier steht auch der Blasturm, der auch als Ansbacher Tor bekannt ist. Der Renaissancebau stammt aus dem 15. Jahrhundert und wirkt mit dem umlaufenden Sims unterhalb des Obergeschosses und der Turmlaterne recht elegant. Durch dieses 33 Meter hohe Wahrzeichen von Gunzenhausen führt unser Weg zum Museum für Ur- und Frühgeschichte an der Ecke zur Brunnenstraße. Hier werden die einzigartigen Ausgrabungsfunde von der Steinzeit bis

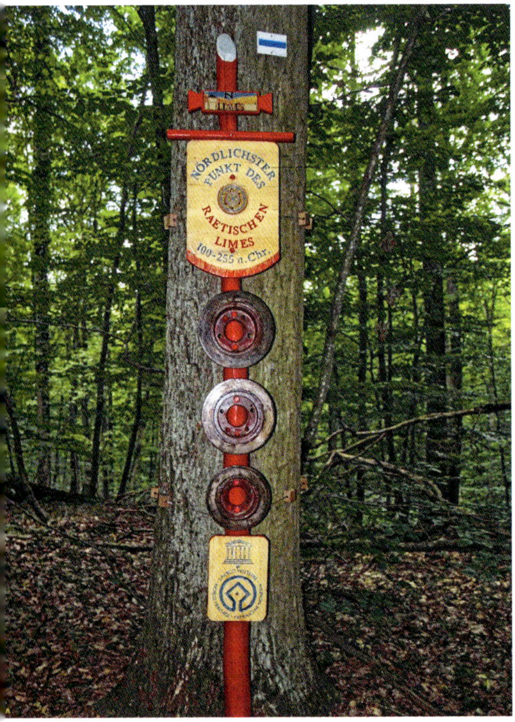

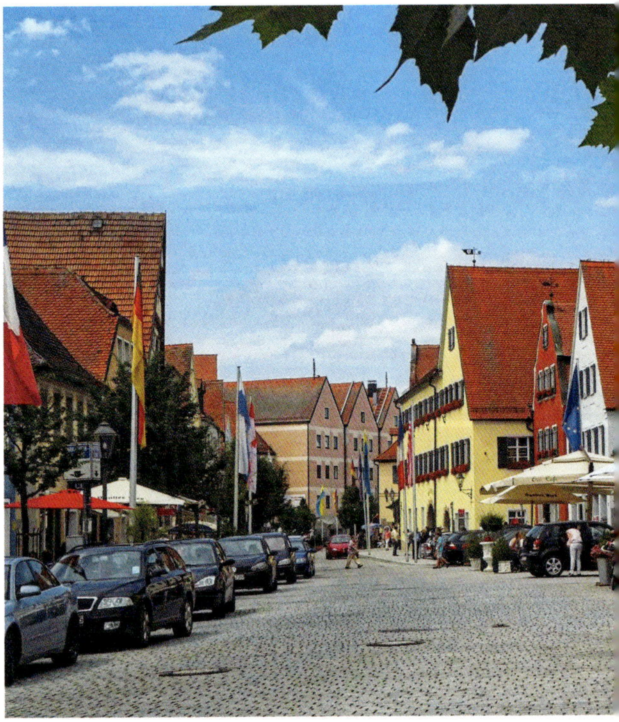

ins Frühmittelalter gezeigt, zu denen auch Funde aus der Hallstatt- und Latènezeit gehören. Auch über die Römer am Limes kann man sich hier informieren.

Auf den Spuren der Römer Wir gehen die Burgstallstraße entlang, biegen bei der Hensoldstraße nach rechts und gehen bis zur Elisabeth-Rohn-Straße. Dort schwenken wir nach rechts und treffen auf die Sonnenstraße. Diese überqueren wir schräg nach rechts, gehen am Friedhof vorbei und biegen links in die Leonhardsruhstraße ein. Dieser folgen wir bis zur Krackerstraße, biegen dann links ab und kommen am Haus Bethanien vorbei in den Burgstallwald.

Dort weist uns das Limesturmzeichen den Weg, zunächst zum Bismarckdenkmal. Es wurde um 1900 zum Teil aus Steinen der Limesmauer sowie einer frühgeschichtlichen Ringmauer errichtet. Unser Weg führt zu einer nachgebauten Limespalisade am vorderen Schlossbuck, die sich um 160 n. Chr. über das Plateau des Schlossbucks zog. Wir folgen dem Limeswachturmzeichen weiter zum hinteren Schlossbuck, wo Reste eines **1** **Kleinkastells** freigelegt wurden. Eine Tafel informiert über die Lage und Ausmaße des ehemaligen Kastells. Im weiteren Wegverlauf treffen wir auf einen querenden Waldweg und zweigen hier nach rechts ab (Markierung »Limeswachturm und Rundweg Nr. 4«) und wandern auf dem breiten Weg im Bogen abwärts. An der Tafel »Wasserspezialisten«, die Teil eines Lehrpfades ist, biegen wir nach links ab (Markierung »Wachturmweg und 4«), halten uns vor einem Haus rechts und wandern auf einem schmalen Weg vorbei am Waldbad zum Gästehaus Bethanien. Dort gehen wir nach links und folgen dem Limesturmzeichen auf bekanntem Weg zurück nach **E** **Gunzenhausen**.

Links: Der nördlichste Punkt des Rätischen Limes im Burgstallwald

Mitte: Der Marktplatz in Gunzenhausen

Rechts: Auf dem Limes-Wanderweg

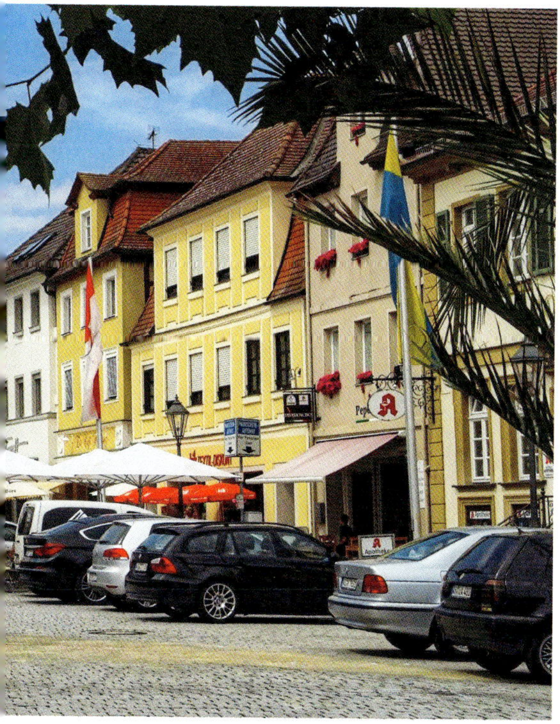

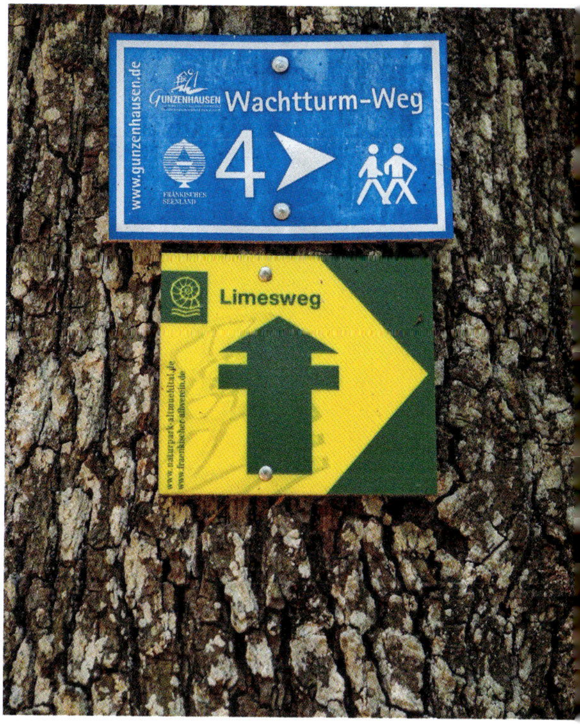

27

Zu den Sieben Quellen

Idyllischer Rastplatz

Leicht 1:30 Std. gering 5 km

Tourencharakter
Bequeme Wanderung auf Feld- und Waldwegen, teilweise schöne Aussichten nach Heidenheim

Ausgangs-/Endpunkt
Heidenheim

Anfahrt
Auto: A 3 bis Schwabach-West, auf B 466 bis Gunzenhausen und weiter in Richtung Nördlingen bis zum Abzweig Heidenheim

Gehzeiten
Heidenheim – Rechenberg 0:40 Std. – Heidenheim 1:30 Std.

Beste Jahreszeit
Frühjahr bis Herbst

Einkehr
Heidenheim

Karte
Landesamt für Vermessung und Geoinformation Bayern, Naturpark Altmühltal, westlicher Teil, Maßstab 1:50 000

Information
Verwaltungsgemeinschaft Hahnenkamm, Ringstraße 12, 91719 Heidenheim, Tel. 09833/98 13 30, https://heidenheim.hahnenkamm.de

Eingebettet in die malerische Landschaft des Hahnenkamms, ist Heidenheim ein empfehlenswerter Ausgangspunkt für Wanderungen und Spaziergänge. Sehr reizvoll ist ein Ausflug zu den Sieben Quellen, einem idyllischen Rastplatz mit Schutzhütte.

Schöne Aussicht Wir beginnen unsere Wanderung am Marktplatz in **Ⓐ Heidenheim** und gehen am Münster vorbei zur Gießbrückstraße, der wir nach links folgen (Markierung »MD« für Main-Donau-Weg). Sie führt zur Stelzergasse, wo wir links abbiegen und der Badgasse

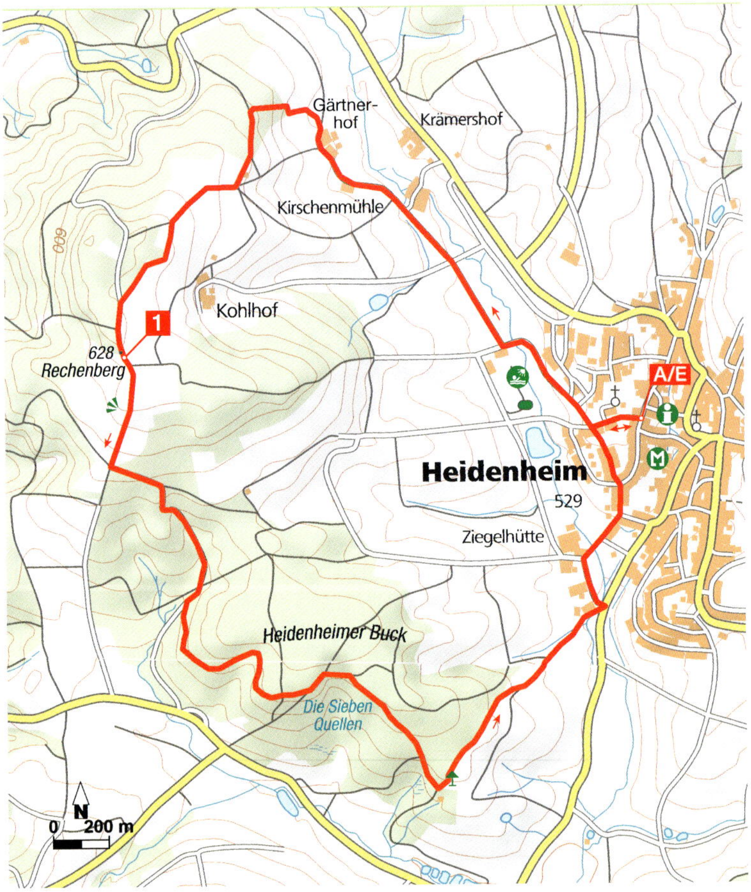

Wunderschön ist der Blick von der Höhe auf Heidenheim.

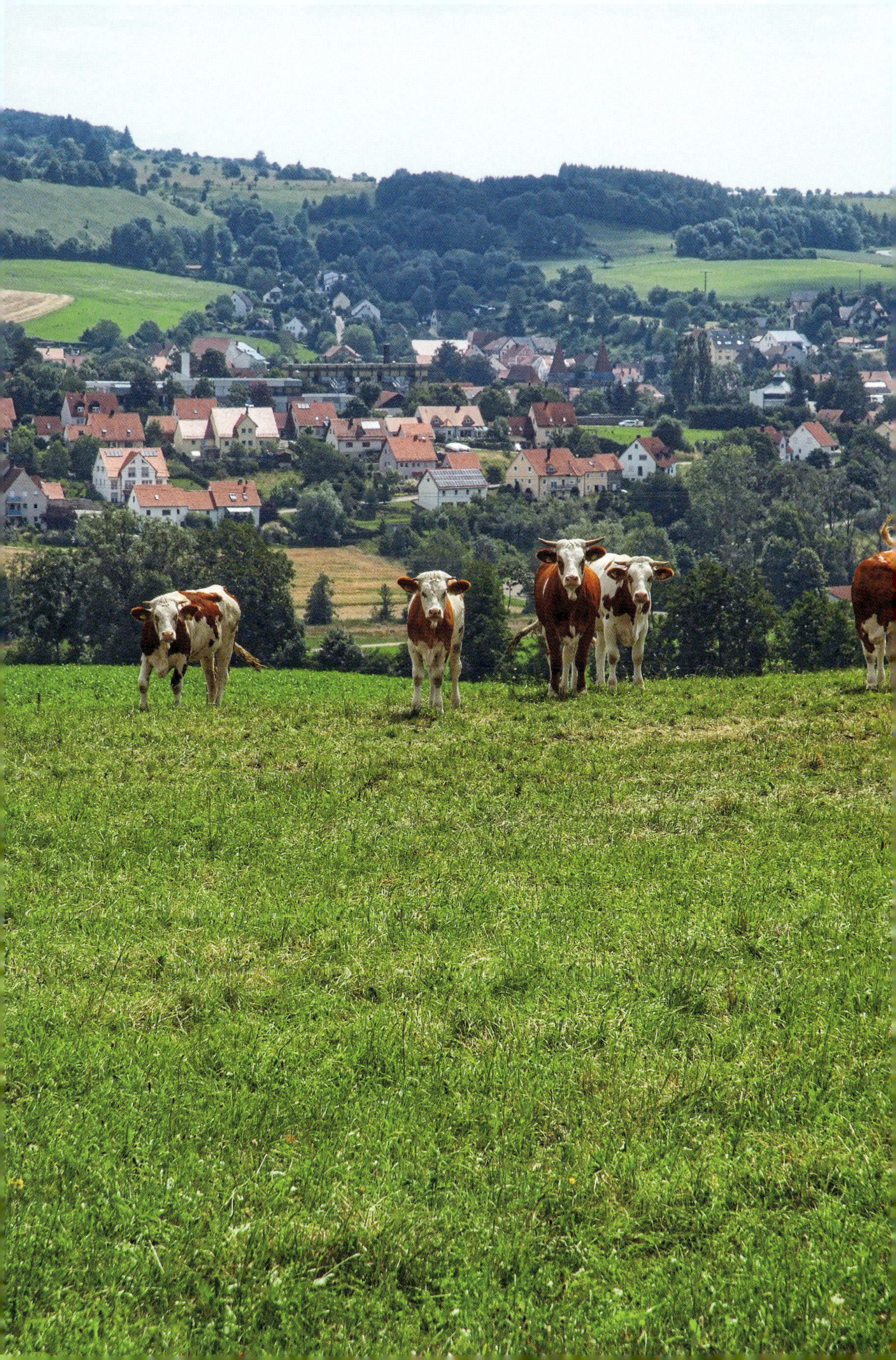

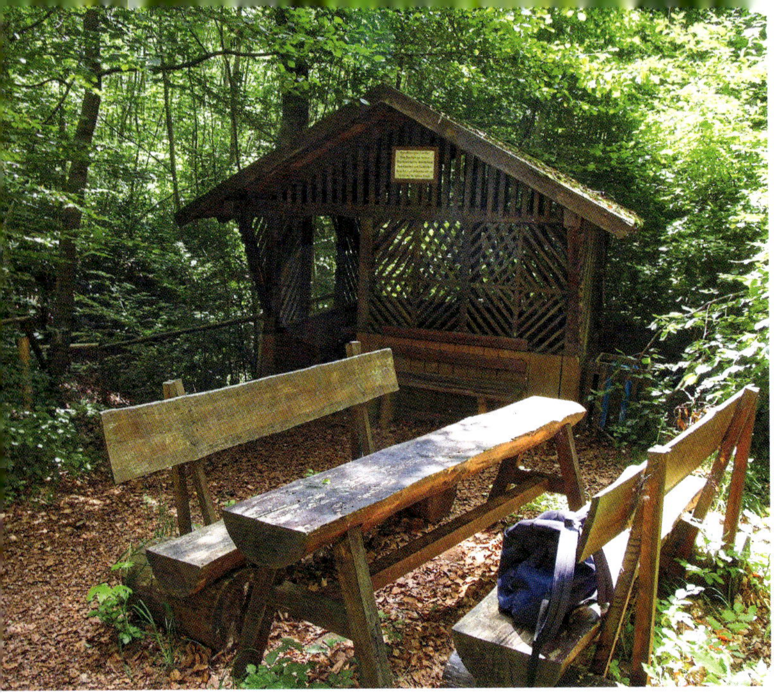

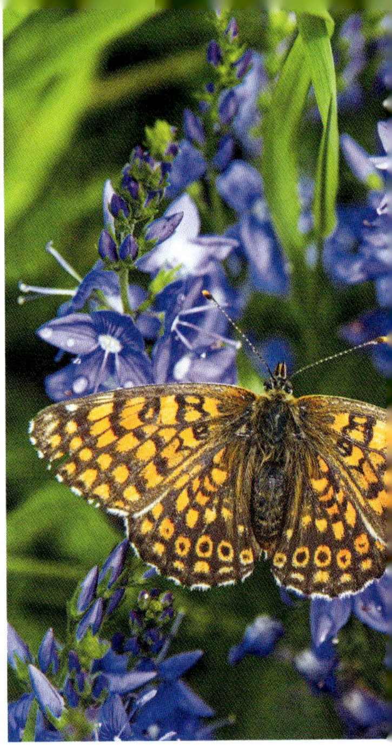

Links: Sitzplatz bei den Sieben Quellen

Mitte: Schmetterlinge gibt es auch, hier ein Großer Scheckenfalter.

Rechts oben: Brunnen in Heidenheim

Rechte Seite unten: Aussichtspunkt auf dem Rechenberg

nach rechts folgen. In einem Bogen geht es weiter nach rechts zum Ortsausgang. Wir gehen jetzt zunächst in Richtung Kirschenmühle und Gärtnerhof, folgen dem Weg zum Sportplatz und biegen dort nach rechts ab. Mit der Markierung »Main-Donau-Weg« wandern wir am Gärtnerhof vorbei und biegen erst etwa 60 Meter danach in einen Wiesenweg ein. Sichtbare Fahrspuren führen uns am Waldrand entlang und dann nach links in den Wald hinein. Wir treffen auf einen quer verlaufenden Forstweg, an dem zahlreiche Markierungen zu sehen sind. Hier biegen wir nach links und folgen dem Quellenweg (Markierung »QW«, blauer Strich auf weißem Grund), auch Frankenweg oder Main-Donau-Weg durch schönen Buchenwald. Wir treffen auf Felder und einen Wegweiser, an dem wir rechts abbiegen. An der Gabelung des Feldwegs wählen wir den linken Pfad, von dem aus sich eine schöne Aussicht auf das Hügelland und Heidenheim eröffnet. Allmählich erreichen wir den Aussichtspunkt ❶ **Rechenberg** mit weitem Blick über das Hügelland. Zu erkennen ist sogar der Kirchturm von Hohentrüdingen. Eine Übersichtstafel informiert über die Sehenswürdigkeiten und erläutert das Panorama.

Idyllischer Rastplatz Wir setzen unseren Weg fort und folgen den Markierungen »QW« und »Frankenweg« auf einem Feldweg abwärts. Am Waldrand biegen wir nach links (Markierung »QW«) und wandern durch den schönen Buchenwald. Beim Heiden-

Heidenheim und der Hahnenkamm

Die reizvolle Landschaft des Hahnenkamms gehört zur Altmühl-Alb und beeindruckt mit der sanft-hügeligen Szenerie ihrer Berge. Kulturelles Zentrum des Hahnenkammgebiets ist Heidenheim, ein geschichtsträchtiger Ort. Schon im 8. Jahrhundert gründete hier der Angelsachse Wunibald mit seinem Bruder Willibald, dem Bischof von Eichstätt, ein Kloster. Heute gehört die Klosterkirche von Heidenheim, eine dreischiffige Pfeilerbasilika, die sich durch klare Formen auszeichnet, zu den schönsten romanischen Hallenkirchen. Der Kreuzgang und die Halle über dem sogenannten Heidenbrünnlein sind spätgotisch (Ende des 15. Jahrhunderts). Bedeutungsvoll sind die Grabmale des hl. Wunibald und der hl. Walpurga, die dem Kloster nach dem Tod Wunibalds im Jahr 761 als Äbtissin vorstand.

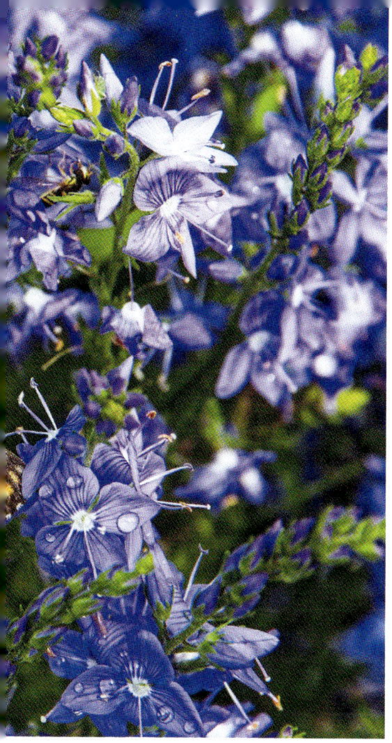

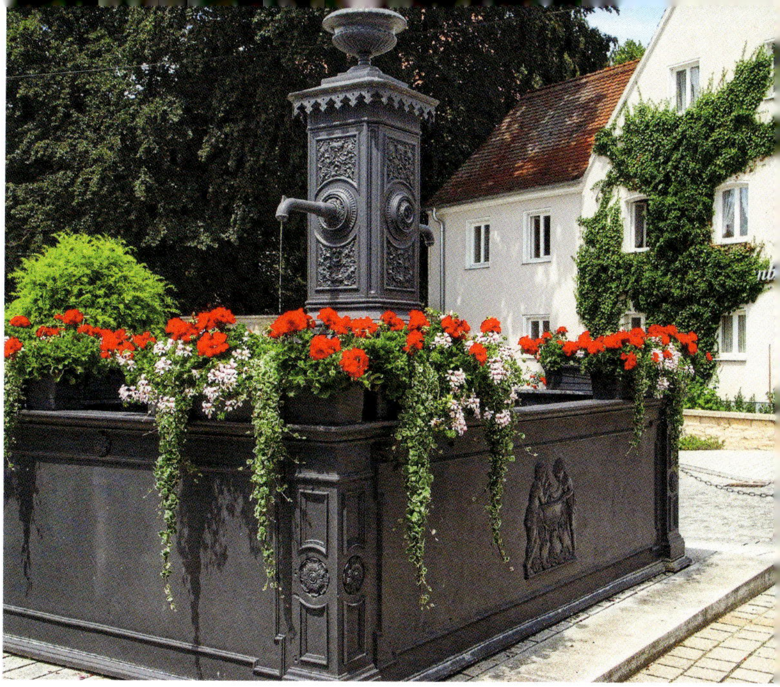

heimer Buck gehen wir ohne nennenswerte Höhenunterschiede auf einem teilweise recht zerfahrenen Waldweg. Kurz bevor wir aus dem Wald heraustreten, liegen rechts die idyllischen Sieben Quellen. Ein Sitzplatz mit Holzhäuschen lädt zu einer Rast ein, während über ein kleines Wasserrad das Bächlein plätschert. Wir verlassen den Wald in Richtung Felder, verlassen die Markierung »QW« und biegen bei der nächsten Wegkreuzung nach links ab. Unser Feld- und Wiesenweg führt uns jetzt ohne Markierung bei herrlicher Aussicht in Richtung Heidenheim. Am Ortseingang von Heidenheim treffen wir auf die Stelzergasse, biegen nach links und schwenken bei der Gießbrückstraße nach rechts. So kommen wir wieder zum Münster und zu unserem Ausgangspunkt am Markt in E **Heidenheim.**

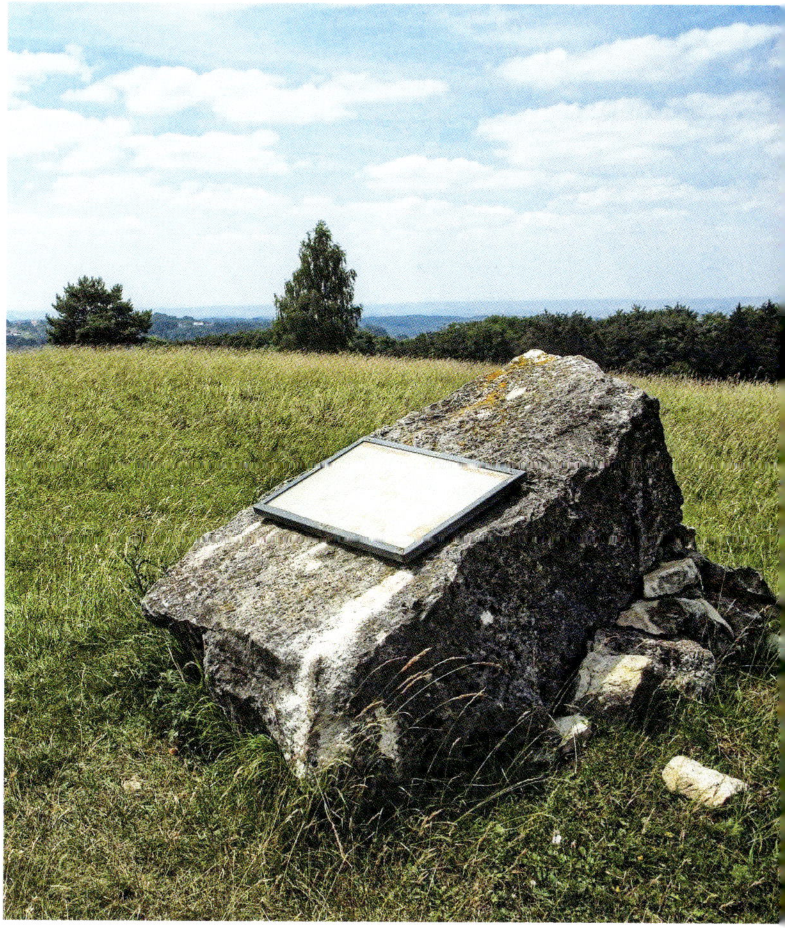

28

Im Fürther Stadtwald

Immer auf und ab

Leicht | 2 Std. | 70 Hm | 7,5 km

Tourencharakter
Abwechslungsreiche Wanderung durch Kiefern- und Mischwald, kleine Steigungen

Ausgangs-/Endpunkt
Parkplatz Regelsbacher Straße, nahe der Brücke über die B 8

Anfahrt
Auto: Auf der B 8 bis Regelsbacher Straße. **Bahn/Bus:** RB 58847 von Nürnberg bis Burgfarrnbach, Bus 172 bis Regelsbacher Straße

Gehzeiten
Parkplatz – Rangaublick 0:30 Std. – Stadtförsterei 1:15 Std. – Parkplatz 2:00 Std.

Beste Jahreszeit
Frühjahr bis Herbst

Einkehr
Felsenkeller (Fr–So/Fei 11–21 Uhr)

Karte
Freizeitkarte Fürth, Maßstab 1:10 000

Information
Touristinformation Fürth, Bahnhofplatz 2, 90762 Fürth, 0911/239 58 70, www.tourismus-fuerth.de

Der Fürther Stadtwald bietet mit seiner Größe von 450 Hektar und der guten Lage ideale Möglichkeiten für die Naherholung. Von zahlreichen markierten Wanderwegen durchzogen, kann man hier ausspannen und dabei die Natur genießen.

Reizvolle Kletterfelsen Wir beginnen unsere Wanderung am **A Parkplatz Regelsbacher Straße**, unweit der Brücke über die B 8. Wir überqueren die Brücke und stehen kurz danach vor der Tafel »Freizeit im Stadtwald«, die über den Verlauf des Wanderwegs (Markierung »schwarze 2 auf gelbem Grund«) informiert. Hier halten wir uns rechts und gehen in Richtung Felsenkeller (auch »roter Punkt«). Auf einem breiten Weg wandern wir etwa 500 Meter und biegen dann nach links in Richtung Waldgaststätte Felsenkeller ab. Dort folgen wir dem Waldweg geradeaus und kommen an eine Kreuzung, an der wir links abbiegen (Markierungen »schwarze 2« und »roter Punkt«) und uns gleich danach nach rechts wenden, um auf dem ansteigenden Pfad bei der nächsten Kreuzung wie-

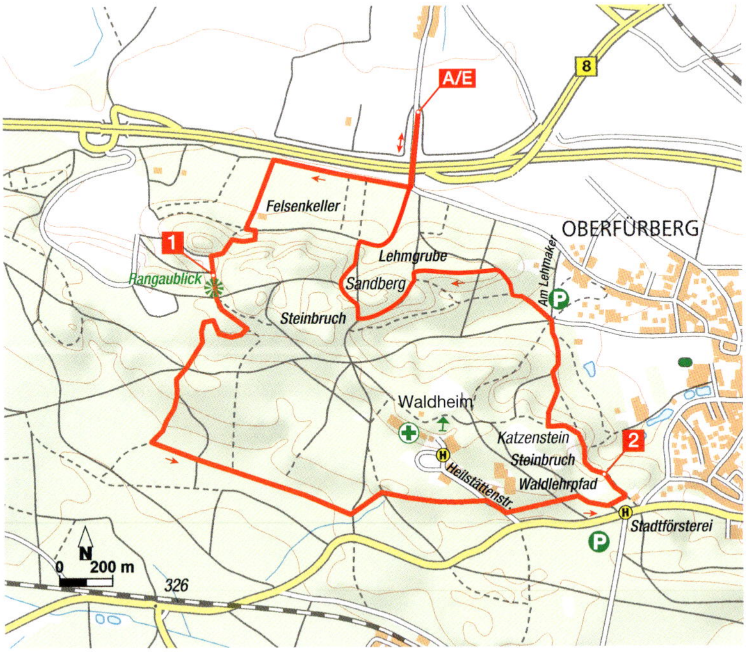

Streckenweise gibt es lichte Abschnitte im Fürther Stadtwald.

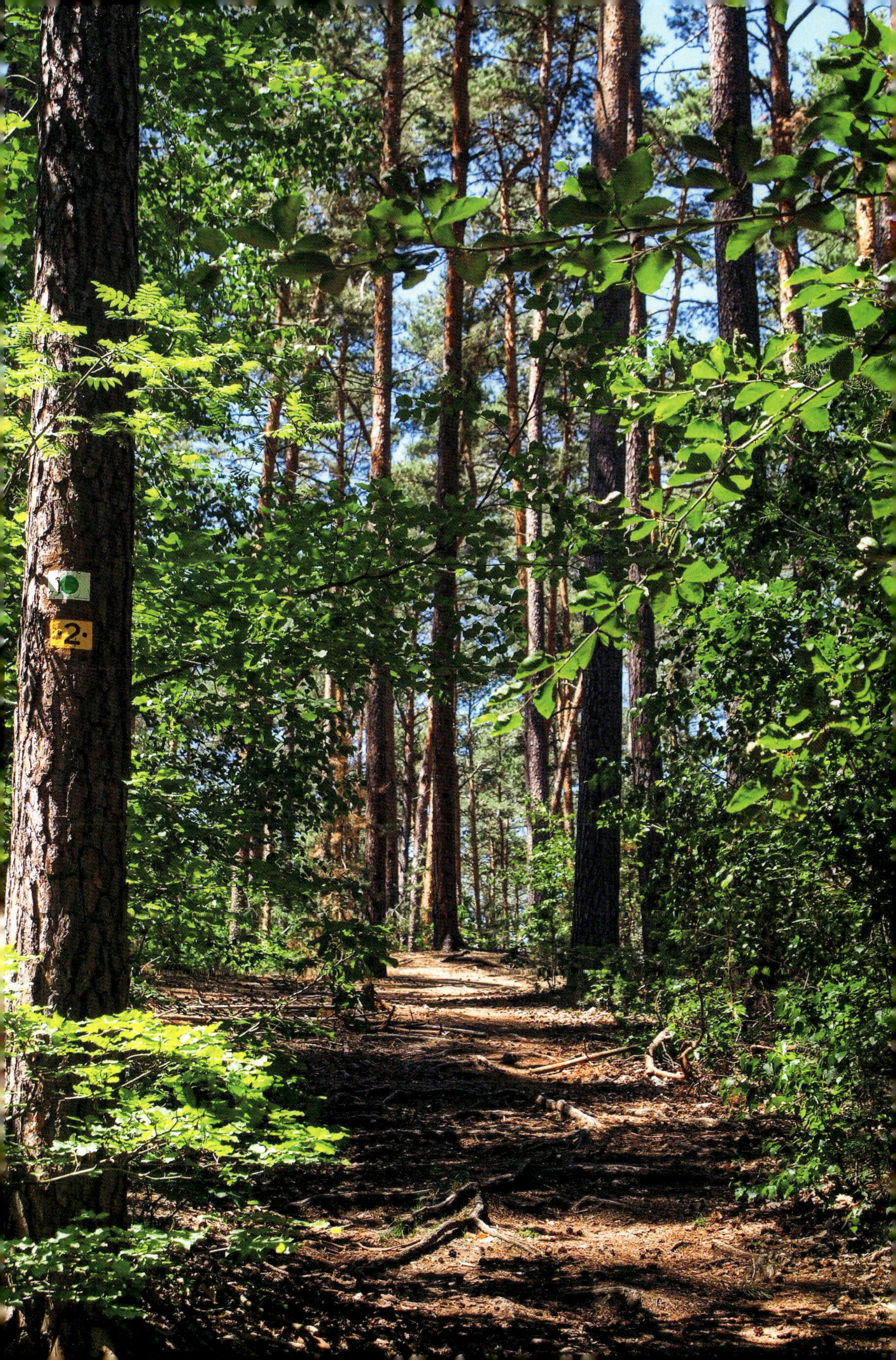
2

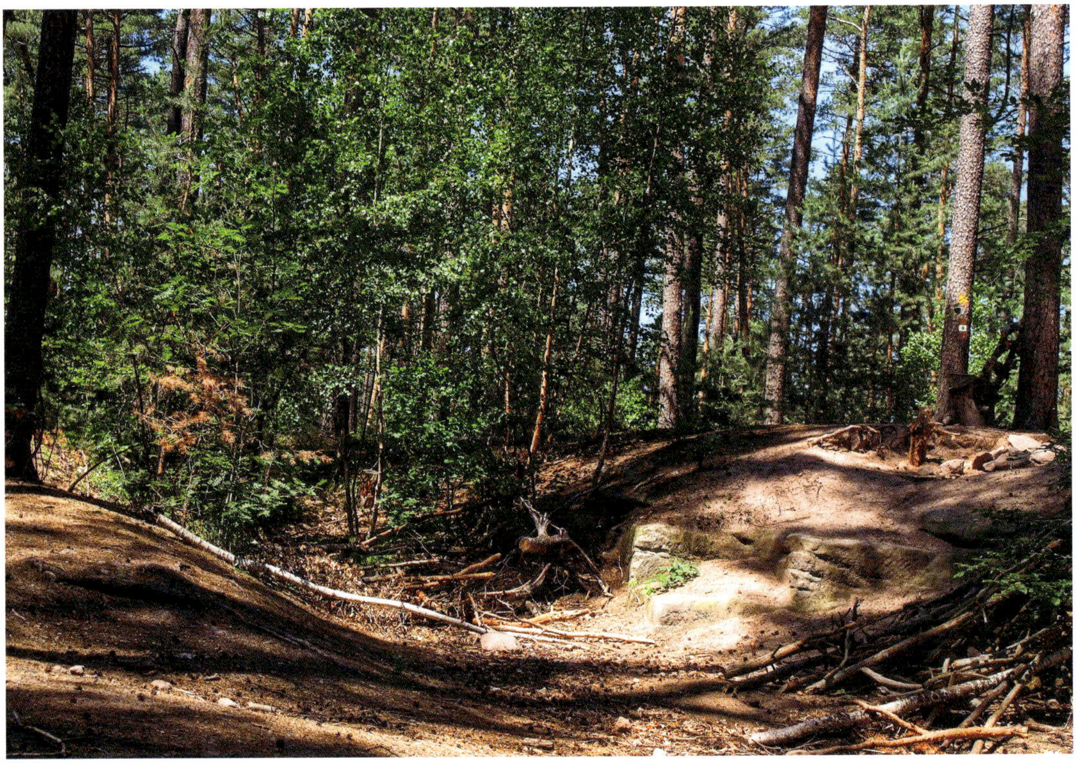

Auf und ab führt der Weg durch den Wald.

derum scharf nach links abzubiegen. Wir erreichen auf der Höhe einen schönen Sitzplatz mit Tisch und Bänken. Es ist der ❶ Rangaublick, wo man gelegentlich auch Kletterer beobachten kann, die hier bouldern, also ohne Seil und Gurt in Absprunghöhe klettern. Es lohnt sich, hier ein Päuschen einzulegen.

Auf dem Obstweg Nach dieser Rast führt uns der Weg zu einer Gabelung, wo wir und rechts halten. Wir überqueren einen Reitweg und kommen zu einer Asphaltstraße, an der wir links abbiegen. Links und rechts von dem festen Schotterweg wachsen Wildstauden, unter anderem der Fingerhut, der im Juni gelb blüht. Wir überqueren den breiten Weg und gehen auf einem schmalen Pfad nach unten. Nachdem wir im spitzen Winkel links abgebogen sind, treffen wir auf einen Querweg, schwenken nach links und wandern schließlich rechts nach oben. Unser Weg führt bald nach rechts und dann links schwenkend auf einem Pfad zwischen einer riesigen Fläche Heidelbeeren, die hier dichten Unterwuchs im Wald bilden. Wir biegen nach links ab, überqueren eine Asphaltstraße halb rechts und wählen an einer Gabelung den linken Weg. Wieder begleiten uns große Blaubeerenflächen, die im Juni zum Naschen einladen.

Auf dem Waldlehrpfad Wir treffen auf einen geschotterten Waldweg und schwenken jetzt nach rechts. Links stehen mehrere Tafeln des Walderlebnispfads, der als gesonderte Rundtour ausgeschildert ist. Unser Weg führt zum Parkplatz, an dem wir nach links in einen Verbindungspfad einbiegen, der uns zur ❷ Stadtförsterei bringt. Hier halten wir uns links und gehen auf einem Teilstück des Waldlehrpfads. An einer romantischen Wackelbank vorbei, die zum Rasten einlädt, wandern wir zu einem kleinen Anstieg, den wir auf einer gut befestigten Naturtreppe bewältigen. Damit verlassen wir den Waldlehrpfad wieder und gelangen auf einem schmalen, weichen Waldweg zu einer Abzweigung, die steil nach rechts unten führt. Der Abzweig ist etwas schlecht einzusehen. Der Weg wird breiter und führt an einem kleinen, idyllisch gelegenen Weiher vorbei. Die Markierung »schwarze 2 auf gelbem Grund« bringt uns zum Rennweg, den wir geradeaus überqueren. An der folgenden Gabelung halten wir uns rechts und wandern auf dem schmalen Waldweg, den wir bei der nächsten Gabelung nach links verlassen. Der wurzelreiche Pfad führt jetzt durch Kiefernwald steil nach oben bis zum »Platz für die Seele«, an dem eine Bank steht, von der man den herrlichen Blick in eine Niederung genießen kann. Im Unterholz wachsen auch hier wieder Blaubeeren, auch Preiselbeeren und Brombeeren verführen zum Naschen. An der nächsten Gabelung biegen wir nach links ab und wandern, leicht ansteigend, bis zur nächsten Gabelung. Hier halten wir uns rechts und gehen in einem Rechtsbogen nach unten, wo wir auf die Tafel »Freizeit im Stadtwald« treffen. Dort halten wir uns rechts und überqueren die Brücke über die B 8, um schließlich zum **E** **Parkplatz Regelsbacher Straße** zu gelangen.

Waldlehr- und Walderlebnispfad

Bei Schulklassen und Kindergärten sind zwei Pfade im Fürther Stadtwald besonders beliebt. Der Waldlehrpfad führt als Rundweg durch aufgelassene Steinbrüche, wie sie am Rennbock und Katzenstein zu finden sind. Er hat eine Länge von einem Kilometer und informiert über Bäume und Sträucher im Wald. Der Walderlebnispfad ist nur 300 Meter lang und vor allem auf Sehen, Riechen und Fühlen ausgelegt. Die Blockhütte in der Nähe der Stadtgärtnerei wurde 1996 eingeweiht und dient als »Grünes Klassenzimmer«.

Weiher im Fürther Stadtwald

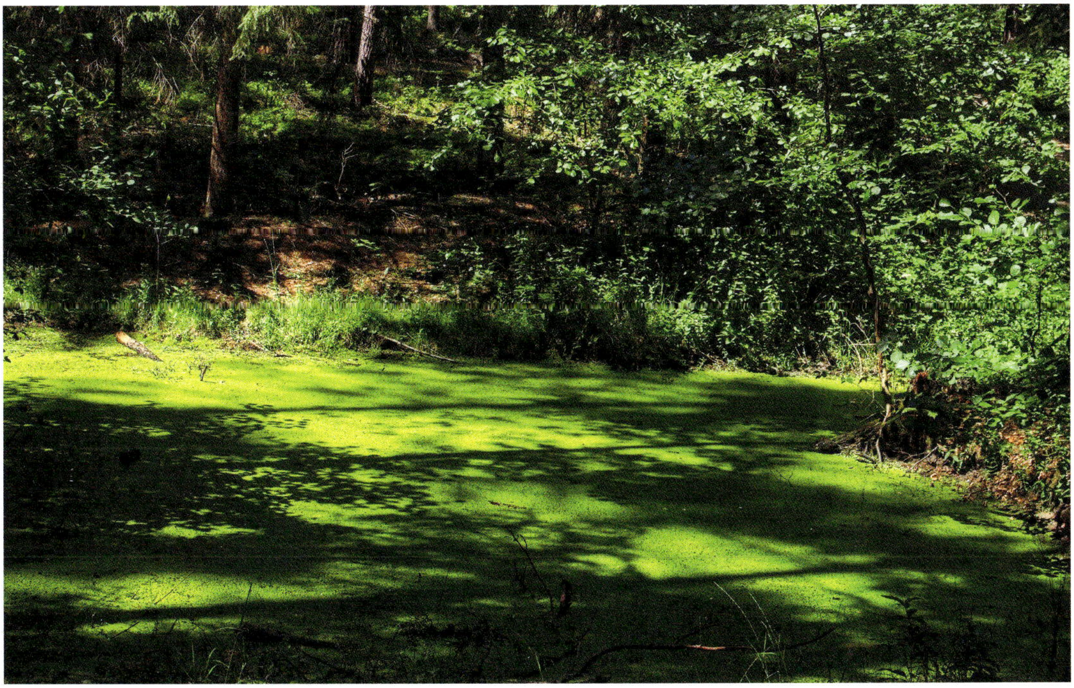

29

Der Dohnwald bei Herzogenaurach

Von Weiher zu Weiher

Leicht | 2 Std. | 40 Hm | 6 km

Tourencharakter
Schöne, bequeme Wanderung durch Mischwald, gelegentlich Blick auf die Weiherlandschaft

Ausgangs-/Endpunkt
Parkplatz an der Ansbacher Straße bei Herzogenaurach

Anfahrt
Auto: A 3 Anschlussstelle Erlangen-Frauenaurach und Richtung Herzogenaurach bis Ansbacher Straße.
Bahn/Bus: Bahn- und Busverbindung mit Nürnberg

Gehzeiten
Parkplatz – Hessenmühle 1:00 Std. – Parkplatz 2:00 Std.

Beste Jahreszeit
Ganzjährig

Einkehr
Herzogenaurach

Karte
Fritsch Wanderkarte Nürnberg/ Fränkisches Seenland Maßstab 1:50 000

Information
Touristinformation Erlangen, Goethestraße 21 a, 91054 Erlangen, Tel. 09131/895 10, www.erlangen.de

Die Aurach durchfließt von der Quelle im Steigerwald bis zur Mündung in die Regnitz ein liebliches Hügelland, in dem zahlreiche Wandertouren liegen. Nicht spektakulär, dafür aber sehr entspannend ist die hier beschriebene Wanderung um den Dohnwald, ein 184 Hektar großes Waldgebiet.

Entlang einer Weiherkette Wir beginnen unsere Wanderung am Ⓐ **Parkplatz Dohnwald** am Ende der Ansbacher Straße von Herzogenaurach in Richtung Dondörflein. Zunächst gehen wir auf einem Wirtschaftsweg und kommen nach etwa 300 Metern zu einer Tafel mit Hinweisen zum Dohnwald. Wir folgen der Markierung »weiße 1 auf grünem Grund« geradeaus auf einem Weg zwischen dem Waldrand und dem Graben des Weihersbaches auf der linken Seite. Allmählich nähern wir uns mehreren Teichen, die als größere und kleinere Karpfenweiher angelegt wurden. Auf einigen der Teiche blühen im Juni die Teichrosen. Die Bank beim Melbersweiher lädt zu einer kleinen Pause ein, bevor wir unseren Weg fortsetzen.

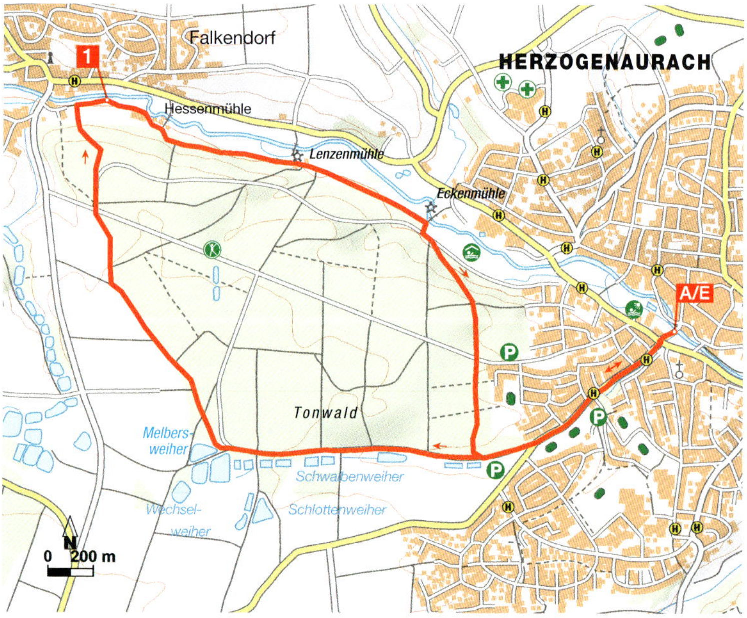

Waldpfad nach der Eckenmühle

Kloster und Reiterhof Leicht ansteigend führt der Weg jetzt durch den »Brombeerwald«, der Boden ist dicht mit Brombeersträuchern bewachsen, die im Hochsommer Früchte tragen. Bei dem Wegweiser biegen wir nach rechts ab und wandern zwischen Kiefern und Laubgehölzen, bis wir auf den Sandweg treffen. Hier folgen wir der Markierung »weiße 1 auf grünem Grund« nach rechts und an der nächsten Gabelung nach links. Bald ist links Münchaurach zu erkennen, ein ehemaliges Benediktinerkloster. Es wurde von Graf Goswin von Höchstadt und seinem Sohn Herrmann Pfalzgraf zu Rhein gestiftet, die Kirche zwischen 1123 und 1139 als romanische Basilika errichtet und im Jahr 1128 durch Bischof Otto von Bamberg geweiht. Das Querschiff und der Chor wurden Ende des 15. Jahrhunderts im gotischen Stil umgebaut. Auch Falkendorf ist vom Waldrand aus gut zu sehen. Nachdem wir den Hauptfuhrweg der Waldkorporation überquert haben, wandern wir in das Aurachtal abwärts. Die Aurach entspringt mit zwei Quellbächen auf der Frankenhöhe, die sich nach etwa einem Kilometer bei Markt Erlbach zu einem Fluss vereinen, der von zahlreichen Bächen gespeist wird. Unser Weg trifft am Ende des Waldes auf den Aurachtalweg mit der Markierung »blauer Querstrich«. Vom Waldrand aus sehen wir die Koppeln der ❶ Hessenmühle, einem Reiterhof, der zum Besuch einlädt. Hier biegen wir nach rechts und mit dieser Markierung geht es an der Lenzenmühle vorbei zur Eckenmühle, wo wir den Aurachtalweg verlassen und nach rechts abbiegen. Mit der Markierung »weiße 1 auf grünem Grund« erreichen wir nach einer knappen halben Stunde wieder den Ⓔ Parkplatz an der Ansbacher Straße.

Das Aurachtal

Nachdem sich die beiden Quellen auf der Frankenhöhe vereinigt haben, durchfließt die Aurach das Hügelland des nördlichen Steigerwalds. Auf ihrem Weg zur Mündung in die Regnitz, nördlich von Pettstadt, beherbergt die breite Flussaue ein Mosaik an Lebensräumen wie Mähwiesen, Schilfgebiete und Hochstaudenfluren. Auch Relikte ehemaliger Nutzung wie alte Wehre, Mühlen und Mühlgräben sind hier zu entdecken. Die vielseitige Landschaft bietet vielen bedrohten Tier- und Pflanzenarten einen Lebensraum. Zu ihnen gehören die bodenbrütenden Bekassinen, die feuchte Mähwiesen benötigen, in deren weichen Böden sie mit ihrem langen Schnabel nach Nahrung stochern. Bereits im März kann man sie bei der Balz beobachten. In den ausgedehnten Schilfgebieten leben Blaukehlchen und Rohrweihen und in den Verlandungsgebieten der Kleingewässer findet man Zwergtaucher und Gelbbauchunken.

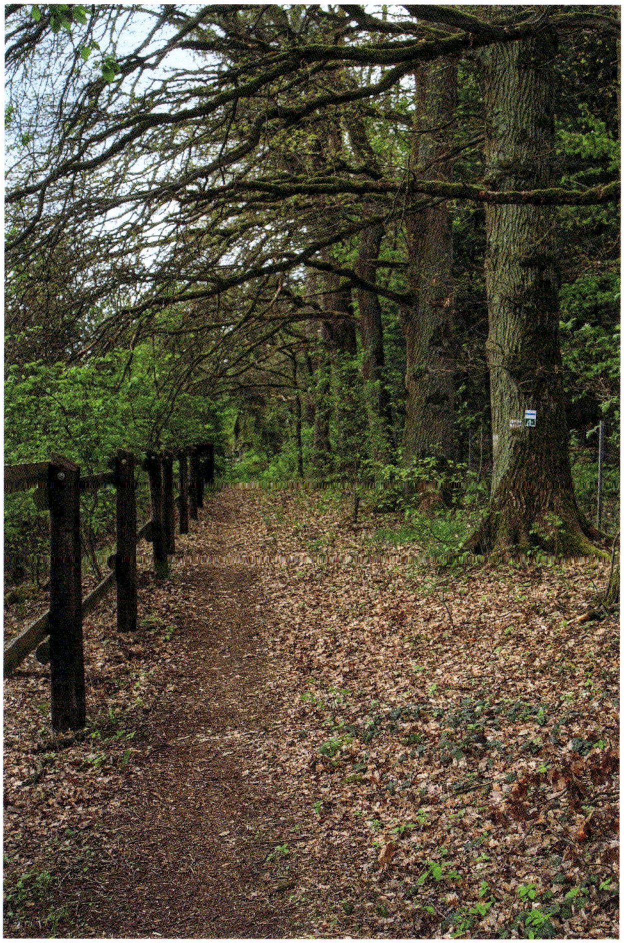

30

Buckenhofer Forst bei Erlangen

Im Nürnberger Reichswald

Leicht | 3.00 Std. | gering | 11 km

Tourencharakter
Sehr schöne, angenehm zu gehende Wanderung auf Pfaden und Forstwegen im Wald

Ausgangs-/Endpunkt
Wanderparkplatz am Ende der Tennenloher Straße in Buckenhof

Anfahrt
Auto: A 73, Ausfahrt Erlangen-Nord, über Sieglitzhof nach Buckenhof. **Bahn/Bus:** Bahn bis Erlangen, dann Stadtbus

Gehzeiten
Wanderparkplatz Buckenhof – Walter-Vogel-Stein 0:30 Std. – Arnoldstein 1:15 Std. – Ohrwaschl 1:30 Std. – Wanderparkplatz Buckenhof 3:00 Std.

Beste Jahreszeit
Ganzjährig

Einkehr
Buckenhof

Karte
Fritsch Wanderkarte Nürnberg/Fränkisches Seenland Maßstab 1:50 000

Information
Touristinformation Erlangen, Goethestraße 21 a, 91054 Erlangen, Tel. 09131/895 10, www.erlangen.de

Der Buckenhofer Forst ist Teil des Sebalder Reichswalds und ein reizvolles Wandergebiet. Zahlreiche kleine Teiche begleiten uns auf diesem Wanderweg ebenso wie Rinnsale und Gedenksteine. Schließlich bietet sich ein Besuch des Wildschweingeheges und der Przewalski-Pferde an.

Blaubeeren über Blaubeeren Vom Ⓐ **Wanderparkplatz** mit dem Bannwalddenkmal gehen wir zunächst auf breitem Waldweg geradeaus und folgen der Markierung »rotes Andreaskreuz« an einem Spielplatz vorbei. Kiefern und Laubgehölze begleiten uns zu einer Kreuzung, hier schwenken wir nach links und wandern auf dem Eppeleinsweg. Wer im Mai wandert, kann sich an den blühenden Maiglöckchen am Wegesrand erfreuen. Am folgenden Abzweig biegen wir nach links und kommen zum ❶ **Walter-Vogel-Stein**. Er soll an den Forstmeister Walter Vogel erinnern, der von 1931 bis 1959 Leiter des Forstamtes in Erlangen war. Wir folgen der Markierung »rotes Andreaskreuz« weiter auf einem schönen Waldweg. Kiefern, Birken und Ahorn bestimmen hier das Bild und am Boden

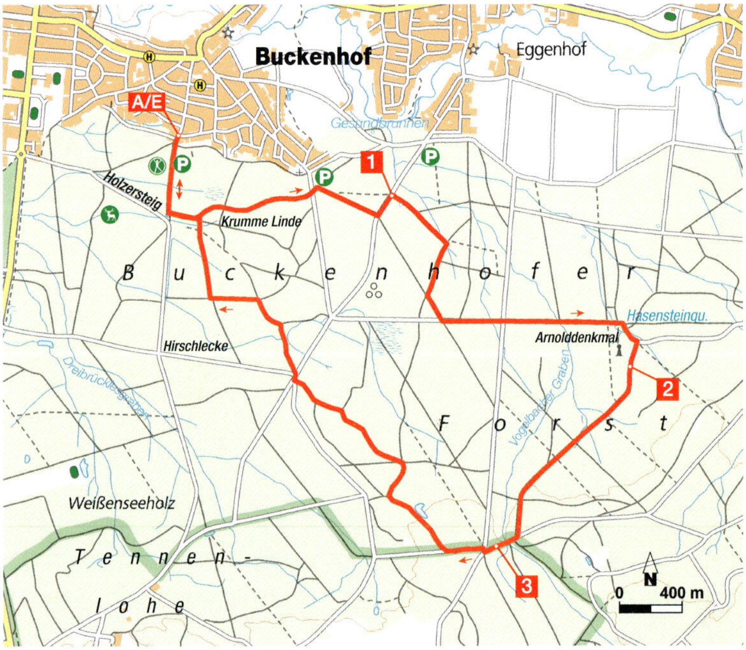

Hochwald im Buckenhofer Forst mit reicher Bodenflora

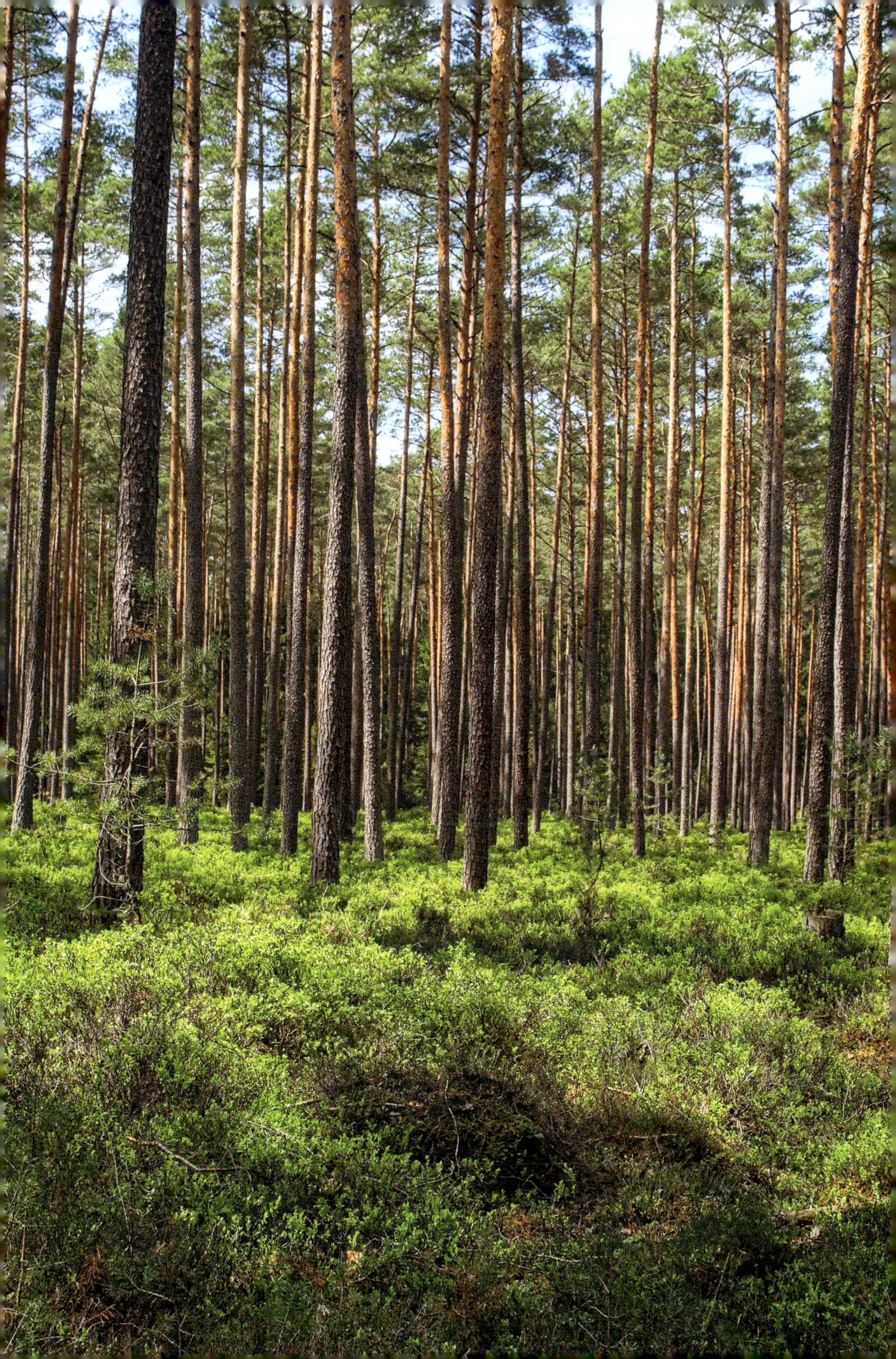

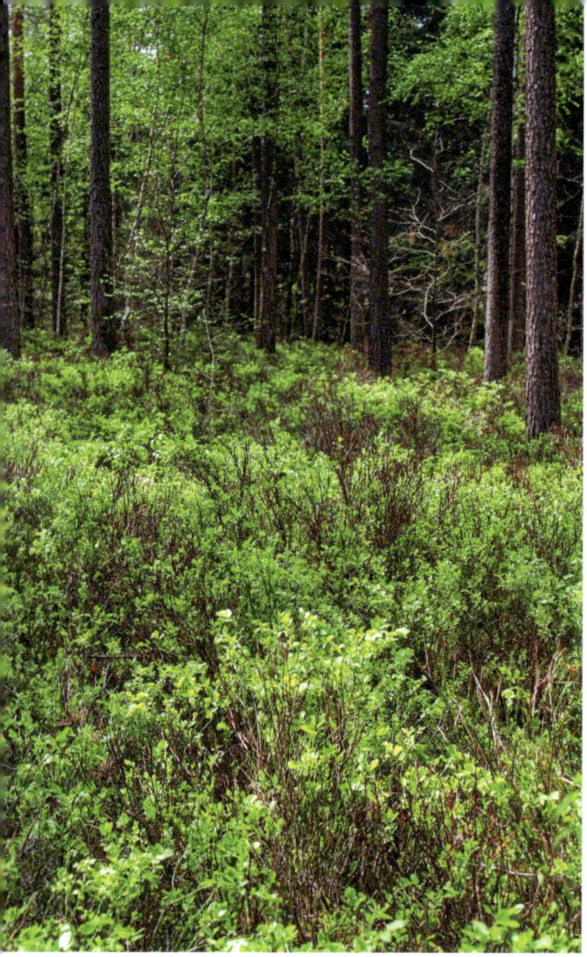

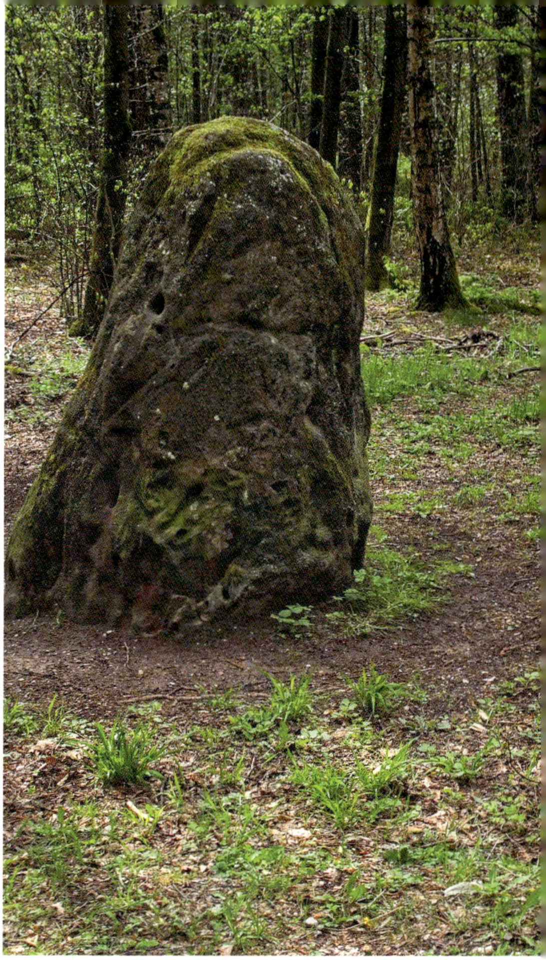

erstreckt sich ein dichter Teppich aus Blaubeeren. An der nächsten Kreuzung halten wir uns links, biegen dann rechts ab und wählen an der nächsten Gabelung ebenfalls den rechten Weg. Nun wandern wir auf dem schmalen Waldweg zum Birkenlachstein, einem Orientierungsstein, wo wir nach rechts abbiegen und unseren Weg zwischen den Blaubeeren fortsetzen. Eine Bank lädt hier zu einer Rast ein, mit Blick über die riesige Blaubeerfläche. Im zeitigen Frühjahr blühen hier stellenweise Schlüsselblumen am Wegesrand. Sie wachsen hier in Gemeinschaft mit Herbstzeitlosen. Herbstzeitlose sind giftig und für Ungeübte zu dieser Jahreszeit wegen ihrer hellgrünen Blätter leicht mit Bärlauch zu verwechseln. Erst im frühen Herbst entfalten sie ihre rosafarbenen Blüten.

Przewalski-Pferde im Tennenloher Forst

In einem 50 Hektar großen Gelände sind diese Pferde, die letzten echten Urwildpferde der Erde, zu besichtigen. Przewalski-Pferde sind sehr anspruchslos und können ganzjährig im Freien bleiben. Da sie sich vom kargen Futterangebot auf den Sandböden ernähren, eignen sie sich besonders gut zur Offenhaltung der Flächen. Allerdings benötigen sie ganzjährig Wasser, das ihnen im Tennenloher Forst durch die natürlichen Wasserquellen zur Verfügung steht, die auch bei Frost sprudeln.

Naturschutzgebiet Tennenloher Forst Wir kommen zu einem Abzweig und folgen der Markierung »grüner Querstrich« nach rechts in Richtung Ohrwaschl. Nach wenigen Metern treffen wir auf einen kurzen Pfad, wo sich ein Abstecher zum

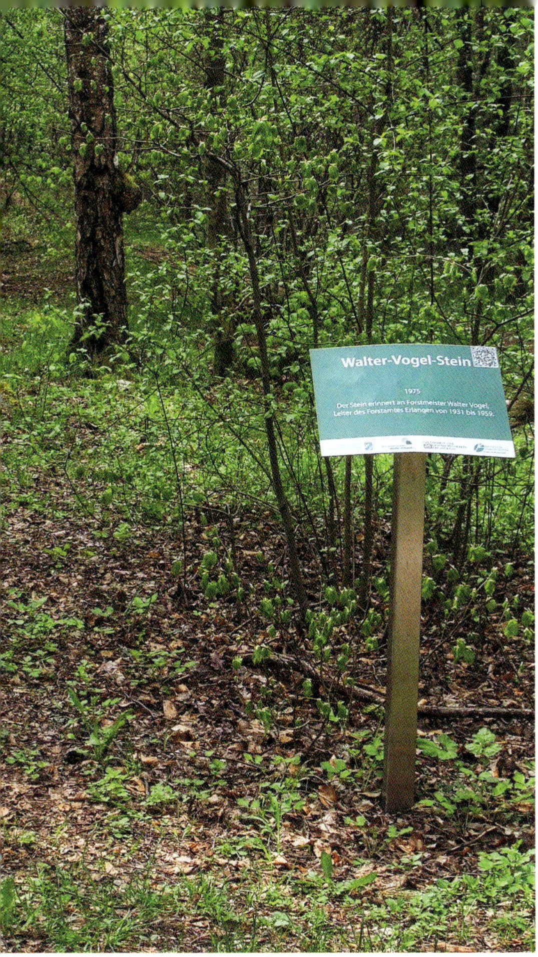

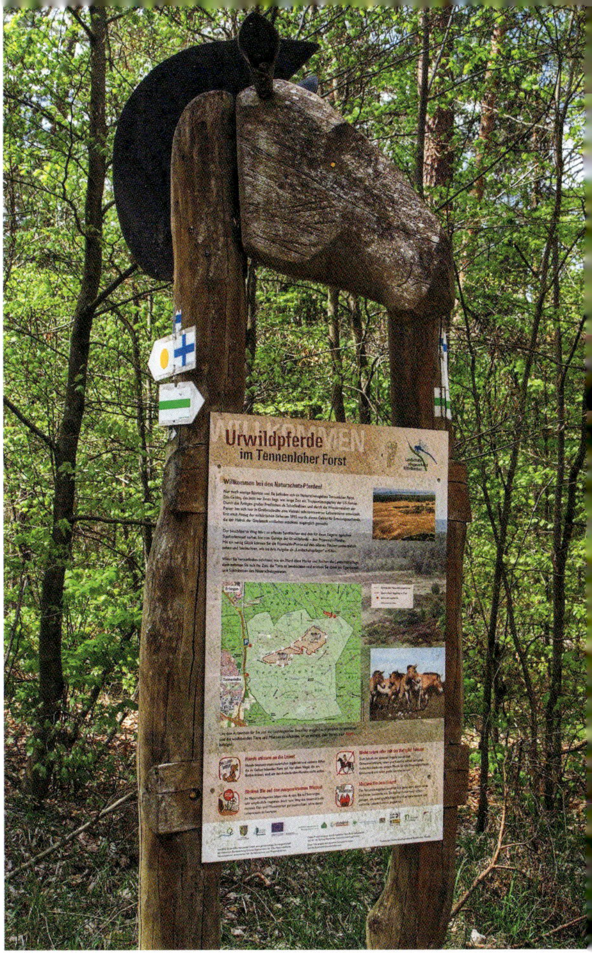

Links: Der Waldboden ist dicht mit Heidelbeeren bedeckt.

Mitte: Der Stein soll an den Forstmeister Walter Vogel erinnern.

Rechts: Infotafel im Buckenhofer Forst

❷ **Arnoldgedenkstein** anbietet. Er erinnert an den Tod des Revierförsters Arnold (1792–1851), der hier durch einen Unfall ums Leben kam. Unser Weg führt weiter geradeaus durch den herrlichen Wald am Zigeunereck vorbei und zum ❸ **Ohrwaschl**. Dort haben wir das Naturschutzgebiet Tennenloher Forst erreicht, wo eine Bank zur Rast einlädt. Auf der Infotafel erfahren wir Wissenswertes über das Naturschutzgebiet. Hier wechseln wir zur Markierung »gelber Punkt« und wandern in Richtung Buckenhof. Am Rehbockstein richten wir uns nach links und setzen unseren Weg zum Ausgangspunkt am Ⓔ **Wanderparkplatz** fort.

Das Naturschutzgebiet Tennenloher Forst befindet sich im Nürnberger Reichswald und hat eine Fläche von 934 Hektar. Nachdem die Reichswehr im Jahr 1935 im Nürnberger Reichwald eine Fläche von 195 Hektar gerodet hatte, nutzte die US-Armee nach dem Zweiten Weltkrieg die Fläche als Truppenübungsplatz. Nach Abzug der Truppen 1993 siedelte sich besonders auf den trockenen Sandflächen der Schießbahn eine seltene Tier- und Pflanzenwelt an. Über 1600 Arten, von denen zahlreiche auf der Roten Liste stehen, beherbergt das Naturschutzgebiet heute. Um die großen offenen Freiflächen mit ihrer Artenvielfalt zu erhalten, wird das Gebiet mit Ziegen und Pferden beweidet. Besonders die Przewalski-Pferde, die aus dem Nürnberger Tiergarten und dem Tierpark Hellabrunn stammen, sorgen seit 2003 dafür, dass die Fläche offen gehalten wird.

Für jeden Tag die richtige Tour

1	●	Im Lillachtal	3:15 Std.	107/107 Hm	13 km	●	●	●			●	●		
2	●	Von Egloffstein zum Schlossberg	3:15 Std.	201/201 Hm	11 km	●	●	●			●	●		
3	●	Auf dem Kirschenweg bei Pretzfeld	2:30 Std.	163/163 Hm	10 km	●	●	●			●	●		
4	●	Von Ebermannstadt zum Druidenhain	5:15 Std.	228/228 Hm	20 km	●		●		●		●		
5	●	Rund um Wichsenstein	2:30 Std.	90/90 Hm	10 km	●	●	●			●	●		
6	●	Zur Esperhöhle	3:15 Std.	139/139 Hm	12 km	●	●	●			●	●		
7	●	Durch das Klumpertal	3:00 Std.	100/100 Hm	11 km	●	●	●			●	●		
8	●	Zur Ruine Leienfels	4:00 Std.	156/156 Hm	14 km	●	●	●			●	●		
9	●	Zur Ruine Stierberg	2:30 Std.	85/85 Hm	10 km	●	●	●			●	●		
10	●	Von Bernheck zum Wildgehege	3:00 Std.	gering	11 km	●	●	●	●		●	●	●	●
11	●	Auf dem Plecher Höhlenweg	3:45 Std.	410/410 Hm	13,5 km	●	●	●			●	●		
12	●	Im Karst bei Neuhaus/Pegnitz	4:00 Std.	80/80 Hm	14 km	●	●	●			●	●	●	●
13	●	Höhlenwanderung bei Rupprechtstegen	4:00 Std.	240/240 Hm	14 km	●	●	●			●	●	●	●
14	●	Der Ziegenweg im Hirschbachtal	2:45 Std.	90/145 Hm	6 km	●	●	●			●	●		
15	●	Auf dem Bruckberger Weg	2:00 Std.	240/240 Hm	6,5 km	●	●	●			●	●	●	●

Nr.		Tour	Gehzeit	Höhenunterschied hinauf/hinab	Länge	Einkehr	kindergeeignet	Sehenswürdigkeit	wintergeeignet	viel Sonne	schattiger Weg	ÖPNV	Klettersteig	Klettern
16	●	Wandern bei Fischbrunn	2:00 Std.	147/147 Hm	7 km	●	●	●			●	●		
17	●	Von Vorra nach Hersbruck	5:30 Std.	590/590 Hm	20 km	●	●	●		●		●		
18	●	Rundwanderung bei Förrenbach	2:30 Std.	177/177 Hm	8 km	●	●	●			●	●		
19	●	Von Schnaittach nach Velden	5:00 Std.	537 Hm	18 km	●		●		●		●		
20	●	Archäologischer Rundweg	3:00 Std.	272/272 Hm	9,5 km	●	●	●			●	●		
21	●	Naturerlebnispfad im Schönberger Forst	2:00 Std.	gering	4,7 km		●	●	●		●	●		
22	●	Auf den Schmausenbuck	3:30 Std.	50/50 Hm	13 km	●	●	●			●	●		
23	●	Schwarzachschlucht und Brückkanal	1:45 Std.	70/70 Hm	7 km	●	●	●	●		●	●		
24	●	Zu den Finstermühlweihern	4:00 Std.	106/58 Hm	15 km	●	●	●	●		●	●		
25	●	Rundweg im Heidenberg	2:00 Std.	gering	7 km	●	●	●			●	●		
26	●	Burgstallwald bei Gunzenhausen	1:15 Std.	gering	5 km	●	●	●	●		●	●		
27	●	Zu den Sieben Quellen	1:30 Std.	gering	5 km	●	●	●			●			
28	●	Im Fürther Stadtwald	2:00 Std.	70/70 Hm	7,5 km	●	●	●			●	●		
29	●	Der Dohnwald bei Herzogenaurach	2:00 Std.	40/40 Hm	6 km	●	●	●	●		●	●		
30	●	Buckenhofer Forst bei Erlangen	3:00 Std.	gering	11 km	●	●	●	●		●	●		

Piktogramme erleichtern den Überblick

- Länge
- Höhenunterschied hinauf/hinab
- Gehzeit
- Einkehr
- kindergeeignet
- Sehenswürdigkeit
- wintergeeignet
- viel Sonne
- schattiger Weg
- ÖPNV
- Klettersteig
- Klettern

PS:

Nürnberg und seine Umgebung sind mit ausgedehnten Waldgebieten ein Eldorado für Wanderer. Von der südlichen Fränkischen Schweiz über die Frankenalb, das Fränkische Seenland bis zum Steigerwald zieht sich ein Ring reizvoller Waldgebiete. Spaziergänge bieten sich ebenso an wie ausgedehnte Wanderungen durch dichte Wälder. Wer sich in dieser reizvollen Gegend auf den Weg macht, wird von der Schönheit und Vielfalt überrascht sein. Bizarre Felsformationen mit zahlreichen Höhlen gehören ebenso dazu wie Seen, Weiher oder Wasserläufe in einer abwechslungsreichen Landschaft, wo zahlreiche Bänke zum Verweilen einladen.

Besonders die Fülle der Natur hat mich immer wieder zu Wanderungen veranlasst, die mich vom Frühling bis zum Herbst begeisterten. Ob es die blütenreiche Frühlingsflora in den Wäldern mit Leberblümchen, Buschwindröschen, Scharbockskraut oder Veilchen oder, die faszinierenden dichten Moospolster am Waldboden sind oder ob die Früchte von Heidelbeeren, Himbeeren oder Brombeeren im Sommer zum Naschen einladen – immer bietet eine Wanderung durch die Wälder rund um Nürnberg schöne Erlebnisse und glückliche Momente im Schatten der Bäume.

Besonders beeindruckend sind für mich die vielen Kletterer, die sich an den bizarren Kalksteinfelsen emporhangeln. Ob im Hirschbachtal oder im Ankatal, Gelegenheiten gibt es ausreichend. Vor allem junge Leute genießen so an den Wochenenden ihre Freizeit und es macht einfach Freude, sie bei ihren akrobatischen Kletterkünsten zu beobachten.

Hinzu kommen zahlreiche Wasserflächen, die als kleine Tümpel oder Seen an den Waldpfaden liegen oder als plätschernde Rinnsale auf sich aufmerksam machen. Das Zauberwort heißt hier: Rasten und genießen, denn bei dieser Gelegenheit lassen sich häufig auch verschiedene Tiere in der Natur beobachten. Eichhörnchen kreuzen gelegentlich den Weg und verschwinden schnell in der Höhe eines Baumes oder Spechte hämmern am Baumstamm.

Mit etwas Glück kann man an den murmelnden Bächen allerlei Vögel beim Baden oder Trinken beobachten, Libellen an Schilfhalmen sehen oder Moor- und Wasserfröschen dabei zusehen, wie sie in das kühle Nass springen.

Meine Wanderungen auf den Waldpfaden rund um Nürnburg waren für mich nie langweilig und ich hoffe, dass auch Sie mit diesem Buch in der Hand Freude beim Wandern und Erholen in reizvoller Natur haben werden.

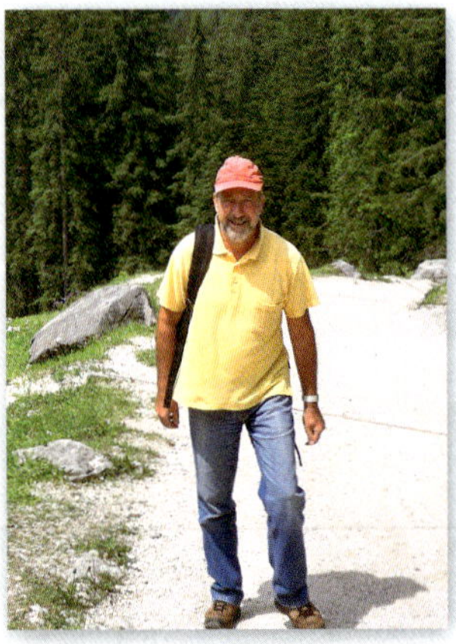

Tassilo Wengel

Tassilo Wengel

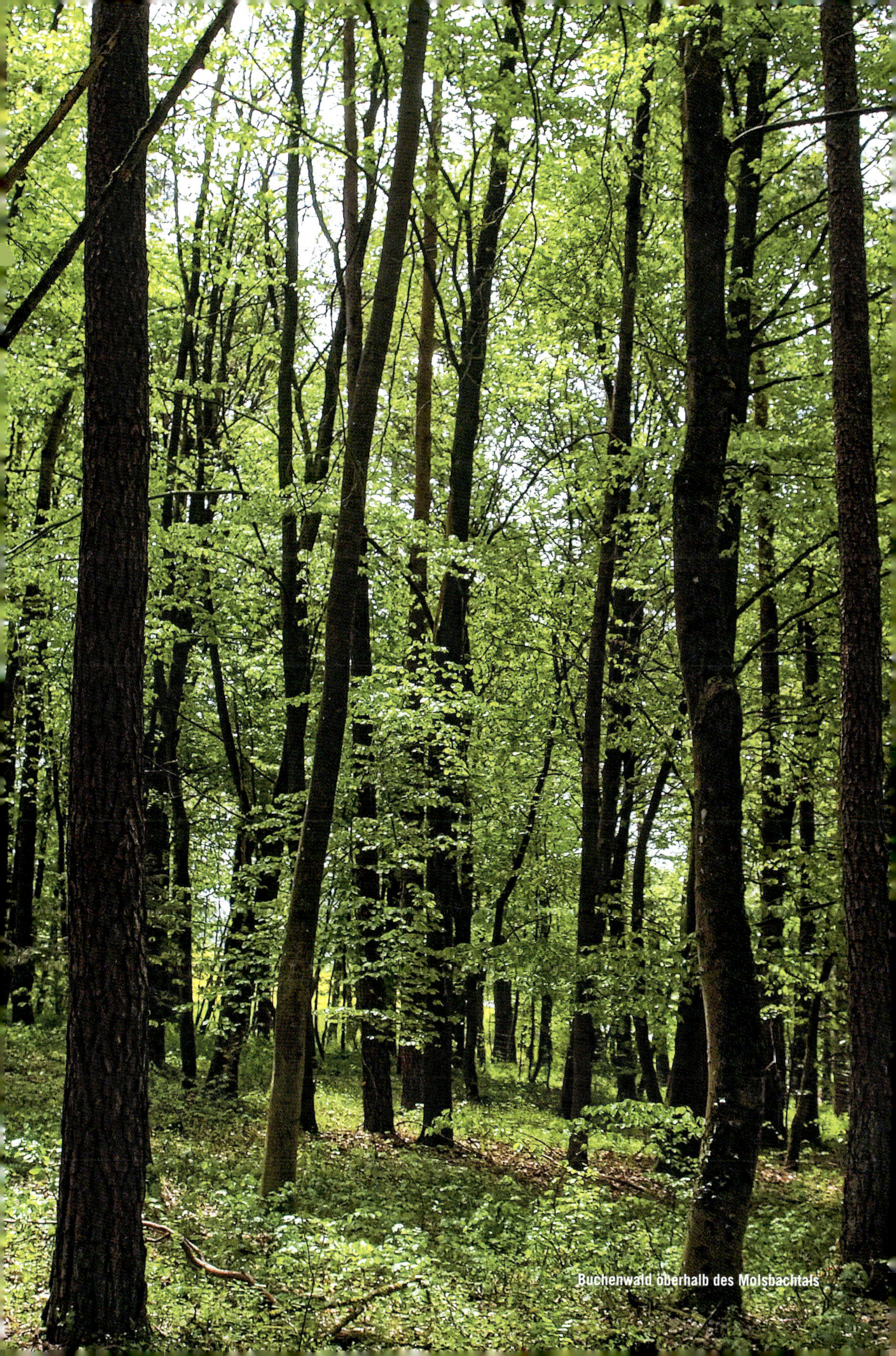

Buchenwald oberhalb des Molsbachtals

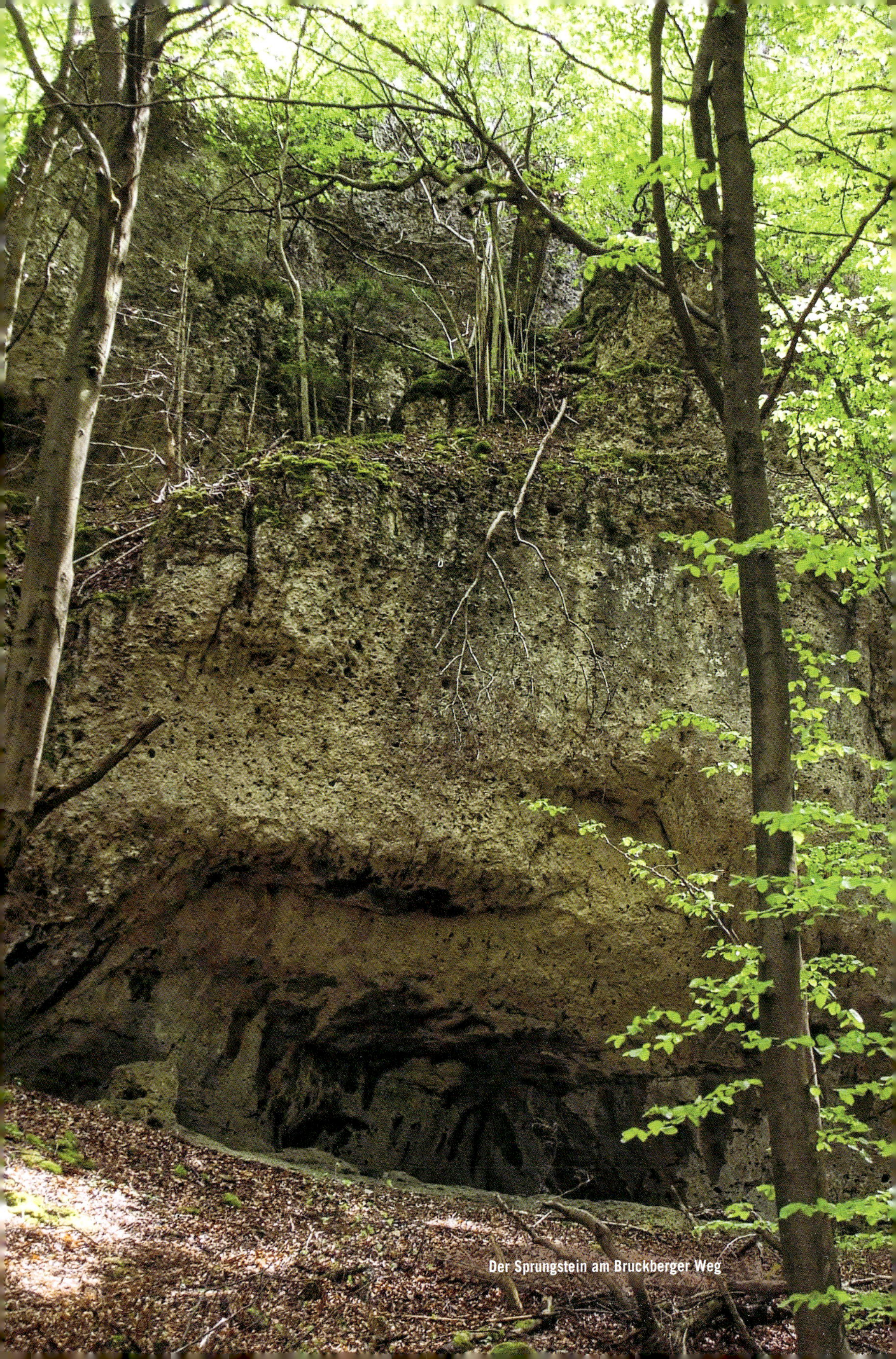

Der Sprungstein am Bruckberger Weg

Register

Impressum

Verantwortlich: Stefanie Krüger
Redaktion: Birgit Günther
Layout: BUCHFLINK Rüdiger Wagner, Nördlingen
Umschlaggestaltung: Ralph Hellberg
Repro: Cromika, Verona
Kartografie: Bruckmann Verlag GmbH, Heidi Schmalfuß
Herstellung: Alexander Knoll
Printed in Slovenia by Florjancic

★★★★★

Sind Sie mit diesem Titel zufrieden? Dann würden wir uns über Ihre Weiterempfehlung freuen.
Erzählen Sie es im Freundeskreis, berichten Sie Ihrem Buchhändler, oder bewerten Sie bei Onlinekauf. Und wenn Sie Kritik, Korrekturen, Aktualisierungen haben, freuen wir uns über Ihre Nachricht an Bruckmann Verlag, Postfach 40 02 09, D-80702 München oder per E-Mail an lektorat@verlagshaus.de.

Unser komplettes Programm finden Sie unter www.bruckmann.de

Alle Angaben dieses Werkes wurden vom Autor sorgfältig recherchiert und auf den neuesten Stand gebracht sowie vom Verlag geprüft. Für die Richtigkeit der Angaben kann jedoch keine Haftung übernommen werden, weshalb die Nutzung auf eigene Gefahr erfolgt. Insbesondere bei GPS-Daten können Abweichungen nicht ausgeschlossen werden. Sollte dieses Werk Links auf Webseiten Dritter enthalten, so machen wir uns die Inhalte nicht zu eigen und übernehmen für die Inhalte keine Haftung.
In diesem Buch wird aus Gründen der besseren Lesbarkeit das generische Maskulinum verwendet. Weibliche und anderweitige Geschlechteridentitäten werden dabei ausdrücklich mitgemeint, soweit es für die Aussage erforderlich ist.

Empfehlung der Redaktion: Sie sind auf der Suche nach weiterführender Literatur? Dann empfehlen wir Ihnen den Titel »Vergessene Pfade Fränkische Schweiz« von Berhard Pabst. Oder Sie werfen einen Blick in die Zeitschrift »BERGSTEIGER«. Hier werden Sie bestimmt fündig.

Bildnachweis: Alle Bilder im Innenteil und auf dem Umschlag stammen vom Autor
Umschlagvorderseite: Fränkischer Frühlingswald (Andreas Zerndl/shutterstock.com)
Umschlagrückseite: Die Geißlochhöhle ist eine der interessantesten Höhlen der Frankenalb (Tour 13).

Die Deutsche Nationalbibliothek verzeichnet diese Publikation in der Deutschen Nationalbibliografie; detaillierte bibliografische Daten sind im Internet über http://dnb.d-nb.de abrufbar.

ISBN 978-3-7343-1370-7